复旦卓越
国际采购与食品进出口系列

上海市属高校应用型本科
试点专业建设项目

采购运营策略

主　编　朱　昊

复旦大学出版社

总　　序

"复旦卓越·国际采购与食品进出口系列"在上海杉达学院与兄弟院校教师的共同努力下终于出版了。本系列教材由上海杉达学院国际经济与贸易系与复旦大学出版社共同组织和策划。在编写过程中还得到上海现代物流科技培训指导服务中心、上海元初国际物流有限公司、中国食品协会、上海进出口商会、上海良友(集团)有限公司进出口分公司等单位的大力支持，它们为本系列教材提供了许多鲜活案例和习题。"复旦卓越·国际采购与食品进出口系列"的成功推出，是校企合作、产教融合的实践结晶，是"1+M+N"应用型人才培养模式的探索收获，是上海市属高校应用型本科国际经济与贸易专业建设的一次成果展示。

本系列教材的编写出版主要有三个目的。

（1）契合社会需求。党的十九大报告第一次写入了"现代供应链"，强调"价值链"，将现代供应链提升到国家发展战略的高度，冠以"现代"则为供应链创新与实践赋予了划时代特征。依托自由贸易试验区、国际商贸建设、跨境电商，以及"一带一路"倡议的实施，积极参与全球供应链的构建，也是我国新经济发展格局下的题中之义。

目前，我国已成长为世界第一制造和贸易大国，但还不是制造和贸易强国，其中供应链发展短板是一个重要的制约因素。2017年印发的《国务院办公厅关于积极推进供应链创新与应用的指导意见》(简称《指导意见》)，是我国首次就供应链创新发展出台的纲领性指导文件。《指导意见》提出了我国供应链发展的具体目标，是要形成一批适合中国国情的供应链发展新技术和新模式，基本形成覆盖中国重点产业的智慧供应链体系，培育100家左右的全球供应链领先企业，使中国成为全球供应链创新与应用的重要中心。这些目标的实现，对于提升中国在全球产业价值链中的地位，提升国家整体竞争力，提高国民经济运行效率，推动经济结构调整和发展方式转变，扩大内需和市场繁荣，保障民生等方面，都具有重大战略意义。

目前,中国已经成为国际最大的进口食品市场之一,食品来自143个国家和地区,进口食品种类有5万~6万种,品牌超过15 000个。在此背景下,围绕国际生鲜食品市场扩张,构建现代生鲜食品供应链体系,一方面是挑战,另一方面更是机遇。食品行业急需一批有进出口业务技能和良好的英语沟通能力,熟知国际贸易惯例,通晓食品进出口法律法规,熟悉各国食品进出口标准,会处理跨境电商业务,熟悉食品贸易所特有的进出境手续,有较强分析解决实际问题的能力,同时具备协作与创新精神的复合型、应用型国际贸易专业人才。

随着供应链创新与应用上升为国家战略,未来对供应链管理人才的需求会进一步增加。供应链管理涵盖了企业运营管理几乎70%的功能,外贸出口、生鲜冷链无处不显示着供应链的重要性。随着食品进出口规模不断扩大,其供应链日趋复杂性,相关专业管理人员目前仍极为匮乏,这就对专业管理人才的培养提出很高的要求。

(2) 探索"1+M+N"培养模式。如何培养高质量的应用型人才,满足社会需求,是专业建设必须解决的问题。应用型本科院校需要面对实际问题,培养出具有多专业复合知识和多元实践能力的人才。2021年,结合人才培养方案的修订工作,上海杉达学院提出了"1+M+N"的应用型人才培养模式,其中"1"是主修专业,通识课程与专业核心能力;"M"是辅修,跨专业拓展,通过辅修专业、辅修模块、选修课程实现;"N"是毕业证(学位证)+职业资格证、技能证书、学校颁发的组织能力证书、社会服务证书。

"复旦卓越·国际采购与食品进出口系列"就是针对食品进出口及其供应链管理对专业人才的需求,并依据"1+M+N"人才培养模式编写的高等院校专业课程教材。本系列教材的编写宗旨是:按照理论与实践相结合的指导方针,以专业理论为引导,以实践流程为支撑,以企业案例为依托,体现融合教学、实践、实务为一体的特点。我们尝试探索在国际经济与贸易专业主修课程的基础上,开设专业特色课程模块:食品进出口+供应链管理,课程内容对接英国皇家采购与供应学会(chartered institute of procurement and supply,CIPS)颁发的CIPS 4级(采购与供应文凭),做到"双证融通",从而培养国际经济与贸易专业擅长食品进出口及其供应链管理的复合型、应用型人才。

（3）**促进教材建设改革。** 在面向国际经济与贸易专业人才的"1+M+N"培养模式下，针对食品进出口及其供应链管理人才的需求，教材建设方面的现状是：首先，目前国内食品进出口方面的专业教材还是一个"空白"；其次，随着全球经济的发展，越来越多的企业将食品供应链拓展到海外，在全球范围内进行供应链布局，这也赋予了采购与供应部门新的机遇及挑战。相较于传统的国内供应链，国际采购与供应涉及的手续多，交易流程更复杂，能否高效、准确、专业地完成采购与供应工作，直接影响到企业运营和财务状况。

本系列教材不仅注重相关专业理论知识的学习和实际操作能力的培养，也借鉴融入了 CIPS 5 级（采购与供应高级文凭）所要求的课程，同时吸收并改进了其学习体系的内容，具有较为完整的知识体系，从而培养学生从事食品国际采购和供应链管理职业的能力，并提升我国企业在国际市场的竞争力。

本系列教材具有以下特点。

（1）**注重学科基础理论知识的学习。** 根据培养应用型本科专业人才的目标定位，本系列教材突出专业知识的学习和应用，通过基础理论的引领，明确知识应用的目标。本系列教材要求每门课程对基本概念和原理进行梳理和界定，强调基础理论知识的阐述做到深入浅出，通俗易懂。

（2）**强调学科发展的前沿意识。** 本套教材突出国际采购和食品进出口发展需要，引入最新理论观点和实践案例，着重介绍近年来国际采购和食品进出口发展趋势和企业独创性案例，提升师生对学科发展和行业发展的前沿意识。

（3）**突出教材改革的创新建设。** 本系列教材对内容、结构、版式都做了改革创新，以学生为本，从提升学生能力出发，希望能够帮助学生更好地理解、掌握和运用专业理论知识。同时，本套教材设计了"案例分析""拓展阅读""实践指导""思考与练习"等栏目，体现理论知识与拓展阅读、专业知识与案例研究、课堂导学与练习思考相融合，每本教材都设计了"学习目标"，明确了对知识了解、熟悉、掌握的具体要求，指导学生有效学习。

"复旦卓越·国际采购与食品进出口系列"不仅是上海杉达学院国际经济与贸易专业的特色教材,也可用作普通高等院校国际经济与贸易、国际商务、供应链管理等相关专业的教材或参考书,亦可作为高职高专院校相关专业的教材,还可作为从事国际采购与供应工作人员的培训教材,对参加 CIPS 4 级(采购与供应文凭)考试的人员也具有较大的参考价值。我们希望这套系列教材的推出,能够锻炼"双师型"教师队伍,提高教师教学水平;同时,我们也希望通过这套教材的使用,推动应用型本科专业建设,探索一流本科课程教学的新路子,为本科应用型复合型人才培养做出更大的贡献。

由于我们理论水平和实践能力的局限,本系列教材还存在许多不足,恳请广大读者批评指正,期待同行与研究者帮助我们一起完善这套教材,共同为高校教材建设添砖加瓦。

丛书编写委员会
2021 年 10 月

前 言

在全球化极度盛行的当下,采购组织面临越来越复杂和多变的商业环境,这对其自身采购策略如何更好地适应供应链环境提出了更多挑战和要求。

本书依托于英国皇家采购与供应学会(Chartered Institute of Purchasing and Supply, CIPS)的采购与供应高级文凭证书课程,吸收并改进了 CIPS 建立的采购与供应职业资格证书学习体系的内容,对于我国采购与供应相关本科专业师生和从业人员学习国外采购管理经验、提高专业技能、提升企业在国际市场的竞争力具有重要参考价值和意义。

本书贯彻理论与实践相结合的指导方针,以专业理论为引导、以实践流程为支撑、以企业案例为依托,融教学、实践、实务为一体,具有理论扎实、实务突出、实践丰富的特点。

本书共分为十三章,除导论外,各章内容涵盖了采购组织、规格(上篇、下篇)、供应商管理、成本管理、定价与付款、关键绩效指标、合同管理、外包、日常采购的方法与工具、全球采购、采购风险管理。本书多角度、系统化地分模块分析和讨论了采购组织在供应链管理体系下的任务、行为准则、挑战和策略。

在内容上,本书一个重要的特点是从国际化视野出发,借助于对诸多采购模型的分析和应用,并引用了国内外一些经典的真实案例,读者在学习过程中应注意其背景并结合自身专业或工作的实际情况。编者希望读者通过本书中的丰富内容,深化对采购运营策略的系统化理解。

在形式上,本书的一个特色是每章除正文(含案例分析)之外还包括五个板块:

（1）学习目标。通过言简意赅的语言把对章节内容的掌握程度做了基本区分，方便读者有的放矢地学习和认知。

（2）基本概念。提炼出每章的基本概念，使读者对重要概念一目了然。

（3）实践指导。通过提出实践要求、布置实践任务，将章节内容与实践操作有机结合，相辅相成。

（4）拓展阅读。构建采购策略与管理等相关知识的延伸与关联，引导读者拓宽思路。

（5）思考与练习。基于"教"与"学"一体的理念，每章都配有练习题，通过自我反刍，使知识启迪读者，使读者赋予知识灵魂，做到融会贯通。

编者认为，要想在这个快速变化、动态演进的市场中取得成功，不仅需要传统的方法来管理关键的业务关系，而且需要具备快速理解并采用战略性新方法和技术的能力。当今的采购专业人员必须具备评估和有效应对当前市场状况的能力，并具有预见组织未来需求的远见，制定有效的采购策略，以应对动态的组织环境。今天的采购管理专业人士必须是变革的大师。

为了促进这种动态的变化，采购专业人员还必须成为最佳实践的集大成者，以持续确保变化推动业务流程的改进，而不是简单地用一种不合时宜的采购策略去执行墨守成规的采购决策。正因为这一原因，本书在编撰过程中详细回顾了那些与采购策略、决策和流程相关的关键要素并提供对采购至关重要的最佳实践。

希望读者能够在学习的同时结合自身的经验和知识，辩证地看待采购这一重要组织职能的严谨性和重要性，用发展的眼光审视自身的采购知识框架和实战经验，从而使自己与所在组织所赋予的权利和责任相匹配，成为行业所需要的顶尖人才。

本书能够顺利出版，需要特别感谢所有给予过建议和意见的诸多同人，他们对编者在汇编信息、整理素材过程中给予了极大帮助。由于编者能力有限，部分内容和观点可能存在谬误，欢迎广大读者批评指正，提出建设性的建议，使本书日臻完善。

目 录

第一章　导论　　001
第一节　组织战略原则　　001
第二节　采购策略原则　　002
第三节　制定采购策略的过程　　003

第二章　采购组织　　022
第一节　组织简介　　022
第二节　结构性组织　　023
第三节　有效的组织　　027

第三章　规格（上篇）　　047
第一节　什么是规格　　047
第二节　一致性规格与性能规格　　050
第三节　常见规格类型　　053
第四节　可持续规格　　057

第四章　规格（下篇）　　069
第一节　规格的制定　　069
第二节　采购方与供应商的早期行为　　072
第三节　规格制定的框架与示例　　075
第四节　标准化与质量管理　　077

第五章　供应商管理　089

第一节　供应商管理概述　089

第二节　供应商策略　090

第三节　供应商选择　096

第四节　供应商评估　100

第五节　供应商发展　102

第六节　供应商控制　105

第六章　成本管理　113

第一节　了解成本和成本管理　113

第二节　盈亏平衡点分析　118

第三节　生命周期成本　120

第四节　供应链成本　122

第七章　定价与付款　138

第一节　常见定价策略　138

第二节　供应商定价策略　144

第三节　核算供应商报价的真实性与合理性　147

第四节　付款方式　148

第八章　关键绩效指标　161

第一节　关键绩效指标　161

第二节　常见供应商 KPI　164

第三节　SMART 目标　168

第四节　标杆管理　170

第五节　服务水平协议　174

第九章　合同管理　　183

- 第一节　合同与基本条款概述　　183
- 第二节　常见合同条款　　186
- 第三节　常见采购合同的管理重点及难点　　200

第十章　外包　　211

- 第一节　外包　　211
- 第二节　外包、分包与内包　　220
- 第三节　外包风险　　223
- 第四节　管理外包关系　　227
- 第五节　外包退出计划　　232

第十一章　日常采购的方法与工具　　244

- 第一节　采购市场调研　　244
- 第二节　价值分析　　248
- 第三节　平衡计分卡　　249
- 第四节　ABC 分析法　　251
- 第五节　投资组合技术　　253
- 第六节　价格结构分析　　256

第十二章　全球采购　　264

- 第一节　全球采购原则　　264
- 第二节　在新兴经济体进行全球采购　　269
- 第三节　实施全球采购　　271
- 第四节　合规与知识保护　　275
- 第五节　前景　　276

第十三章　采购风险管理　　　　　　　　　　　　288

第一节　采购风险管理原则　　　　　　288
第二节　采购风险管理流程　　　　　　291
第三节　针对供应商风险的特殊保护　　296

参考文献　　　　　　　　　　　　　　309

第一章

导　　论

- 了解组织年度性战略周期图
- 熟悉组织战略原则
- 理解采购策略原则
- 掌握制定采购策略的过程和卡拉吉克矩阵

战略;采购策略;内部需求;外部环境;卡拉吉克矩阵

第一节　组织战略原则

在许多组织,采购对于商业成功的重要性已经为人所熟知。但是,仅仅认识到这一事实还不足以实现对组织供应的战略性、综合性管理。下一步必须制定一种办法,使这种综合性的观点和管理成为可能,从而形成具体的战略行动方针。采购部门和相关人员需要根据组织的战略目标和方针制定相应的职能或部门策略。

大体而言,"战略"一词指的是一个旨在实现长期目标的业务框架。战略是企业整体性规划过程中的最高层次,它回答了这样一个问题:"组织想要达到什么目标?"在通常情况下,战略来源于组织的愿景,即一幅关于组织未来的正式画面。例如,大众汽车公司在20世纪初陈述了它的愿景,并最终的确在2019年成为世界上最大的汽车厂商。愿景具有规范性,我们可以把它比作北极星,因为它可以引领组织制定议程、实现目标。

在确定战略时,必须考虑到以下问题:组织的核心能力是什么?组织能提供哪些服务?如何从竞争中脱颖而出?组织的利益相关方的需求是什么?增值的重点是什么?存在哪些机会、潜力和威胁?

图1-1 组织年度性战略周期图

战略的主要功能是为实现未来的业务成功制定要求,并防止出现业务危机。在大多数情况下,当一家组织为生存而战时,再制定战略就太晚了。如图1-1所示,组织需要围绕其战略建立一个重复审查的过程。

按照总体业务战略,下一步将是制定部门性的职能战略,如营销、研发和分销策略。在这一阶段,采购部门也须进入战略过程,从这一战略派生行动路线中确定采购策略和目标,并付诸实施。在这一背景下的关键问题是:采购在多大程度上有助于实现组织的战略目标?

假设战略期限为3~5年,这并不意味着这段时期的战略是一成不变的;相反,该战略是业绩的框架,需要定期审查:一方面是量化实施水平,另一方面则是调整基本战略方向以适应不断变化的框架条件。

第二节 采购策略原则

在组织战略的大背景下,采购职能部门需要同时规划采购运营策略,比如:改进质量和交货情况、采购市场研究、供应商发展和削减成本,同时必须牢记基本采购行为准则,以确保策略能够顺利执行。因此,采购策略期限可以和组织战略期限相匹配(如3~5年),尽管在这段时间内它不一定是一成不变的。由于预测的天然属性,策略往往具有高度的不确定性和不可预见性。市场和框架条件可能会比策略制定过程中预期的更快地变化,甚至朝着另一个方向发展。因此,采购策略必须是灵活的,并定期检查市场条件的变化,做出相应的调整。

采购策略及其修正必须始终记录在案。只有通过记录,基本的策略方向才能获得必要的执行力和监督权限,以防止出现方向上的变化和偏差。因此,策略指导可以在日常业务运营中持续实施,通过定期审查适当的衡量标准以确定策略指导的执行程度,这一点非常重要。

采购策略要考虑的另一个原则是调整策略以适应拟采购产品的复杂性和优先级。对组织来说,大宗商品组越重要,其策略框架的涵盖范围就应该越广。然而,该策略也可能包括广泛的非经常性采购,如机械或新的商业设施。而且,作为策略的一部分,对相关性较小的大宗商品组也可能完全没有具体采购策略。

一般来说,采购策略不应该建立在猜测和直觉的基础上,而必须建立在事实和数据的基础上。因此,一开始就应从内部和外部数据中广泛收集调查结果,以便在制定策略时给予适当考虑。在这方面,内部数据、资源和组织结构与外部市场趋势和竞争情况一样重要。应有系统地监测后者,以最佳地结合内部需求和外部条件。

第三节 制定采购策略的过程

借助不同的管理方法(例如 SWOT 分析)可以确定核心要素,并据此建立进一步的采购策略规划。在此基础上,制定策略目标,形成组织预期发展的框架。在下一阶段,将确定达成目标的方法,并明确如何制定具体的衡量标准和指导方针。在这个过程的推进中,必须对这些方法进行检查,并就其有效性和执行程度不断进行量化。

一、策略分析

对采购环境的分析有助于确定采购与实现组织目标的相关性。采购在企业战略中处于什么位置?采购必须满足哪些需求?此外,还可以确定哪些内部采购要求必须得到满足,而采购策略必须与之一致。

对外部因素的监控则显示了企业环境对实现组织目标的影响,以及这种环境与内部要求之间的联系。除了竞争情况和市场趋势外,这还包括自身供应商组合的成熟度、行业结构和新采购市场的潜力等。

1. 内部需求分析

内部需求分析通过分析内部环境,确定组织的需求。跨部门共享信息是绝对必要的,以便将确定的要求转化为具体的要求。企业战略从根本上决定了采购策略的方向。组织未来想要在市场上占据什么样的位置?在这个过程中采购的作用是什么?如果组织以创新、设计或质量等与产品相关的标准将自己与竞争对手区分开来,采购部门就必须相应地调整其策略。在这种情况下,重点将是改进质量和交货情况、采购市场研究和供应商发展,而不是削减成本。这一点尤其适用于成长型的企业战略。如果组织以成本领先优势脱颖而出,则降价和"从低成本国家采购"将被优先考虑。因此,在策略分析的背景下,必须考虑采购可能有助于实现组织目标的比重,以及采购对组织在市场上的贡献的附加价值。一般而言,应主要考虑以下几个方面。

(1) 价值的增长。一般来说,投资者希望组织的价值能持续增长。为了确保这一点,可以选择成本导向的方法,以控制总成本和降低物料价格。在这种情况下,就会寻求营业额的增长,这与日益增长的需求和需采购产品数量的增加是密切相关的。为了避免出现供应瓶颈,采购必须在早期阶段检查现有能力,并在必要时开发新的供应来源。无论是成本导向型、增长导向型、还是两者兼而有之,在任何情况下,采购部门都直接参与其中,必须相应地调整其策略考虑。

（2）产品路线图。产品路线图给出了关于组织当前和未来产品组合的概述。它显示组织已经在市场上引入了哪些产品，或者打算在何时以何种数量引入哪些产品。对于采购而言，产品路线图所包含的重要信息有：产品生命周期、市场细分、竞争情况、计划的销售数量和所需的技术。

（3）技术规划。与产品路线图紧密相连的是技术规划。未来需要哪些技术，将会有多少新的发展，组织自己的创新程度有多大？特别是鉴于对发展项目时限的要求日益增加，有一个明显的趋势是开放性创新进程，这需要发展伙伴（如：关键供应商）的早期参与。为了实现这一点，采购部门必须主动进行采购市场研究和供应商发展，以便在早期阶段确定最佳合作伙伴。

（4）生产计划。在产品路线图的基础上，必须决定如何平衡内部和外部增值的比例。组织自身的附加值有多大，供应商在未来需要做哪些前期工作？零件是单独采购还是打算采购完整的模块或成品？此外，必须确定一种方法，以便就何时将供应保留在内部（自制）或从外部采购（外购）做出标准化的决定。

（5）产品复杂性和产品质量。组织对产品质量有什么样的要求？对供应商的附加值有怎样相应的要求？如果相应的要求比较严格或可获得性较低，将成为未来供应商选择的决定性因素。此外，为了满足要求，必须注重旨在提高质量的供应商发展和有针对性的供应商积累。

（6）灵活性。根据行业和市场地位的不同，组织必须能够对市场的变化做出快速和灵活的反应。竞争压力、客户需求或"短"生命周期产品决定了采购部门为了确保所需产品的可用性而必须管理其活动的灵活性。例如，如果需要高度的交付准备，这种准备可以通过增加供应商库存或建立灵活的物流概念来实现。

2. 外部环境分析

与采购的内部需求同样重要的，是与组织要求相协调的外部市场条件。由于与该组织相关的采购市场的多样性和复杂性，采购部门会对不同的采购产品进行分组，以分别接近每个商品组的相关采购市场。这一分类可以根据不同的标准，如材料类型（塑料或金属）、制造工艺（金属切割或压铸）、功能(机械或电子)或采购地区(欧洲或亚洲)。根据单一标准进行一致的分类并不总是可能的;在实践中,通常会有数种分类方法的混合,一个基于需求的特定方法就延伸到了外部环境中使以下领域成为可能:

(1) 产业结构。对于采购来说,它是在买方市场还是卖方市场上运作,这一问题极其重要。根据经济状况和行业的不同,答案会有所不同。例如,如果在寡头市场中进行采购,其议价能力就会相应减弱。另一个重点是行业未来的供需发展。采购市场将如何变化?是否存在物料瓶颈的风险,还是产能过剩会加剧?所有这些因素都可能影响目前的采购方式。

(2) 供应商结构。除了对当前的市场情况有充分的了解外,采购部门还必须对自己的供应商结构有详细的了解:组织与现有供应商的关系如何?供应商的核心竞争力是否符合内部要求?是否存在需要开发的机会?供应商之间是否存在竞争?组织在哪里享有优先客户的地位?供应商在哪些地区生产,它们的成本结构是怎样的,发展能力有多大?为了设计出最优的供应商结构,必须考虑到这些问题。

(3) 经济环境。对经济环境的调查不集中归责于个别部门,而是集中着眼于宏观经济的发展。这包括经济指标、货币波动、进出口规定或相关政策法规。

(4) 区域特征。区域特征可能是采购部门需要考虑的另一个因素,例如:是否有适合特定产品或技术的区域?自然灾害会对当前的采购策略产生什么影响?供应商破产或腐败的风险有多高?直接竞争对手也必须考虑在内:它们是否使用相同的材料,或者有相同的供应来源?采购活动本身受此影响有多大?

3. SWOT分析

我们可以通过SWOT分析对收集到的信息进行系统的评价,以便为制定策略找到合适的参数和数据。在SWOT分析中,内部的优势和劣势与外部的机会和威胁相结合。收集到的信息汇入一个四格象限矩阵中,特征如下:

(1) 优势。与拟采购的产品相比,现有结构有哪些优势?是否有大量的交易来加强自己的议价能力?拟采购的产品是否具有高水平的专有技术或知识,或者是否可以应用现有的平台解决方案?其他采购优势包括定位良好的供应商网络或参与集团采购的组织(group purchasing organizations)。良好的组织形象和高品牌知名度同样是不可低估的因素,特别是在全球采购活动的大背景之下。

(2)劣势。在拟采购的产品方面是否存在值得关注的缺点?缺点可能包括资源有限、供应商关系不佳以及缺乏对拟采购产品的经验等。

(3)机会。对于要采购的产品可能会出现哪些外部机会?是否存在过剩产能?供应商是否拥有特殊的核心能力?是否开始出现有利的市场形势?

(4)威胁。可以预判到哪些外部威胁和风险?供应商是否处于垄断或寡头市场?物料瓶颈是否会发生?供应商会退出吗?

二、目标设置

在这一阶段,我们在所收集的信息和由此产生的信息框架的帮助下定义采购目标。从本质上讲,采购目标可以分为两个标准:效率性和有效性。

效率性目标包括图1-2所示的采购操作目标。从运营的角度来看,重点是及时向组织提供具备所需质量和具有竞争力的价格的产品。在实践中,这意味着降低成本、确保质量并保证期限。在设定这些目标时,要确保达到最佳平衡,三个目标中没有一个可以被忽略。在这方面可能会出现目标冲

图1-2 采购铁三角

突,例如:在不考虑质量的情况下以最快的速度交货,或在不考虑成本的情况下采购高质量产品。

有效性目标包括战略目标,而不是成本、质量和时间等操作目标。战略目标注重安全、增长和优化。例如:就成本而言,这可能意味着需求的总和;就质量而言,可以是供应商发展;就时间而言,可以是缩短供应链。如果重

点扩大到安全,风险管理将变得重要;将增长纳入考虑范围,就有必要开发新的供应来源;优化内部流程设计,就需要将培训采购人员作为根本考虑和环节之一。

在定义目标时,经常出现的一种错误是使用含糊不清的措辞。过于宏大而不切实际或者过于严苛而没有任何调整空间的目标都无法真正发挥作用。因此,在定义目标时,组织应尝试引入 SMART 目标,以一种合理的方式评价从这些目标得出的措施。SMART 目标的含义具体如下:①明确的(Specific);②可衡量的(Measurable);③可实现的(Attainable);④相关的(Relevant);⑤有时间约束的(Time-bound)。即:必须精确、具体地确定目标;目标实现的程度必须是可衡量的;目标是由参与者达成共识可以实现的;目标必须符合既定条件并与组织的相关要求相符合;目标必须能够在一个固定的时期内得以实现。

三、策略发展

在这一阶段,采购部门根据确定的目标制定采购策略,由此可制定一般行为守则。这些行为守则反映了采购活动的基本设计。它们通常遵循若干指导方针,即被国际认可和普遍采用的指导原则和社会标准。这些指导方针可能要求:①与供应商打交道时的公平性和合作伙伴的行为;②符合生态、社会和道德标准;③打击腐败。

在接下来的阶段,需要确定商品组策略和供应商策略。这两方面是不可分割的。商品组策略关注的是"采购什么样的商品",而供应商策略则是处理"在哪里以及如何采购商品"。

1. 商品组策略

将组织内部要求和外部市场条件结合在一起之后,采购部门将审查每一类商品组策略的重要性。为此,可以使用图 1-3 所示矩阵分布并运用投资组合技术,将不同商品组按照"组织相关性"和"市场相关性"标准分为四类。

(1)非关键商品组。归类为"非关键"商品组的特点是数量少、可获得

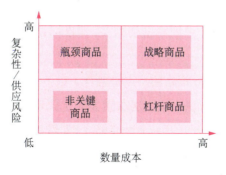

图 1-3　卡拉吉克矩阵

性高、复杂性低。通常,这些组包含"C"类产品(通过 ABC 分析法确定),如螺丝、标准部件、间接材料、辅助操作材料或办公用品。对于非关键商品,其目标必须是在以最优价格采购的同时,将可能受到的监管水平降至最低。在极端情况下,这可以通过外包给采购服务供应商或通过电子采购系统的自动订单处理来实现。

(2) 瓶颈商品组。虽然这类商品的特点也可能是数量少,但低可获得性、高复杂性使其采购变得复杂。一般来说,采购量太低,既不能引起供应商的兴趣,也无法触发进一步的内部措施以便简化或取代有关项目。在许多情况下,唯一可能采取的解决办法是通过提供高安全库存来降低风险。

(3) 杠杆商品组。"杠杆"商品的采购是采购方的"主要业务"。它们的特点是数量大、可获得性高、复杂性低。由于采购量大,供应商竞争激烈,因此成本降低很容易实现。

(4) 战略商品组。这些商品的特点是数量大、可获得性低、采购风险高、复杂性高。对于这些商品必须进行最全面细致的管理,例如发展战略性或关键供应商,开展全面的风险管理,并进行持续的采购市场研究。

通过对需求进行分类,可以制订基本策略,以便管理供应、成本和各商品组的风险。在此基础上,采购部门必须针对特定材料制定尽可能最佳的采购策略,以最优方式满足所有相关需求。

2. 供应商策略

供应商策略与商品组策略密切相关,其目标是获得所需采购对象的供应来源。

从本质上讲,供应商策略的特点是融合了以下几种方法。

(1) 过程导向的方法。该方法探索如何优化供应商与内部流程的有机结合,其目标可包括联合开发一个物流概念,如看板或准时制。看板是指生产过程控制的一种方法,它只以材料在分配和消耗地点的实际消耗为引导。该方法的进一步目标是促进与通信系统的连接或在项目进展中早日促成一体化。随着与供应商伙伴关系开发的深入,特别是由于较短的产品生命周期和相关的上市时间需求,供应商正越来越多地参与项目开发的早期阶段。

(2) 供应商导向的方法。该方法侧重考虑单个商品组可获得的供应来源的数量。在实践中,相关的类型有多种形式,并通常以混合形式出现。其中较典型的莫过于单一来源(单源)采购,即产品或服务只有一个供应来源。如果选择这种采购方式,就必须找到具有优质绩效表现的供应商,并与其建立长期合作关系。单源采购通常适用于高度复杂的采购对象,这些对象由于项目的技术特性或高投资属性而排除了其他不符合要求的一般供应商。一方面,由于采购企业与供应商的合作研究和开发,成本最小化和差异化可以得到利用;另一方面,采购企业与供应商的密切合作会产生对后者的高度依赖性。在这种背景下,如果出现延迟交货或完全失去供应商,则可能对整个生产过程构成严重威胁。

为了减少上述依赖性并继续享受单源采购的某些优势,采购企业可以考虑调整为双源采购策略,特别是在关键部件的供应方面。在这种策略中,采购将特定的需求分配给两个互相竞争的供应商。双源中的第二源可以通过有针对性的战略供应商寻源和新供应商的相关认证,或者通过有针对性地发展现有供应商等措施得以建立,使其能够扩展产品或服务的范围。

另外,企业也可通过采用多源采购策略,进一步降低采购风险。然而,这种供需关系只是针对特定的需求,可能会失去需求聚合的效果。

(3) 物料导向的方法。该方法根据不同的标准对材料进行分类,并根据供应商策略提出具体要求和行动建议。例如,材料的复杂性和可获得性可能会对供应来源的数量产生影响。此时可能会建立所谓的"系统供应商",这意味着偏离单一零件的采购;简言之,个别零件的几个供应商被归入一个系统供应商的管理之下,该系统供应商将承担准备和安装整个装配组的任务。这样做的目的是将劳动密集型业务转移到供应商手中,并减少组织自身协调工作的支出。

(4) 区域导向的方法。该方法的使用取决于供应来源的地理位置。因此,如果本地邻近原则非常重要,那么本地采购策略可能是合适的。本地邻近的最大优势是更容易协调和更高的灵活性。然而,必须始终记住,当地采购价格水平可能明显高于国际采购市场。相对应地,不局限于本地和国家采购市场的方法称为全球采购。全球采购的目标是在全球范围内找到并使用最好的供应来源。该方法的目标是:通过降低劳动力和材料成本或利用特定区域的供应商专有技术,实现成本的下降。

(5) 风险导向的方法。该方法是由于采购活动中各类风险的日益增加而产生的。风险增大的原因是采购部门承担了大部分的运营成本。在供应商策略的范围内,以风险为导向的方法寻求识别风险,并在制定策略时将其考虑在内。例如,风险管理措施可能旨在减少对供应商的依赖,监督供应商组合的财务情况和组织稳定性,或根据腐败或政治不稳定等风险因素对采购市场进行评估。

四、战术实施

为了确保采购策略在商业环境下能够有效实施,战术决策和措施将从策略方面推导出来。这些决策和措施具体规定了如何去实施采购策略。

跨部门的协调、资源的提供和相关委员会的支持是确保行动计划效率的先决条件。

战术实施的步骤包含详细的行动计划。该计划包括实现目标的个别措施以及适当的工具和方法。类似地,针对具体区域的密集型采购市场研究、具体流程的开发和单独需求的汇总也属于可采取的措施选择范围。

当然,当前的供应商关系也需要评估。其中一个决定性的问题是:当前的供应商组合是否以及在多大程度上有助于实现策略目标？

供应商管理的具体措施来自这类评估，例如寻找新的供应商并开发新的供应商，发展现有的供应商，或通过淘汰现有供应商来调整供应商组合。

组织在确定短期成功标准的同时设定临时或阶段目标是有意义的。这将有助于跟踪中、长期目标的实现情况，并在出现消极趋势时及时采取纠正行动。

案例分析

光伏组件采购策略

面对全球日益严峻的能源和环境问题，开发清洁低碳能源已成为世界大多数国家保障能源安全、应对气候变化、实现可持续发展的共同选择。我国是世界上最大的能源生产国和消费国，开发风能和太阳能等新能源是贯彻"四个革命、一个合作"能源生产和消费战略，建设清洁低碳、安全高效现代能源体系的有力抓手，也是推动我国能源转型发展的重要举措。数据显示，截至2020年底，我国风光电装机容量超过5亿千瓦，总容量位居全世界第一，在新能源领域取得了举世瞩目的成就。

市场环境

各环节生产商按照主材转化过程分为上、中、下游，作为生产的上游，公开数据显示，2020年我国硅料产能达到46万吨，其中国内排名前十的龙头生产商产能占比超过90%，对硅料市场供应格局具有重要影响。据不完全统计，2020年我国硅片总产能为205 GW，其中前五家主要生产商产能占比超过90%，产业集中度高。在电池片方面，统计显示，2020年我国电池片产量为135 GW，主要生产商出货量占比超过九成。主材市场的格局具有集中、聚集的特点。近年来，部分资金实力较为雄厚的主要生产商为进一步巩固市场地位，大力拓展上下游产业链布局，推进垂直一体化供应、生产、经营，提高供货保障性，协调生产组织，滚动平移上下游生产环节利润，平抑盈利波动。统计显示,主要生产商基本按照不低于本企业70%组件产能的比例进行电池片生产,个别生产商还进一步发展硅片生产环节布局,根据电池片产能,按照1∶1的比例布局硅片产能,强化了垂直一体化经营布局。对于铝边框、玻璃、EVA、背板等主要辅材,其市场环境各有不同。铝边框具有大宗商品特征,采取来料加工的模式,目前在细分市场有十余家主要生产商,竞争充分;光伏组件玻璃目前市场主要生产商超过十家,行业龙头生产商的出货量市占率合计超过五成,且掌握低成本熔窑技术,随着低成本产能逐步释放,当前的市场格局将进一步强化;胶膜生产工艺较为成熟,行业竞争较为充分,目前市场主要供应商超过五家,呈现"一超多强"的市场格局,由于EVA胶膜具有较高壁垒,包括技术、客户资源、产品认证等方面,因此当前的市场格局短期内不会发生明显变化;背板市场主要生产商超过十家,近年来市场竞争较为激烈,市场格局仍在形成过程中。从市场供需情况看,光伏发电终端开发需求具有明显的长周期性、短波动性特点,受政策影响较大,终端的长期需求由国家能源和气候发展战略决定,稳定可预测;但短期需求受市场供应、价格博弈、并网政策等影响,又呈现一定的波动性。2021年以来,终端需求已处于持续释放阶段,终端的需求压力正在逐级传导,在传导过程中逐级放大,当传导到上游硅料环节时,因其长期产能不能及时扩充,实时产能调整范围窄,难以匹配光伏发电周期性、波动性需求,目前已成为整个产业链循环的堵点、痛点。从生产组织看,目前一些产业链布局较为完整的主要组件生产厂家为保障本企业生产,与硅料厂家通过长协方式锁定了部分产能,这部分硅料不能进入市场流通。据部分行业研究报告,目前几家主要硅料企业的产能均100%被下游生产商以长协方式锁定,由于近期硅料供需矛盾异常突出,部分进口硅料也被下游硅片生产商以长协的方式锁定。此外,在硅料供应环节还存在一些中间商。以上因素均加剧了硅料供应局面的紧张程度。从销售策略看,由于拥有上游资源的组件生产商在市场供应上已经具有较大主动权,客观上促使市场买卖双方的主导权发生了一定的偏移。在这种情况下,生产商有条件进行一些销售策略方面的调整,通过价格调整逐步释放终端需求成为可能,在当前市场供需紧平衡的情况下,不排除部分生产商以价格为工具,对市场供销节奏进行调整。综上所述,根据

采购运营策略

当前市场结构、供销模式，初步预判市场供需的紧平衡局面在短期内还不能根本缓解，后续随着硅料产线逐步具备生产条件，市场形势将有所改变。

采购策略

（1）光伏电站作为高资产项目，项目开发必然要考虑资本收益情况，投资人对光伏电站的内部收益率设置了必要的"门槛"，达不到门槛线，项目就不具备开发条件。项目的内部收益率受多方面因素影响，包括初始投资、财务成本、运营成本以及上网电价、利用小时等。在全寿命周期，光伏电站初始投资占比远高于常规能源电站，初始投资往往是项目收益的决定性因素，而初始投资中又以设备成本占比最高。影响项目收益的另一个关键因素是上网电价。在部分区域，为了引导光伏项目上网电价合理降低，地方政府通过竞价方式进行资源核准，将项目开发权授予上网电价报价最低的投资方。为了保证投资人各自新能源发展规模，各投资商相互压价。自2021年开始，国家全面取消除户用光伏外的补贴，正式进入无补贴时代，光伏电量补贴的取消进一步影响了项目投资收益。可以说，包括电价、利用小时在内的收益率影响因素的压力最终都叠加传导到项目投资环节。光伏项目转入工程建设阶段，为保证项目顺利开工、竣工、并网，在采购阶段还需要综合考虑组件供货能力、及时性和组件质量。有些地区还要求项目开发人承诺竣工、并网时间，因此对供货能力和及时性提出更高要求。归根结底，在组件选购这一环节必须遵循技术成熟、质量稳定、供货可靠、产品高效、综合性价比高的原则。

（2）在当前市场形势下，为有效保障项目开发和建设，需在采购方式、采购时机、供应商选择、调价机制设置等方面采取适当措施加以应对。一是采购时机。如前所述，光伏组件具有短波动性特点，以季度为单位，受并网政策影响，国内光伏电站一般在6月30日和12月30日之前并网，以锁定上网电价，因此在这两个时间点前一两个月往往会形成"抢装潮"，以该时间点倒推，可大致选择需求淡季启动采购，避免一窝蜂向生产商发出采购订单。二是采购方式。为增加采购方主导权，采购人可将采购需求打包，进行集中招标，增大标的物吸引力，从而增加采购过程中的话语权；为了能以相对合理的成本保障设备供应，有必要结合开发需求对采购策略进行必要调整。具体采购方式可采用框架招标,通过框架协议锁定入围供应商和价格边界,在兼顾刚性要求的同时还具有一定弹性。三是目标供应商选择。根据出货量,目前国内光伏组件生产商可大致分为一、二、三线,在资金实力、供应保障、产品质量、产品性能、后续服务、产品价格上,一、二、三线逐级递减,因此可根据框架协议内各建设项目的边界条件,按照高低搭配的方式选择多个供应商,即边界条件要求宽松的可以选择一二线供应商,反之可以选择二三线供应商,增加框架招标结构的适配性。四是设置调价机制。通过框架招标实施采购的,一般执行期较长,由于光伏组件市场波动频繁剧烈,价格随行就市,有时框架招标时确定的中标价在实际执行时与市价相差甚远,为保障买卖双方的利益,可以设置调价机制,约定调价启动条件、调价时机、调价幅度,增加框架招标的弹性。四是优选产品规格。目前光伏组件向高参数、大规格方向发展的趋势越发明显,应用案例越来越多。高参数、大规格组件能有效解决电缆、支架以及土地等方面的投资问题,双面双玻组件能明显增加项目发电收益。在采购时应保持对行业发展方向的敏锐性,有侧重地向高参数、大规格产品倾斜。

资料来源:张嬛阁.浅析当前光伏组件市场下的采购策略[J].能源,2021(5):70-74.

问题与分析

1. 概述我国当前光伏组件市场的现状和特点。
2. 比较本案例中提到的采购策略的利与弊。

"大采购"与"小采购"

福陆公司是世界上最大的建筑公司之一,集设计、采购和施工于一体,

采购运营策略

即建筑行业所说的 EPC（engineering, procurement, construction）公司。该公司位列《财富》500 强建筑设计类第一，年度营业收入超过 160 亿美元，全球采购额近 100 亿美元。它的采购包括两部分：大采购与小采购。

大采购是大写的 P（Procurement），指在设计阶段尽早纳入供应商。建筑行业的传统做法是先设计，再采购，最后施工。在这种模式下，供应商、承包商不大介入设计阶段，导致它们的好点子没法被纳入设计中。等到发包阶段，供应商介入了，但设计已定型，设备选型已确定，牵一发而动全身，设计变更很难，能做的也就是通过谈判把成本转移给供应商、承包商了。

一位曾经就职福陆公司的采购总监说，行业压价厉害，利润低，承包商生存很困难，导致员工薪酬水平低。如果别的公司肯比福陆公司多付 1 美元的工资，他都会跳槽。而他最终跳到了客户公司雪佛龙。设计阶段对造价影响最大，福陆公司的大采购就是为改变这种情况，将战略供应商在设计阶段就纳入项目，及早利用供应商的经验、技术来降低项目总成本。相应地，这也把采购的任务从围绕订单转提升到选择和管理供应商，提高了采购的策略地位。

大采购的概念不是建筑行业特有的，多个行业都在向大采购过渡，只不过不一定这么叫罢了。大采购也是美国最近二三十年在采购研究方面的重点。在美国，这一策略过渡经历了近半个世纪。外包策略盛行后，供应商的地位从单纯的执行功能上升到策略高度，这也在客观上促成了采购向大采购的过渡，因为采购需管理供应商这一策略资源。另外，正如福陆公司的首席采购官所说，当一个建设项目 60%～70% 的钱是花在采购上时，你就知道该在哪儿下功夫了。这一比例也适用于很多行业，例如汽车制造业。所以有这么一种说法：竞争力不再只是造得便宜，更多的是买得便宜。采购成为这些行业的核心竞争力也就不足为奇了。

如果说小采购是围着订单转，下单、跟单、催单、交货、验货、收货的话，那么，大采购则是围绕供应商转，评价、筛选和管理供应商，提高它们的绩效，并把它们及早纳入产品开发，尽早发挥其优势。小采购是日常操作，大采购是资源管理。在小采购模式下，不是说没有供应商管理，而是管理比较粗放，或由别的部门（例如设计部门）来做。结果往往是选择的供应商能满足一些要求(例如技术),而不一定能满足另一些要求(例如大规模生产),采购只好收拾残局。在大采购模式下,采购全面负责供应商绩效,但并不意味着供应商管理是采购一个部门的事,尤其是在技术驱动型公司。更准确地说,供应商管理是跨职能团队的责任,包括工程设计、质量管理、订单处理等,采购的任务是领导这个团队。这对采购的领导力提出了更高的要求。在美国供应管理协会(ISM)的"供应管理专业人士认证"(CPSM)中,取代以前的"注册采购经理"(C.P.M.),三大认证模块之一就是领导力,反映了业界对这一角色变化的认可和重视。

两种情况注定不是大采购模式。其一是工程师或内部客户决定一切,采购只是执行;其二是采购有了管理供应商的责任,但没有相应的权力和资源,结果只能苦苦挣扎。第一种情况好理解。在第二种情况下,公司认识到职能分工的重要,有了职能意义上的采购,与第一种情况相比是个进步,但光有责任,没有权力来平衡,采购没法约束、管理内部客户,对外则没能力、资源实施有效的改进方案,于是成了各种问题的替罪羊。例如,设计部门随意变更设计,生产部门随意调整进度,没有给供应商足够的采购前置期,这些部门还振振有词,说采购的任务就是让供应商按时、保质保量交货,问题都是采购造成的。再如,为了降低成本和缩短生产周期,供应商需要改进产品设计、生产流程,但采购没法驱动设计部门,设计部门既不愿意承担风险,也不愿意提供人员,问题又全成了采购的问题。采购的拿手本领就是谈判。但几轮谈判下来,软硬兼施,能谈来的都谈来了,还是达不到目标。既然没法驱动自己的设计部门,那就只有推行强势做法,把问题都推向供应商,从而继续在小采购的泥淖里打滚。

所以,采购部门是否能实现向大采购的过渡,关键在于它能否完成两项任务:其一是选择、管理能满足公司策略需要的供应商;其二是管理、领导内部团队,共同执行供应商管理职能。后者比前者更重要,也更困难。对采购的评估标准不再是简单的讨价还价。如果一个公司把讨价还价能力作为衡量采购人员的主要标准,则表明该公司的采购仍然是小采购。

资料来源:刘宝红.采购与供应链管理:一个实践者的角度[M].机械工业出版社,2012.

尝试和你的团队成员一起进行如下实践活动：

1. 针对你们所熟悉和了解的商业环境进行调研，从中选择与上文中提到的"大采购"和"小采购"相似的各一家企业。

2. 在此基础上，分析并比较"大采购"和"小采购"对于这两家企业及其采购部门的要求和影响，列出至少三个方面的对比。

3. 概述上述所选企业应当如何更好地处理不同采购任务。

4. 将上述研究结果形成一份商业报告。

拓展阅读

采购的宗旨与目的

在当前的商业经济学文献中找不到关于采购业务功能的统一和连贯的定义。流行的观点和概念过于多样化，无法给出一致的图景。采购、物资管理等传统概念逐渐消失，"战略采购""全球采购""供应链管理"等关键词逐渐进入学术话语。这是过去几年在采购方面发生的变化的证据，而且在不久的将来可能还会继续。然而，采购的核心任务并没有改变。采购部门负责组织的供应，它的职责是确保产品、设施、资源和服务等供应的可用性。购买的经典目标——在正确的时间和地点以正确的数量和质量获得正确的产品，同时考虑到经济原则——仍然是正确的。但由于采购活动的重要性日益提升，业界又提出了其他的战略方法。采购活动需要综合和长期的计划。供应商必须发展成为战略伙伴，采购市场必须在全球范围内发展。出于这些考虑，一个扩展的行动领域已经形成：战略采购。这种发展经常导致采购人员的分工，这种分工根据的是业务领域和战略领域的能力。运营采购负责订单流程的日常处理，战略采购则根据业务策略制定长期框架条件。

但这并不是买方活动领域的全部情况。在产品开发过程的背景下与项目合作是买方活动的进一步扩展。除了项目经理对成本和截止日期的考虑，供应商在开发项目的早期阶段更多地参与技术合作，这意味着采购在项目工作中也有了新的意义。在这方面,它的主要任务是促成、协调、调解和积极组织这一过程。

总之,今天的采购有三个基本功能:
- 运营采购:确保供应
- 战略采购:长期规划
- 项目采购:支持产品开发过程和其他业务领域

基本上,运营采购的采购任务包括:日常订单流程的处理、加速交货、采购活动的运营计划、日程安排以及退货和缺陷通知的处理。运营采购的主要目的是确保物料在任何时间的可用性,并达到最佳的库存水平。

在战略考虑的背景下,实际订单流程之前的活动变得越来越重要。这个功能由战略采购承担。战略采购方所做的决定超出了日常经营的范围。在这一过程中,他们创造了运营采购的框架条件。第一步是定义采购活动的基本战略方向,包括供应商、商品组和支持整体业务战略的风险战略。此外,战略买家研究潜在的采购市场,谈判框架协议,并管理供应商组合。此外,他们还负责价值链中的过程改进。在理想情况下,这将带来整个采购过程的持续优化。

项目采购是产品开发项目中一个多学科的采购功能,在这个项目中采购的重要性越来越高。它的主要任务之一是协调项目范围内的所有采购活动。因此,项目采购代表了相关供应商,也代表了项目团队中采购部门的利益。在此过程中,它利用了战略采购的资源,并在项目获得批准后移交既定的框架条件。

如果考虑到大约三分之二的产品成本是在开发项目的早期开始阶段确定的,那么项目采购的重要性就变得尤为明显。由于这个原因,在项目开始时尽早参与采购变得越来越重要,应该得到管理层的支持。

项目采购方也涉及复杂的、有较长交货期的间接供应。这可能是资本投资,如新工厂、机器或车间。这就是为什么项目采购员需要扎实的技术和商业方面的基础知识,以及对项目管理的独特理解。

资料来源:Ulrich Weigel, Marco Ruecke. The Strategic Procurement Practice Guide: Know-how, Tools and Techniques for Global Buyers[M]. Springer International Publishing, 2017.

思考与练习

一、名词解释

1. 组织战略
2. 采购策略
3. 供应商结构
4. SWOT 分析
5. SMART 目标

二、选择题

1. 采购铁三角具体包括(　　)。

   A. 质量　　　　B. 价格　　　　C. 客户关系　　　D. 时间

2. 内部需求分析包括(　　)。

   A. 价值的增长　　　　　　B. 产品线路图

   C. 技术规划　　　　　　　D. 生产计划

   E. 产品复杂性和产品质量

3. 外部环境分析包括(　　)。

   A. 产业结构　　　　　　　B. 供应商结构

   C. 经济环境　　　　　　　D. 区域特征

4. 卡拉吉克矩阵不包括下列哪一项？(　　)

   A. 关键商品组　　　　　　B. 非关键商品组

   C. 瓶颈商品组　　　　　　D. 杠杆商品组

5. 商业采购中常见的指标包括(　　)。

   A. 采购量　　　　　　　　B. 供应商数量

   C. 交货期质量　　　　　　D. 供应商关系

三、简答题

1. 跨部门的协调对组织采购战术实现的意义是什么？

2. 商业采购中常见的指标有哪些?

四、论述题

1. 组织在确定采购策略时必须考虑到的问题有哪些?
2. 组织面对瓶颈型商品应该采取的适当采购方式或策略是什么?
3. 试说明采购铁三角在(项目)不同时期的优先级别和原因。
4. 组织在监控外部因素与内部要求之间的联系时可以考虑的因素有哪些?

第二章

采购组织

学习目标

- 了解组织结构
- 熟悉组织结构中的采购角色
- 理解集中式采购、分散式采购与采购主管
- 掌握采购流程和优化

基本概念

组织;采购角色;集中式采购;分散式采购;采购外包;项目采购

第一节 组织简介

内部采购职能的作用和角色通常受到组织或企业战略的显著影响。在许多组织,采购处于第一或至少是第二层次的管理决策层级。在一些大型集团性组织中,首席采购经理日益成为一个独立的责任岗位。在组织架构中的这类职位是有效实施组织策略方针的前提,可以为组织的业务成功做出决定性的贡献。如果采购与其他业务功能不等同,则势必会抑制其在实现组织战略上的作用和贡献。采购在产品开发的初始阶段尤其重要,因为

大部分成本往往在这些阶段确定。如果采购在这方面缺乏强有力的话语权,那么它就无法行使其在费用方面的责任,最终会降格到仅参与支付条件的谈判。

因此,采购必须在商业组织中从全局角度对自身进行定位,这将使其能够确定有助于实现组织目标的贡献程度。在战略采购确定了目标和实现目标的措施后,我们需要回过头来再次审视组织的确切含义。

从面向业务的角度来看,"组织"这一术语有两层不同的含义。一方面,一个组织通常是在一个正式的结构化系统中整合不同的要素,在这个系统中,组织成员的表现面向一个共同的目标。从这个角度来看,采购部门本身可以被理解为一个组织。另一方面,组织又是一种促进实现各种目标的成员结构。基于此角度,"组织"这一术语描述了如何对任务、人员、资源和信息进行细分和管理,以便以最有效的方式实现目标。

在这种类型的组织中,可以识别出两种子类型:一种是结构性组织,在这种组织中,通过定义结构和规则来完成四个要素(任务、人员、资源和信息)的等级分配和协调;另一种是运营性组织,其中的各要素以空间、时间顺序和定量阵列的方式排列在工作流程中。这两种类型是相互依赖的,因此不能相互分离。

第二节　结构性组织

正如上一节所提到的,结构性组织本质上是一种层级化的结构框架,在这个框架内定义了结构和职责(图2-1)。

图2-1　结构性组织中的采购角色

为此,"职位"这一最小的组织单位被建立起来,并以一种特定的方式相互关联,保证能够有效并创新性地设计任务执行者之间的能力和沟通渠道。采购的结构性组织属性不仅与业务的策略方向有关,而且与现有的组织整体结构有关。例如,在一个生产设施的小型组织中,集中式采购往往是不二选择。然而,对于在世界各地都有生产设施的企业来说,采购的分散化可能是更好的选择。在极端情况下,某些采购活动可能完全外包给专门的外部服务供应商。另一种将集中式采购和分散式采购相结合的现代方法是在商品组管理框架内的"采购主管"概念。

下面将介绍上述三种方法的优点和缺点。

1. 集中式采购

集中式采购将所有必要的采购流程集中在组织内部。这意味着组织内部有一个中央部门被授权从事采购活动,严禁特定业务单位、特殊部门自主采购。一般来说,一个集中的采购部门将设在组织总部或有最大需求的生产设施单位。

集中式采购有以下几方面的好处。

(1) 批量采购。由于全组织需求的聚集,采购部门能够与供应商谈判得到更好的采购条件。根据不完全统计,从平均意义上来看,采购量增加一倍将使成本降低10%。此外,通过累计数量,可以加强采购地位,使组织在价格上进一步获得优惠,从而获得更好的条件、更好的服务和更好的合作。

(2) 提高专业素质。采购的集中使得采购活动可以由专业人士单独来进行。这样,整个采购流程就会更加专业化,特别是在价格和价值分析、采购市场调研、谈判、合同管理等方面。

(3) 同质化的供应商结构。集中进行采购活动可以建立同质化的供应商结构。通过这种方式,可以确保相同的物品不是来自不同的供应商,或者保证在整个组织范围内具有相同的条件和供应。

(4) 明确的责任。在一个集中化的采购部门,容易形成明确的组织责任范围。因此,流程和指导方针的遵从性和唯一性可以得到更好的控制,沟通也会更迅速有效。

(5) 高效的采购流程。通过集中式采购,定期发生的采购需求可以以标准化的方式处理,也可能通过自动化采购流程来满足。

(6)统一的控制。一个集中的采购部门可以生成统一的关键数据,与所有业务领域的采购活动相关,这意味着采购结果可以在组织范围内显示。

然而,组织规模越大,可能存在的缺点也就越多,这些缺点包括以下方面。

(1)官僚主义。根据组织的规模大小,集中式采购可能很快就会以过度的官僚主义告终,因为在某些情况下,用户的需求会通过许多其他人和层级到达集中式采购部门。因此,处理成本可能不成比例地上升,完整的采购流程可能变得低效。

(2)空间的距离。如果与用户间的距离太远,集中式采购可能缺乏必要的操作知识和信息。集中式采购部门必须被明确告知所有消费变化、技术修改等信息。因此,在信息流和灵活性方面存在缺点。

(3)目标冲突。如果没有明确界定采购成功和失败的责任划分,集中式采购和负责结果的组织单位之间可能会发生冲突。

(4)糟糕的验收。集中式采购常常被当地组织视为外来因素。这不仅是由于空间距离,而且普遍认为地方组织在决策中没有发言权,这往往会导致地方组织妨碍策略目标的实现。因此,集中式采购人员必须使用技能来清晰和透明地传达决策,以便使之成为能被所有人接受的联合决策。

(5)文化特点。文化、心态和语言的差异很容易产生误解,因此也会带来风险。

通常,集中式采购的领域是根据采购项目的类别细分,如原材料、机械项目、光学或工业产品。在这种情况下,集中式采购部门的负责人员负责其所属类别的所有采购活动。采购活动被划分为统一的流程步骤,这些步骤被分配给每个员工。在增加过程取向的进程中,这种方法往往变得不那么重要。

2. 分散式采购

如图 2-2 所示,分散式采购与集中式采购正好相反。一种极端情况是,所有的采购活动都是由有相应需求的特殊部门自主进行的。这种类型的采购组织不需要专业采购人员。相反,采购部门是在负责的组织单位内建立的,专门用于管理发生在那里的需求。在有附属集团(组织)的情况下,各自的单位可能是子组织或生产设施。而在项目采购的情况下,一个单独的采购人员可能被分配到一个产品开发团队,负责满足这个特定项目的采购要求。

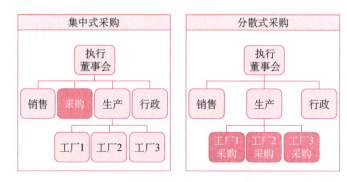

图 2-2　集中式采购与分散式采购对比

分散式采购的主要优点是更接近用户。由于过程时间更短,因此快速沟通和决策是必然的。此外,买方有机会获得针对用户的专有技术。因此,这种类型的采购组织实现了对内部客户需求的高度导向。

分散式采购的主要缺点是:由于不同组织的要求相似,因此会出现许多冗余。随着需求的划分,分散式采购将不得不接受更弱的市场势力、更低的标准化程度,并最终接受不同的商品组策略。

3. 采购主管概念

采购主管的概念试图结合集中式采购和分散式采购的优点,并弥补这两种方法的缺点。采购主管的概念建立在一个集中式采购组织的基础上,该组织通常位于有最高需求或最高程度的特定商品组能力的组织单位。在这种方法中,相同种类的需求在统一的物料组中聚合。物料组经理负责特定的物料组。这些经理从战略上对所有组织的需求负责。他们的任务包括全面供应商和商品组管理,运用方法和提供市场知识,以及就框架协议和供货条件展开谈判并签约。不过,相关业务处理是在各有关组织所在地进行的,因此订单处理可以灵活地进行。其结果是集中的策略采购和分散的运营采购相结合,这两种职能在组织内部得到清晰的区分。

采购主管概念的主要优点包括以下几个方面。

（1）统一的策略。由于对商品组策略进行集中管理，因此该策略在全组织范围内具有有效性，实施起来更容易，效率也更高。

（2）聚合的需求。需求被聚集成集中管理的商品组，集中式采购的规模经济得以实现；同时，单个组织和部门仍可灵活地提出个别需求，并始终在商定的合同框架内运作。

（3）供应商管理。集中的物料管理便于开发有效的供应商管理流程。因此，可以有目的地形成和发展供应商组合，以满足全组织的需求。

事实上，在供应链环境中，专注于核心竞争力的趋势并不仅限于采购活动。如今，越来越多的特殊采购活动被以不同的方法外包出去。

第一种方法是成立独立的组织（即所谓的集团采购组织），它们将接管集团或下属分公司的全部采购活动。这些高度专业化的采购组织与集中式采购有着类似的优势和劣势。

第二种方法包括外包高度劳动密集型的流程步骤，如会计控制或订单处理。在这种情况下，决策将保留在组织内部，而特定的经营活动则在外部进行。

第三种方法是外包特定类别的采购。这种办法特别适用于专业设施设备的管理等服务，以便利用规模经济取得更好的条件。

第三节 有效的组织

结构性组织造就一个结构化框架，在这个框架中，每个部门和员工执行各自分配到的子任务。为了在空间、时间和数量上有效地协调这些子任务，必须有一个可操作的组织。通过设置正确的流程，运营组织构建了信息和资源在各个部门和岗位之间的流动，通过这些流动，各个独立的工作步骤相互联系而无论涉及的人员是谁。一般来说，运营性组织的设计应使组织范围内出现的所有任务能够迅速、可靠和经济有效地得到处理。

在采购中,对运营性组织的考虑将首先集中于区分战略性采购活动与运营性采购活动。战略性采购活动包括长期计划,开发和优化供应商-采购方关系,以及在项目采购的背景下监督产品开发过程。相比之下,运营性采购活动寻求实现所需商品和服务的合法和实物供应。物资供应是采购的核心过程,既包括企业的战略活动,也包括运营活动。下面将系统性地分析采购流程。

一、采购流程

传统上,采购流程由许多密切相关的决策组成。除了订单的操作处理之外,在采购流程中还必须牢记许多因素。最重要的目标永远是在物料管理方面取得最佳结果,这意味着在正确的时间、正确的地点,以正确的价格采购正确数量的正确货物。

一般来说,如图2-3所示,采购流程可以按时间顺序划分为若干个子流程,这些子流程由策略要素管理和支持。

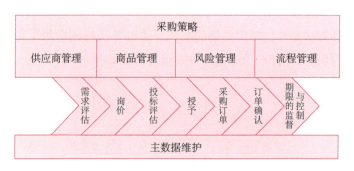

图2-3 采购的一般流程

这一流程从具体的要求开始,在批量生产的情况下由物料管理触发,在个别需求背景下由各自的需求实体触发。在检查和汇总需求之后,将寻找能够满足这些需求的潜在供应来源。根据对所确定方案的优点和缺点的比较,采购流程以具有法律约束力的订单结束。随后,组织必须监督和保障所订购货物和服务的及时可用性。

1. 需求评估

需求是指生产和制造所必需的投入要素。在大规模生产的情况下,采购流程从物料管理触发的需求开始,根据计划确定需求。有以下几种方法可以用来估计具体的需求。

需求的确定性评估是在大规模生产的背景下最常用的方法。通常来说,销售和生产计划是可用的,其中列出了将来需要的数量。在开始阶段,根据最终产品的计划销量形成一个初级需求。根据这一需求产生次级需求。这些需求分解了基本物料或部件清单,并包含了制造最终产品所需的所有单个部件。在这方面,只有购进的部件才与采购有关。组织或采购部门根据相关需求和必要时的延伸需求计算出总需求。通过对照周转库存、安全库存和已经产生的订单检查这些需求,同样的需求被转换为具体的净需求,这些需求将在采购流程的后续步骤中得到满足。

相反,需求的随机评估针对的是不能根据次级需求进行计划的材料。这些材料(如间接材料和辅助材料)没有在零件清单中规定,因为它们不是最终产品的组成部分。可以使用统计方法来尽可能准确地预测这些材料的未来需求。

此外,关于诸如投资或服务这样的单独需求的计划往往要困难得多。对此,采购部门必须充分和全面地了解这些正在出现的需求,还必须提供技术上有用的资料。如果无法做到后者,则可以向供应商发出变革邀请,以便更具体地规定要求。

2. 询价

在本阶段,买方必须邀请供应商就已确定的需求提交具有约束力的投标书。在这一子流程之前,组织将进行密集的采购市场研究,以确定询价的潜在供应商(名单)。此时,组织必须小心谨慎,以确保询价的措辞和具体说明准确无误。询价越精确,问题和需要做的澄清也就越少,供应商就能更精确地给出建议。招标邀请应包括下列各点:对需求的精确描述;精确数量(可能是单一规模的数量);预定交货日期;提交投标书的截止日期;采购的一般条款和条件。

在生产性采购中,战略采购提前确定了交货的框架和条件,订货程序紧随其后,询价过程往往被简化或完全跳过。

3. 评标

在对标书进行更全面的评估前,需要进行标书的初筛以确定供应商的标书在质量、数量、交货日期和交货条件等方面是否符合投标要求。如果以上方面符合要求,将正式进入投标程序进行更详细的评估。然而,如果发生了与投标方协商不能消除的异常情况,那么这些异常情况必须被指出并纳入评估总成本。

随后的招标评估将确保订单符合客观、全面以及最重要的审计证明标准。通过参照已定义的标准来比较各份标书,这些标准可以使差异变得透明,然后选择最优的报价。然而,这并不意味着采购决策完全基于定价方面。根据复杂性和相关性,在决策过程中还必须考虑到其他方面。一种成熟的可行方法是价值效益分析。在这里,需求是根据标准定义的,并根据相关性进行加权,然后根据完成程度对标准进行评估和添加。针对每份标书都会形成一个评价指标,并在此基础上做出决策。除其他因素外,这种形式的分析内容包括:采购价格;交货时间;质量水平;能力;服务;位置;可靠性;供应风险。

4. 要约

针对该流程的调整范围取决于各自需求的相关性和重要性。就细小的需求而言,如果报价符合需求,提交最佳报价的供应商将在评标后接受要约。然而,对于价值相对较高的需求,评标后会进行评标谈判,以优化个别的评标标准(例如价格、交货时间或质量)。

5. 订单

订单代表了根据协议框架条件接受相应商品或服务并支付价款的具有法律约束力的声明。通常,订单是以书面形式传递的,在库存控制系统中登记,然后发送给供应商。虽然没有对订单的统一正式要求,但它们应包括以下内容:内部订单号(供应商可以在交付时参考);对供应的明确描述(例如零件编号);采购数量;单价以及总价;交货期限和日期;保证性能和质量要求的参考(如图纸、测试要求和验收规范);约定的付款和交货条件(包括交货地点);特别协议的参考(如采购的一般条款和条件或质量保证协议)。

6. 订单确认

在供应商检查订单后,通常会发出订单确认书,表示同意及接受该订单。如果订单之前有一个相同的要约,从法律的观点来看,订单代表对要约的正式接受。

在实践中,如果订单确认书已过期,则会发送提醒。这样做有两个原因:一方面,供应商确认订单已经收到并将被执行;另一方面,与特定订单条件有关的差异可以在产品或服务交付之前被发现并纠正。因此,务必注意确认事项是否与订单或报价相符(视情况而定)。在发现存有偏差的情况下,订单确认书并不构成购买合同,而是被视为一种新的要约。如不能接受这些偏差(例如较晚的交货日期),则必须立即以书面形式拒绝订单确认。有关各方的最后声明将被视为具有法律约束力。

7. 期限的监督和控制

为了保证对组织的供货可以顺利进行,本阶段将对供应商的供货期限进行监督和控制。有许多外部和内部的干扰因素可能导致延迟交付,所以在许多情况下,仅仅等待和相信供应商会及时交付是不够的。在这方面,加快交货的目的是在交货延误发生之前避免其发生。通常,这是通过在交货日期之前向供应商发出催单来实现的。供应商一般经此会做到及时交货,可能的交货延误也可以更早被识别出来,而应对措施的实施空间和范围也会更广。此外,保障期限的措施是在供应商管理的框架内采取的,例如通过选择在交付方面具备合规性的供应商或通过在供应商发展过程中采取的纪律措施。

对于截止日期的控制措施在尚未交付的货物已逾期或即将逾期时采用。当交货逾期时,会触发提醒机制,供应商会设定最后期限。如果供应商没有遵守这一最后期限,将收到正式的违约通知,并从那时起向其施加违约金要求。

然而,实际上延误并不总是由供应商造成的。通常,内部用户的短期需求或对供应品的技术修改将导致截止日期的限制。因此,许多期限控制措施的目的是将延迟的时间减少到最低限度,以尽可能降低对组织自身的损害。

二、决策过程中的角色

为了设计和优化采购流程,组织必须知道哪些部门的哪些人员参与决策过程,以及他们在这些过程中扮演什么角色。采购通常不能自行决定选择哪个供应商或采购哪个产品。根据组织的结构和所需的数量,真正的决策者将在更高的层次上被明确,他们将对采购者的环境施加巨大的影响。此外,可在项目发展和投资范围内成立采购委员会,这些委员会由共同参与有关采购的决策过程的人员组成。这些委员会可以利用跨部门的专门知识,以最佳方式做出决策。

从营销导向的观点来看,组织可以建立一个模型,其中包括以下典型角色。

(1)用户。用户提出要采购的产品或系统。在很多情况下,他们拥有较长期的经验和全面的专业知识。有关的要求越复杂,就越有必要让他们参与决策过程。

(2)采购员。采购员负责采购的具体过程,例如收集、评估报价,筛选潜在供应商,在被赋予决策权后选定最终供应商等等。可以说,他们是负有正式责任并拥有权力的人员。

(3)影响者。影响者在决策过程中没有正式的作用,但具有重大的影响力。一般来说,这一角色由在某一特定领域具有全面经验并以咨询身份参与决策过程的人来承担。

(4)决策者。决策者是最终承担决策责任的人。根据决策的重要性,这个角色将由执行委员会、管理层或采购部门承担。

从供应商的观点来看,拥有这四个群体的支持和遭到其反对是有明显区别的。通常,支持者一方会被供应商及其产品说服,并帮助供应商完成交易;反对者一方则持相当怀疑的态度,可能倾向于另一家供应商或另一种解决方案。当涉及首选供应商时,支持者和反对者的自身参与和利益代表方的利益属性将会特别明显。基于长期的工作经验和个人偏好,某些部门会努力在采购流程中发挥自己的影响力。供应商通常知道这一点,因此会特别关注这些群体。

三、流程优化

流程优化是指对组织流程进行审查和优化,以降低流程成本并精简流程、使其合理化,从而提高其质量。在采购中,战略计划和流程控制以及供应流程都被包括其中并得到评估。这样做可以使组织识别现有流程中的缺陷,并进行必要的修改。相应地,流程会变得更有效率,采购方的日常工作量也会减少,因为传统上采购方为了达到每年的成本削减目标,会不断尽力地加强自己的谈判地位。因此,他们可能会年复一年地从一个价格谈判到下一个,浪费了宝贵的时间和其他投入。生产性采购中附属过程的标准化和自动化为执行这些任务创造了必要的自由度。常见的方法还包括:系统性地利用框架协议;基于学习曲线效应的长期协议;价格调整条款;C类零件的自动化采购。

基于上述原因,为了促进采购流程的合理化,可以参考以下建议。

1. 数量合同

数量合同是规定在一定期限内保证采购一定数量的商品或服务的协议。与单个订单和交付时间表不同,数量合同不包括具体的交付日期,而只包括交付的总数量和合同的商业条件。准确的交货数量和交货日期是根据各自的数量合同在所谓的取消订单中确定的。通常,签订数量合同是为了规范供方和客户之间的合作。这样的合同会造就双赢的局面:由于更大的(货物或服务)数量的存在,客户可以获得相当有利的价格条件,同时由于供应商可以储备必要的原材料,交货时间可以大大缩短。因此,整个供应链的灵活性和响应能力将大大提高。此外,订单的取消可以很容易地实现标准化和自动化,最终只需要相当于原始订单工作的一小部分工作量就能做到。供应商则享有有保证的销售量和潜力,并能优化组织其生产批次。

2. 寄售商店

"寄售商店"这个术语来源于寄售营销,在这种营销方式中,进口商在佣金的基础上处理出口商的产品销售。它是一种委托代售的贸易方式,也是国际贸易中习惯采用的做法之一。在我国的进出口业务中,寄售方式的运用并不普遍,但在某些商品的交易中,为促进成交、扩大出口,也可灵活适当运用寄售方式。然而,寄售商店通常是在客户附近或直接由供应商免费提供的储存区域。订购的商品存放在这些仓库里;在客户取走商品之前,供应商仍然是商品的所有者。只有在这些商品从寄售商店实体移除后才会开具发票。

除了高可用性和与之伴随的供应风险最小化之外,寄售商店还提供了进一步的优势,使储存、会计和结算过程标准化和便利化。然而,一个先决条件是,客户和供应商的商品管理系统有一个共同的接口,并适当地交叉链接。由于其较高的资金投入,这种储存模式在供应商中不是很受欢迎。然而,寄售商店可以带来双赢的局面,因为对供应商而言也有一些优势:以最优批量生产和运输;减少存储空间;减少计划风险;提高客户忠诚度(这一点最为重要)。这些都是说服供应商接受寄售商店模式的理由。

3. 特殊价格协议

通过签订特别的价格协议,可以进一步优化采购流程。将价格调整条款自动化,可以减轻采购活动的压力。通过这些条款,供应商和客户均保留根据生产成本变化调整产品或服务价格的权利。一般来说,生产成本将被分解成一个固定不变的价格部分、一个可变的材料成本部分和一个可变的人工成本部分。当可变成本(组别)发生变化时,按照下面所示的价格调整自动化计算条款的公式重新计算价格:

$$P_1 = P_0 \times \left(a + b \times \frac{M_1}{M_0} + c \times \frac{L_1}{L_0} \right)$$

式中:a 表示固定成本部分;b 表示可变材料成本部分;c 表示可变人工成本部分;M_0 表示基于参考日期的材料成本;M_1 表示基于生效日期的材料成本;L_0 表示按参考日期计算的劳动力成本;L_1 表示按生效日期计算的劳动力成本。

该条款特别适用于长期供应协议,包括价格波动部分,以便在合同期间尽量减少不必要的价格谈判。在这方面,有必要在协议开始时了解和确定不稳定的价格组成部分的价值及其在总价格中所占的比例。这种方法也被称为牛市/熊市条款,正如经验证明的那样,将在业务过程中带来稳定。

另一种计算自动化采购价格的方法则是基于学习曲线的管理概念。根据这一概念,一种产品的累计产量上升,经通货膨胀调整后的单位成本就会不断下降。增加作业收益、过程安全、效率提高和合理化所产生的规模经济,将对商品或服务的生产成本产生有利的影响。因此,当涉及更高数量的合同时,通过谈判逐步降低价格是有意义的。由于价格与数量或时间有关,价格将会下跌,并迫使供应商实现持续改善。这种方法还会在接下来的几年里自动产生可预测的节省。

4. 采购的一般条款和条件

作为针对供应商(方面)的一般贸易条款和条件(general terms and conditions of trade, GTCT)的采购(方面)的一般条款和条件,其本身却常常是一种被采购方自己所低估的工具。这些条款和条件可能包括合同中包含的任何内容,例如缺陷责任、所有权保留或管辖权的地点。

然而,执行采购(方面)的 GTCT 并不容易,因此它不受采购方的欢迎。具体来说,仅仅在订单文本中提及它们是不够的,因为供应商通常会根据他们的 GTCT 来确认订单。为避免出现这种僵局,建议在询价阶段将接受投标与接受采购(方面)的 GTCT 联系起来,以预先确定清楚情况。

四、项目采购

如今,在许多组织中,采购部门已经不能被看作一个独立的实体,越来越多的项目需要跨部门合作,以完成创新、复杂和广泛的任务。在这个意义上,项目是一个临时的、一次性的任务,它是独特的、复杂的或创新的,并且需要有限的资源。

通常,项目的目标参数将形成一个"铁三角",由事实(数量、产品、质量)、进度(里程碑、完成日期)和成本目标(预算、资源、成本)组成。这三个参数之间存在相互竞争的关系。例如,当进度被重新安排时,必然会在直接费用或人力资源的需求方面对现有预算产生影响。

在产品开发过程中,过程驱动的、跨职能的采购活动管理变得尤为重要,采购人员作为项目成员将对产品开发过程产生决定性的影响。产品开发的一般过程如图 2-4 所示。

图 2-4 产品开发的一般过程

在项目的早期创新阶段，当技术解决方案尚不完全清晰，并且必须涉及专门的供应商时，对采购活动进行过程驱动、跨职能管理的必要性就已经出现了。因此，有必要在全组织的创新过程中实施由采购发起的寻源和参与过程，以确定最佳的技术合作伙伴。

项目开发阶段的早期建立的项目管理工具（如价值分析、目标成本或设计成本），应由项目采购方发起。项目采购方需要始终记住，此后将要发生的大部分材料成本已经在这个阶段确定了。

此外，项目采购负责满足整个项目的需求。这包括合同起草和签订，以及开发模具原型机和模块化生产。

在工业化过程中，项目采购方将设计外部附加值，并确定后续系列化生产的供应商。如果相关的任务不是由同一个供应商完成，则可以与采购方密切协调。

随着系列化生产开始的临近，项目采购方将更加关注预付款和风险管理，以确保项目在双方或多方无争议和冲突的情况下启动。

在项目成功启动、系列化生产开始后，项目采购方通常将材料供应授予运营采购直至（项目）产品的生产被逐渐停止和淘汰。

我国药品采购政策分析

药品集中采购存在的问题

1. 落标药品很难被替代

我国很多医疗机构对药品进行集中招标与采购的时候，通常都按照固定的流程进行：第一，先进行省级、市级的药品招标，之后向社会公布本次活动的药品目录。相关的医疗机构会通过网络信息系统，将相关药品的厂家、规格以及剂量等方面的数据信息上传。第二，等待审批。但通过对目前实际采购行为的观察，可以发现：现阶段医疗机构主要依据我国零差价的药品采购体系来进行采购，但这种体系最适合在零利润情况下实行，因此在实际的招标活动进程中，体系的不适配性使得活动受到了较多阻碍因素的限制与制约，让现今临床上较为紧缺且必需的药品大多出现了落标，给实际的临床治疗带来了不小的困难，因此十分需要医疗采购行业的关注，寻求切实可行的处理措施。

2. 既定评标合理性和科学性欠缺

既定评标是我国长期实行且广泛应用的一种标准，不过既定评价在合理性与科学性方面还有不足，且评定准则也不具备科学与规范性，客观性和合理性缺乏。药物在本质之上隶属于商品的范畴，只是其功效和特殊性不同。在对其实施评价的过程中，需要将综合性的因素考虑进来，综合性因素包含安全性、经济性与实用性等特征。但是，在目前药品评标标准中，不能够兼顾有效性、安全性以及经济性。特别是在药品的经济性方面，并没有较为全面与完善的道德评价，因此这种评定标准并不能从根本上凸显药品的真正价值。

3. 药品定价模式对药价控制力度不足

追溯其本质，可以发现招标采购能够在较大的程度上遏制国内药价的虚高状况，可以保证药品行业在科学与合理的情况下流通与运营。不过，经过实践探究之后能够发现：很多药品还没有流入市场的时候，就已经常出现价格虚高情况，超标采购没有办法在根本上解决该问题。加之药品价格的产生和特殊实用性有所关联，因此不管是生产成本还是市场的供需环境，均会对其产生相关影响。安全性较强、质量良好的药品，在现今临床方面的实际应用价值更高，所以也会直接在药品价格方面实现精准定位，并给出市场方面的具体需求。

4. 盲目竞争造成秩序混乱

国内的药品生产企业间的竞争残酷且激烈，且药品市场的流通环境还存在无序、混乱的局面,而应用集中性招标采购的手段虽然能够在一定程度上规范流通秩序,但这方面的问题仍然存在,例如:药品产业的产能过剩、品质较低、生产重复等,因此药品在流通方面的无序化竞争问题严重,这也是出现错误购销环境和错误购销行为的主要原因。除此之外,在同类药品的生产方面,很多企业要么是大批量地进行生产经营,要么无人问津,因此导致有些药品产能过剩,有些药品出现短缺状况,造成市场运行不当。

新制度经济学视角下的药品集中式采购政策

1. 贯彻交易费用理论

交易费用理论是新制度经济学领域中最为核心的一种理论,这个理论由科斯提出,通过威廉姆森得到了深入的发展,并不断在各个研究领域展开延伸。交易费用主要是由明确交易价格、找到交易对象并签订相关合同与执行等多样化行为带来的一种市场运行的成本费用。对交易费用的影响因素主要包含:交易发生的频率、不确定性以及资产专用性。交易费用与交易频率之间明确显示线性联系,并且和其他两种因素成正比。

2. 制度选择

通过对我国在药品采购方面制度的实际探究,可以得知,制度变革一般由分散向集中变化。根据科斯理论可知,若交易费用为零,那么不管在何种采购制度之下,都可以促使资源结构配置最优化。但是,在实际运行中并不会出现交易费用为零的情况,在进行药品相关采购时,所产生的交易费用在社会资本方面的对应影响是目前最需要受到重视与关注的。传统的分散采购常会产生高交易费用,主要体现于下述几个层面上:

第一,在较长的时间内,药品的销售权大多数都是被各个医疗机构控制,比例高达80%,导致医疗机构牢牢占据了药品销售方面的垄断地位。因此,各个生产企业要想使得销售行为能够顺利进行,就要通过正当且多样化的销售手段同各个医疗机构开展合作往来,带动自身在经营方面的综合效益,但一定要注意,在此阶段产生的相关成本费用都是需要通过提升药品的价格进行转移与消化的。

第二,在分散的采购方式下,从谈判到此后的签约以及从约定到履行,每个过程都是单独进行的。因此在最后阶段进行综合费用计算的时候,总额数就会较高,使得药品市场在运营环境方面的良性规律受到非常大的损害,出现恶性竞争和无序运营状况。这种获利手段不仅会让较多患者在经济上背负较大负担,还会影响到医药市场的稳定与发展,除此之外还会对其发展造成阻碍和破坏。对此,我国政府在1999年推行出集中招标采购试点工作,能够改善分散式采购导致的市场混乱局面,取得了较优的效果,药品的采购可以从单一行动转变为集体采购,从分散式采购转变为集中式采购,在很大程度上净化了药品采购行业。

3. 交易费用

首先,签约之前的交易费用明显减少。药品作为一种特殊性商品,在对其相关性能给出评价时,大多会受到患者本身感受、药品实际质量以及在病症的实际治疗效果方面的影响,因此在消耗交易方面产生的费用较高。加之药品市场中出现了信息不对称状况,导致在搜寻方面产生的费用也较高。由于搜寻方面费用的增长会使得药品价格提升,因此集中化招标采购能够较好地改善交易市场中的信息不对等现象。第一,该种采购制度能够对市场竞争模式进行完善和改进。在这种制度下,药品性能、质量以及价格都能够保持公开与透明,除此之外,行业中的各个医疗机构也能对竞标商品进行综合性评价,促使消费者能够依据综合性评价,掌握药品全部信息,从选择层面减少消费成本,强化应用安全性。第二,该种大批量的集中式采购方式可以在较大程度上减少分别采购过程中的重复性费用,以及节约交易阶段要进行投入的相关成本,强化交易的流通价值。第三,医疗机构要充分发挥网络平台的信息技术优势,及时发布医药需求方面的数据信息,以此降低在搜寻方面成本的投入,从而集中精力提升治疗和服务质量。对于生产企业来讲,只要集中注意力于竞标活动和参与中,就不需要像传统方式那样耗费较大的物力和人力,对市场进行调查并与各个医疗机构维持良好关系,从而使交易费用显著缩减。由此可以看出集中招标采购制度有较优的实施作用。

其次,谈判环节内的交易费用显著降低。通常情况下,搜寻交易对象的活动结束之后,需要实施谈判,而后签订合约。谈判期间在交易方面所产生的费用是需要受到重视的,且由于谈判周期较长,必要的时候还可以请相关律师给予帮助。在分散式采购方式下，会涉及配送方式、药品价格、配送时间周期以及付款方式等各项内容。加之买卖双方利益也不容侵犯，经常出现谈判无效率的状况。但是，对药品实施集中招标采购的合同，运用固定的模式进行确定，与传统相比较为复杂。例如，价格在评价的过程中都被确定，医院付款周期也是依照章程规定，能够较好解决谈判环节期间遇到的困难。

最后，监督管理成本显著降低。制度经济学理论明确指出：制度会随着相对权力出现变化。药品的集中招标采购机制能够统一化处理区域内对医疗机构方面的需求，而后实施采购，从而有效地降低单个医院权力人物对采购决策的影响，提升寻租成本，显著减少采购商品过程中的寻租和寻租导致社会资源出现浪费的现象，从而明显降低监督成本。

药品集中式采购政策实施以后，有效解决了分散式采购中交易费用相对较高的问题，降低了采购前搜寻费用、采购中签约费用和谈判费用、事后监督费用的投入，间接地降低了药品价格。在新制度经济学的视角下，通过对这个政策的全面分析，可以明确了解其本身的特殊性价值。但是，这项制度的实施时间较长，对此，需要依照我国药品行业的现状，对政策进行完善，从而保障政策能够发挥出最大效果，确保药品采购行业有序发展。

资料来源：刘宏艳.新制度经济学视角下的我国药品集中采购政策分析[J].中国产经，2021(4)：31-32.

问题与分析

1. 我国在药品采购制度上是否完全依赖于唯一采购模式，如集中或分散式采购？其相关政策制定的理论与实际依据是什么？

2. 根据集中与分散式采购的特点，分析医疗机构与药品生产厂商在我国药品行业采购制度实施上的不同影响。

 实践指导

C公司的集中式采购决策

C公司原来是大型私营企业,目前与美国一家公司合资,在全国有两个基地共8家工厂。公司于2010年3月开始在集团成立采购中心,准备实施集中式采购。等确定了组织架构后,接下来就是确定集中式采购的对象。该公司大的原材料就有几百种,需要经过详细的数据分析、现场访问才能确定集中采购对象,不是老总们拍脑袋就能定的。

该公司属于食品行业,大宗物料(比如粮食)占采购额的20%。每年的采购额为几亿元人民币。按理说这类采购应该由集团统一采购,但实际上采购渠道有三种:一是和中央直属粮库签大合同,二是和当地私营个体户签订小合同,三是由当地农户直接往工厂送。三级合同相结合,既有集中又有灵活,较好兼顾了总部的价格要求和工厂的灵活性需求,避免了集中式采购从极端分散向极端集中单方向移动。

但是,真正令人头痛的是一些零散物料,例如生产车间用的五金零配件。一种方式是整体外包,找一个有实力的专业五金供应链管理公司来实行集团采购。不过,这类公司不愿意做此类五金配件等生意,虽说每年也有数千万元人民币的采购额,但是品种太多,每种量相对较小,规模效益不明显。如果找个当地的小五金商店,又缺乏资金实力和供应链管理能力,加上路途比较远,管理起来会比较麻烦。所以,该公司暂时保留基地采购的做法,等机会成熟后再探讨集团统一采购的可行性。

这个案例反映了每个公司或多或少都会遇到的难题。首先是集中式采购的度,即一类物料到底是全部归总部集中式采购,还是适当授权、灵活处理。集中与灵活,总部与分部,需要一段时间的磨合和总结,不能期望一蹴而就。即使是模式定下来之后,随着采购额、供应商、合作方式、公司策略的变化等,也要及时调整集中与灵活的比例。

这也是为什么很难说哪一种采购就是发展的趋势。例如,二三十年前

采购运营策略

的通用电气采取的是较典型的分散式采购,而现在则在某些方面适度集中。相反,也有集中度很高的公司,因为涉入新领域、新产品,时效性、灵活性要求更高,因此从集中式采购过渡到分散式采购。另外,公司大了,子公司之间的业务相关性可能很低,也不是说所有分公司的采购都可以集中到一起。例如,德士隆公司的一个分部服务汽车行业,大批量生产,以规模取胜;另一个分部侧重于服务航天航空,小批量生产,以技术、质量取胜。尽管它们都使用某类铝制件,但技术性能要求迥异,供应商也不同,很难集中到一起。

其次就是采购多种少量的情况,例如上面谈到的五金零件和工厂常见的MRO(非生产原料性质的工业用品)。批量大的物料向来是集中式采购的重点对象,集中度一般较高。随着相对容易集中的物料越来越少,小批量、多品种的物料就登上舞台。有些物料对采购方来说是小量,但对分销商来说则未必,可考虑集中总包给分销商。例如一个分销商专营车队维修,在各地有分支机构,服务多家公司的车队,在备用零部件方面就有一定的规模优势,可能具备集中供货的优势。再如有些大型设备供应商在全国各地都有客户,客户可考虑VMI,即由设备供应商备料,而这些物料可同时支持多个客户,有规模效益。但是,有些物料,如果对谁来说都是多种少量,那就未必是集中式采购的理想对象,切忌为集中式采购而集中式采购,一定要考虑规模效益。没有规模效益,价格优惠多是利润转移,而不是真正解决问题。

集中式采购如同雷区。雷区难过并不是难在排雷本身,而是难在我们面对的是一片盲区。很多集中式采购项目往往只为了节省成本,在不甚了解现状的情况下贸然出击,忽视了子公司、用户部门的正当需要,结果事倍功半。

所以,如果不知从何下手,就应该先去想想现有模式存在的合理性在哪里,了解子公司、用户部门究竟需要什么。出于对公司和部门利益的权衡,很多人会把问题与希望坦诚相告。在知道各个部门需求的前提下,切忌只合理化自己部门的目标,而低估其他部门的正当需求。把所有问题、需求列出来,然后权衡集中式采购能否解决更多的问题,给公司带来更大的价值,再决定要不要全面改革。不一定非要对任何物料都实行集中式采购,维持现状有时候是最好的选择。

再次就是设身处地、客观地看待既有问题。举例来说,站在现在的立场,采购人员或许不理解功能非常相近的部件为何会有多种设计;但当年做出多样化设计肯定有其原因,例如新产品有质量问题,设计人员想通过微小的设计变更来提高性能,后来却发现收效甚微,反倒增加了复杂性。如果认为自己比设计人员高明,那么与设计部门的合作注定不会一帆风顺。离开了设计人员的支持,集中式采购也走不了多远。作为采购人员,一定知道集中式采购的好处。为什么功能、工艺接近的两个部件,却由两个不同的供应商做?原因可能很多,或许是当时一个供应商产能紧张;或许是两个供应商当时都很小,很难看得出一个会比另一个更有发展前途;或许地域上要求及时送货,位于不同地域的两个供应商正好支持分设两地的工厂。站在现在的立场上,以批判的态度去看待以前的决策,往往有失公允。当时的决策人很有可能就是现在集中式采购的内部用户与合作伙伴。学会朝前看,往往能更好地团结大众,解决问题。相反,深究历史、吹毛求疵、全盘否定,则往往会激起逆反心理,最终导致集中式采购一事无成。

至于集中式采购的组织架构、具体做法,则取决于要实现的目标、任务、公司文化和整体组织结构。例如,IBM采用委员会的方式,由采购、设计、生产等关键部门组成委员会,就具体的采购对象决定集中式采购的方式;有的公司则由采购额最大的那个子公司或分部领头,协调别的分部;有的公司则成立公司层面的集中式采购部,把供应商选择、合同权全部收归公司层面,分公司只有执行权。具体问题具体分析,切忌生搬硬套。

资料来源:刘宝红.采购与供应链管理:一个实践者的角度[M].机械工业出版社,2012.

尝试和你的团队成员一起进行如下实践活动:

1. 如果上述企业C转变思路,将其采购转变为分散式采购,会对该企业在哪些方面带来影响?从正面和负面角度,分别举例五点影响并按影响的规模从大到小进行排序和讨论。

2. 以国内某饮料厂商为例,通过对它的调研,商讨若采用类似IBM的委员会方式,会对其采购业务产生怎样的改变。

3. 在上述2的基础上,研究该企业更适合采取分散式采购还是集中式采购,概述原因。

4. 将上述研究结果形成一份商业报告。

 拓展阅读

在分散的环境中使用企业采购委员会

Tyco International 是一家大型企业集团,年销售额为 200 亿美元,年支出额为 130 亿美元。这些支出分为 40 亿美元直接支出、40 亿美元间接支出和 50 亿美元公司内部支出。大约有 10 万供应商涉及直接支出,10 万供应商涉及间接支出。

在历史上,根本没有中央采购组织。大约有 30 家核心公司分别管理它们的采购,围绕每个采购区域组织专门的核心团队,根据需要组建,然后解散。2003 年 8 月,小谢莉·斯图尔特(Shelley Stewart, Jr.)加入了该公司,并开始将一些结构融入分散的采购操作中,寻找节省开支的机会,并采取供应管理来驱动价值。第一步是收集公司各个部门的个人支出数据,然后对其进行分析,以节省开支。斯图尔特的愿景是实现采购和其他流程的自动化。这为巩固支出和提高公司的购买力提供了信息。

一种组织设计将采购专业人员与个别企业的领导人通过特定的多委员会结构配对。这种结构让收购在高度多元化的五个业务部门中的每一个都有了一个 C 级会议席位。全球供应链副总裁 Jaime Bohnke 说:"通过与业务部门领导合作,我们专注于了解客户的期望,这样我们就可以设计供应链,以满足最终的'购买'期望。"自 2003 年以来,这个过程和系统已经节省了近 20 亿美元。Tyco International 将与内部利益相关者和供应商合作的概念提升到了一个新的水平。全球采购总监拉斯·戴维斯(Russ Davis)表示,关键是与利益相关者建立一个"情感账户"。他表示:"你要通过展示结果来做到这一点。"

新的结构包括几个不同的委员会,由商业领袖和采购专业人员组成,这

是更正式的委员会结构的基础,如下所述:
- 顶部是企业供应链委员会(Enterprise Supply Chain Council),该委员会包括所有企业的副总裁,讨论共同的采购问题,并制定企业采购的一般指导方针。
- 每家企业都有自己的采购委员会,由企业内部的采购专业人士担任主席,并向企业领导人汇报。这些委员会讨论与各自业务有关的采购问题。
- 此外还有独立的商品委员会,这些委员会有责任、权力和责任代表整个公司做出与商品相关的采购决定。
- 关键高管是某些活动的拥护者。
- 企业采购的主题专家是一个正式的领域专家小组,称为实践社区,这些小组讨论业务目标,分享最佳实践,并确保知识管理制度化。

资料来源:Louise Knight, et al. Public Procurement:International Cases and Commentary [M]. Routledge,2007.

思考与练习

一、名词解释
1. 集中式采购
2. 分散式采购
3. 采购主管
4. 采购流程
5. 流程优化

二、选择题
1. 标书的评价指标包括( )。
   A. 交货时间　　B. 质量水平　　C. 能力　　D. 服务
2. 采购订单的数据包括( )。
   A. 购买材料的数量　　　　　　B. 单价

C. 总价
D. 交货日期和交货期限

3. 投标邀请应包括(　　)。

   A. 对需求的精确和指定的描述

   B. 精确数量,可能是单个规模的数量

   C. 预定交货日期

   D. 采购的一般条款和条件

4. 影响采购过程的角色包括(　　)。

   A. 采购主管
   B. 合作供应商

   C. 组织高层
   D. 采购员工

5. 项目采购通常的目标参数有(　　)。

   A. 质量
   B. 时间

   C. 成本
   D. 供应商关系

三、简答题

1. 采购主管概念的主要优点包括哪些?
2. 集中式采购与分散式采购的优缺点分别有哪些?

四、论述题

1. 采购活动外包的可能性原因有哪些?
2. 采购流程的制定过程中需要平衡和优先考虑的因素有哪些?
3. 在产品开发过程中,过程驱动的、跨职能的采购活动管理非常重要的原因是什么?
4. 采购职能在组织中地位高与低的区别表现在哪里?

第三章

规格(上篇)

 **学习目标**

- 了解规格的定义
- 熟悉规格的使用目的、表现形式和特征
- 理解"零缺陷"思想和常见规格类型
- 掌握一致性规格和性能规格的特点和用途

 **基本概念**

规格;公差;一致性规格;性能规格;服务规格

第一节 什么是规格

一、规格的定义

在采购领域,规格是一个绕不开的技术性议题。那么,规格到底是什么?

简单来说,规格是可以用来规定所购产品或服务的性能和标准。它通常用文字、数字、图形等形式来详细说明货物的特征,诸如形状、结构、尺寸、成分、精度、性能、制造方法等。

企业通常将规格整理成正式文件的形式交付供应商,以此作为最终评估供应商的交付是否符合(合同)标准的客观依据。在这个过程中,发挥主要作用的部门是采购部和品控部。由品控部提供企业对物料或产品在质量、规格、型号等方面的相应要求,给出质量、规格等方面的建议与意见,再由采购部与供应商联系沟通,确保物料或产品符合企业生产或加工的需要,然后采购部根据此类要求与供应商沟通,确保供应商提供的产品符合相关要求。

基于盈利目标的设定和规划,企业通常会选择用最合适的成本去匹配需要获得的产品和服务,在质量与成本之间达到平衡,这就是有效的产品和服务规格得以形成的前提。

二、规格使用的目的与表现形式

规格的使用在一方面是为了帮助企业获得所需要的产品或服务,另一面可以提供企业在产品(或服务)研发、制造、加工和增值过程中的持续性改进可能。

企业在制定规格标准时,需要列出一份从原则到具体、从整体到局部、从一般到特殊,详细描述招标货物的技术要求,还需要特别注意正确选用技术指标。

从宏观角度来看待规格时,我们可以用不同的规格形式来呈现,为来自不同领域的不同企业提供各种维度的评判标准(见表3-1)。

表3-1 规格的表现形式

产品	绩效目标:功能、产出、结果 流程要求及输入因素 特征 美观 通用性 可靠性 耐久性 可维护性 易用性

(续表)

价格	采购价格 生命周期成本（维护、运作、处置）
数量	一次性的或者有计划的持续需要 预测需求：供应商生产及交付能力
质量	期望的质量：最佳、最适合使用者需要或用途，或者价格最低 可接受的公差（偏差的范围）
时间安排	要求的时间段（每天、每周或者每月） 可接受的公差（偏差的范围）
地点	交付地址 交付要求（例如：大件散装或集中托运） 包装要求 交通要求（所倾向的模式、特殊条件）

三、零缺陷

1. 零缺陷思想

规格对于组织或企业管理，尤其是对于产品和服务的质量有着举足轻重的影响。正因如此，许多学者很早就意识到缺陷在质量中的存在和消除缺陷的意义。20世纪60年代，有"全球质量管理大师""零缺陷之父""伟大的管理思想家"之称的菲利浦·克劳斯比（Philip Crosby）提出的"零缺陷"思想在美国兴起，并很快推广至日本乃至全世界。

"零缺陷"思想的主要内容包括以下几方面。

（1）"预防"产生"质量"。医生出身的克劳斯比把源于医学的概念引入制造业。他认为，"检验并不能产生质量，只有预防才能产生质量"。检验是在事后把不符合标准的产品挑出来，这代表存在改进的可能和空间，而不是促进改进。预防则发生在生产或加工过程的设计阶段，它可以在初始阶段就尽可能消除出现不符合预期情况的潜在可能性。"预防"产生"质量"要求用合适的资源配置确保工作得以顺利完成，而不是将资源消耗在针对后期问题的发现和补救措施上。

（2）客户化的思维。克劳斯比认为，"了解客户需求对提高销量至关重要"。高质量的关键在于能够满足客户的需要,提供令客户满意的产品或服务,从而形成客户忠诚度。

(3) 将零缺陷作为工作标准。克劳斯比认为,"工作标准必须是零缺陷,而不是'差不多就好'"。零缺陷的工作标准要求全程工作都必须严格按照标准去执行,极力预防错误的发生,避免交付给客户不符合预期和标准的产品或服务。

2."零缺陷"对规格的影响

(1) 对于规格中的公差。为达成双方认可的公差范围要求,买卖双方需要实施严格的内部控制机制,确保将规格不一致或质量残次品所带来的成本负担降至最低。在这方面,完善的检测与质检机制对于交付和接受产品的双方都非常重要。

(2) 对于供应商。供应商需要确保具备可靠而且持续地生产、加工或组装部件或产品以满足采购方所要求的规格与标准的工艺和生产能力。

(3) 对于采购方。企业需要具备识别、检测、评估供应商产品质量规格的技术能力和水平。除此之外,采购方需要设有对供应商产品质量,尤其是不符合要求的产品规格进行预防和管理的预警机制,将所有可能发生的规格问题和与之匹配的应对方案付诸具体的计划和实施。

第二节 一致性规格与性能规格

一、一致性规格与性能规格

两种最典型的规格类型分别为一致性规格和性能规格。

一致性规格又称广义上的技术规格或设计规格,它详细地说明了所需产品的组成成分,可以是技术性的,也可以根据化学或物理特性、品牌、市场等级或标准来制定。

一致性规格通过对供应商必须使用的材料以及安装这些材料的方法的

详细说明来传达项目或产品生产的要求。这种类型的规格通常会以下述三种形式来实现规范化：

（1）总则：通常包含对国家/国际标准的参考、设计要求、供应商向建筑师/工程师提交的要求清单、质量控制要求和产品处理要求。

（2）产品：详细描述规格所涵盖的任务所需的各种产品，以及每种产品的各自结构和性能要求。

（3）执行：解释如何准备材料和进行安装，包括需要遵循的测试要求。

一致性规格通过建立一套每个（项目）组件或产品生产都要遵守的规则，将更多的设计控制转移到产品架构师或工程师身上，而不仅仅是供应商。与性能规格相比，这种类型的规格在最终产品组成方面提供了更多的确定性，并且经常用于中、高复杂度的项目和产品。

与一致性规格相对应的是性能规格。性能规格根据所需结果和验证符合性的标准来陈述需求，但没有说明实现所需结果的方法。具体来说，性能规格定义了物料或产品的功能需求及其在操作环境、兼容、互换性方面的特征。它一般是一份指定组件或生产安装的操作要求文档。简单地说，性能规格告诉供应商最终安装的产品能够做什么，而没有告知供应商如何完成任务。在许多情况下，供应商还会被要求测试设备，以确保其正常运行，并提供操作手册。

二、一致性规格与性能规格的特点

一致性规格的优点如下：

（1）当对于技术尺寸和标准或其他参数（如工厂图样和设计图纸）有极严格数据性要求（例如极小公差）和高复杂性作业表现要求的时候，一致性规格的适用性是无可替代的。

（2）在化学品、医药用品、工程或建筑等领域，基于健康性、安全性和环保性等需要，以及受到法律、法规和行业标准限制的情况下，一致性规格可以起到关键性作用。

一致性规格的局限性如下：

（1）导致可供选择的供应商范围严重受限。

（2）采购方承担着设计无法实现预想功能的风险，但是供应商方面即使所交付的产品不能发挥预期的功能，只要做到完全符合规格的书面要求就可以受到法律保护。

（3）面临技术或标准规格过时或者不再适用于新一代产品或部件的生产、组装和加工的风险。

（4）面临失去更好/更适用技术和标准规格等被采用的机会和可能。

（5）忽略现有的解决方案，而付出更为昂贵和耗时的不必要的定制化代价。

性能规格的优点如下：

（1）把提供满意、合规产品的责任和风险转移到供应商身上。

（2）以结果和用户为导向，让供应商决定如何生产最合适的产品。当买方指定性能表现要求时，卖方必须对性能负责。如部件/产品没有实现期望的功效，或某个流程、某项服务没有达到目标，采购方有权获得赔偿。

（3）建立标准。对供应的材料进行测量和检查，防止因材料不合格而造成延误和浪费。

（4）存在从许多不同的供应来源进行采购以满足相同需求的机会。

（5）提供公平竞争的选择。在获得来自不同供应商的报价时，买方必须确保供应商对完全相同的材料或服务报价。

（6）使供应商能够提出新的改进方法以满足要求。

性能规格背后的一般概念是让架构师或工程师描述他们需要什么，而让供应商确定实现需求的最佳方法。性能规格关注结果，将材料和方法的选择以及部分设计工作转移到供应商身上。这种方法可以为构建方法中的创新和灵活性提供激励，但也减少了架构师或工程师对项目或产品的控制。

性能规格的局限性如下：

（1）一些本土的或当地的中小型供应商在竞争优势（资源/技术/人才）方面无法和大型国际性供应商匹敌，非等量不对称竞争由此形成。

（2）定义完成（项目）产品生产计划和有效执行的关键参数存在困难。

（3）如果在规格或合同文件中没有明确规定企业的责任和义务，它们可能会被错误地执行或根本不执行。

第三节 常见规格类型

一、技术规格

技术规格作为一致性规格的一种特殊表现,通常会详细说明商品和服务的技术和物理方面,如尺寸、设计细节、物理特性。

当功能和性能特征不足以定义需求时就需要使用技术规格。图表和尺寸可以在此类规格中用作技术特征或为供应商提供指导,例如场地图纸、定制家具、系统图纸和(设计)原理图。

采购方要求供应商根据图纸或一组计划生产项目,如果项目/产品不能发挥预期作用(前提是按照图纸或计划建造/生产),供应商需要承担相应风险和责任。双方合作的正式合同文本中普遍会有相关合同条款涵盖这种可能性,但图纸等技术的使用应经过供应商审核和同意,并由不止一方检查所有文件的准确性和合法性(尤其是涉及技术专利/发明等版权问题时)。

因此,那些基于结果的性能规格往往比技术规格更受青睐和推崇,因为它们允许供应商提供创新和技术先进的解决方案,可以实现物有所值的结果。过于死板的技术规格可能会限制供应商的创新解决方案。同时,技术规格说明应避免使用专有标准,并以一种能使各种供应商提供竞争性报价的机会最大化的方式规定各项要求,特别是不应排除那些符合资质的当地供应商。

采购组织或企业使用技术规格的优点包括:

(1)可以表达大量技术上精确而详细的信息;

(2)同样的计划可以发送给许多潜在供应商,有利于供应商之间的公平竞争;

(3)提供精确的标准来衡量交付的产品;

(4)降低风险,当买方比潜在供应商具有更好的设计或技术专长时就更为有利。

对于不同种类的产品,成分规格相当于技术规格。例如,化学制品和制造材料(例如塑料)、工程或建设,它们规定了所要求的化学或物理组成。在以下情况下,成分规格尤为重要:

(1)某些物理特性(如强度、柔韧性、耐久性)对于安全或性能来说是很重要的。例如,出于安全性的考虑,汽车制造中使用的金属必须具有某种吸收或减弱振动的特性。

(2)出于健康、安全和环境的考虑,某些材料受到法律、法规或行业规范的限制。这方面的例子包括电池中使用的重金属、涂料中的铅、不可回收的包装等。

二、品牌规格

顾名思义,品牌规格代表着某种特定的品牌产品及质量,应将该品牌产品的特定属性和标准作为采购依据和方法。

针对品牌规格的采购较易于管理,具有较高的统一性和一致性,依据品牌本身的影响力和市场占有量的不同,其对应的采购难度也随之不同。当某品牌产品拥有特定技术专利和知识产权时,采购寻源的唯一性随即出现,这在某种程度上降低了寻源时的识别难度,也提高了采购方在议价谈判过程中的难度和门槛。

随着品牌知名度和市场地位的提升,对应的采购价格可能非常高昂。同时,采购方还需要甄别假冒产品和以次充好的现象。虽然品牌规格代表了某种品牌的实际产品质量和性能表现能力,但是也增加了采购方在鉴定、检测产品质量时的主观判断和客观事实不一致的情况,因此相关伴随的质量控制方面的风险需要采购方予以严格控制和重视。

采购组织或企业使用品牌规格的优点包括:

(1)管理上更简单、快捷、方便,并且成本更低。

(2)品牌商品一般具有较高的质量和一致性。

(3)品牌商品的采购一般比较容易。

（4）如果该品牌已经很有名气，那么当买方自己的产品推向市场时，也可以将其当作一个卖点。

（5）当某种材料或技术有专利权时（没有授权给其他制造商），就只有一种品牌可供选择。

然而，这种方法也有自身的一些缺点：

（1）高质量、高可靠性、知名品牌和形象，导致品牌产品往往比没有牌子的同类产品要昂贵许多。

（2）市场上品牌产品的可选择性是受限的，有时候在市场上可能只有一个供应商提供这个特定的产品。

（3）供应商可能会改变产品的规格，而不改变品牌或者不通知客户，导致订购可能会不符合要求。

（4）品牌产品可能是冒牌货，而且宣称与品牌产品具有相同效力的一般产品可能并不真正具有相同的效力，这可能是消费品采购中面临的一种突出风险。

（5）在未经适当检测的情况下，制造商常常会习惯性地认为品牌的材料或零件是令人满意的，这给质量控制留下了风险。

三、样品规格

另一种常用的规格类型是样品规格。样品规格的使用一般基于合作双方对于过往成功交付中的典型产品（质量）或工艺的延续性使用。或者，采购方清楚需要采购的产品或工艺的实际效用和表现，以某样品直接作为委托供应商交付的蓝本或样品依据。供应商需要按照样品（内在功能和外观特点）进行复制型生产或加工，以确保生产出同等形式和性能表现的产品。

采购组织或企业使用样品规格的优点包括：

（1）如果采购方根据供应商提供的样品来采购，那么按照法律规定就应该收到和样品完全一致的货物。

（2）可以使用一些样品在采购之前测试其适合性。

（3）样品是一种简洁说明采购要求的方法，无须再详细描述商品特征。

(4) 如果买方要求供应商提供样品,则买方可以确认该供应商已经具备未来完成样品所要求的生产能力和工艺方法。

样品规格的主要缺点:

(1) 难以鉴定样品与真实产品之间的异同。企业可能很难衡量所供应的产品是否和样品完全一致。除了明显可观察到的指标(如颜色和尺寸)之外,它真的与样品相同吗?如果要做更深入的检验,看产品是否符合化学成分、强度、柔韧性、功能性等标准,那么最好对这些特性事先做出规定。同时,有必要让供应商做一些保证,即优质样品不只是为保证拿到订单所做的"一次性"的事情,供应商必须能够依样品生产出同等质量的产品。

(2) 过度注重短期利益。供应商可能出于各种理由将与采购组织或企业的合作视作简单的一次性合作,无论原因是基于生产工艺的难度还是供应商绩效的要求,短期利益对于合作双方都不是理想的选择,长期而稳定的合作是在高质量和准时交付基础上实现的。尤其对于买方而言,须尽量避免在供应市场上重复投入资源,而应致力于发展互惠互利的长期合作关系。

四、服务规格

1. 什么是服务规格

有别于产品的有形特征,服务规格因其无形的特点而很难制定明确的规格标准,但是服务规格的存在明确了服务体验过程的每个特定阶段的所有需求和目标的书面指引。各种不同行业的服务规格通常还会涉及触发整个项目/服务流程的设计原则,形成了定义整体体验的基础。通过详细描述每一阶段性的体验和管理工具,包括图纸、参数或任何其他相关辅助材料,可以帮助理解具体的服务水平与质量高低。

服务在许多方面不同于产品。例如,样例和按特征制定的规格要么与服务无关,要么很少与服务关联。然而,制定和选用说明性的规格(例如详细的技术规格)或非说明性的规格(例如基于性能的规格)对服务规格仍然有效并适用。

服务规格和有形产品规格也有相似之处,比如允许和鼓励专家参与设计和开发服务流程并协调服务的实现(提供关于如何使用服务相关的产品的指导和培训)。在现实商业环境中,服务规格普遍存在于诸多行业之中,如:运输、广告、薪酬管理、安全服务、银行服务、餐饮、培训和管理咨询等。

2. 定义服务规格的困难

服务通常比产品更难定义。许多产品的要求可以精确地表述出来,例如尺寸、重量、材料类型或能耗,而服务是无形的,不太容易定义。例如:清洁服务的干净程度如何明确？管理咨询的有效程度通过什么来衡量和评估？此外,如果客户不喜欢建筑师的设计,后者的工作是否意味着完全失败？

尽管如此,服务规格仍然应该尽可能做到精确。它们应按产出来说明,即通过这项服务将取得什么样的成果。这些产出应当是可衡量的,并以明确和精确的方式加以表述。与此密切相关的是,需要指出实现产出的时间范围。同时,服务规格还应说明,如果在预期的时间范围内不能实现这些产出,将会发生什么(例如取消付款、扣减基于业绩表现的相关款项等)。

3. 可变性——人的因素

就产品而言,除非在材料或工艺上有特别的缺陷,相同产品的性能具有一致性。例如,两台相同的计算机将以相同的方式做相同的事情。然而,服务是由人来完成的,而我们知道每个人都是不同的。因此,服务的质量可能取决于提供服务的特定个人。

例如,提供服务的个人的能力很重要,此时规格中需要明确提供服务的人员须具备哪些资格,包括学术背景、专业及特定工作经验等。例如,管理咨询服务需要指定提供服务的特定顾问团队。

第四节 可持续规格

一、采购中的可持续规格

可持续规格是一种特殊的规格类型,它强调负责任地选择生产制造的方法、服务、材料和产品，以符合可持续发展三大支柱的要求，即社会可持续性、经济可持续性和环境可持续性。可持续规格考虑产品、有形资产和无形资产的整个生命周期的经济、环境、伦理和社会影响，强调从设计到生命周期结束的每一个节点的可持续性。正因如此，组织从一开始就应考虑生产、加工所用材料/工艺的可持续性，并制定可持续性产品整个设计过程。

在考虑到产品对环境的影响时，可以参考绿色规格指南和 ISO:20400 可持续采购标准。从生产、加工活动开始，就应考虑到材料/工艺的可能来源和加工地点。

企业可以优先考虑以下标准作为生产、加工材料的可靠来源：

（1）对环境影响小。

（2）有很高的可回收含量和比例或可重复使用。

（3）帮助缓解气候变化、生态破坏、废物产生和水资源短缺等问题。

（4）认可可持续性评级。

在采购方进行招标的过程中，应当鼓励所有供应商制定适当的政策和管理体系作为标准，以符合对可持续发展的承诺。

（1）在每一个招标过程中，评估供应商时要考虑整体价值而不是成本，并确保可持续性影响成为考虑因素的一部分。

（2）在与指定供应商合作时，确保其工作对环境和社会的影响降至最低，并确保每个操作人员都经过适当的培训。

（3）鼓励承包商加入供应链可持续发展训练营。

（4）将反贿赂、反腐败政策和行为准则纳入供应商绩效考核指标中。

（5）确保合同价格和条款符合道德、公平和尊重原则。

（6）鼓励和督促供应商支付员工/工人基本生活工资和福利保障。

（7）在投标过程中为包括本地企业、中小型企业在内的一系列公司提供机会。

（8）鼓励和支持承包商为其员工提供培训和技能发展机会。

二、三重底线

1. 三重底线是什么

"三重底线"是一个商业概念,它认为组织应致力于衡量其对社会和环境的影响——除了财务业绩之外——而不是仅仅专注于产生利润。它可以被分解为"3P":利润(Profit)、人(People)和地球(Planet)。

(1)利润。在市场经济中,一家组织的成功在很大程度上取决于财务业绩或为股东创造的利润。战略规划与计划和关键业务决策通常是精心设计的,目的是实现利润最大化,同时降低成本和风险。

在过去,许多组织或企业的目标都止步于此。但现在,目标驱动型的组织和企业领导者发现,他们有能力在不影响财务业绩的情况下,为世界或区域性发展带来积极的变化。在许多情况下,采用可持续性举措已被证明能够推动商业成功。

(2)人。三重底线的第二个组成部分强调组织的社会影响或它对人们的承诺。

区分组织的股东和利益相关方是很重要的。传统上,组织将股东价值作为成功的指标,这意味着组织努力为拥有股份的人创造价值。随着企业越来越多地接受可持续性发展的理念,它们已经将重点转向为所有受商业决策影响的利益相关方(包括客户、员工和社区成员)创造价值。

组织服务社会的方式包括确保公平的雇佣行为和鼓励工作场所的志愿服务。它们还可以放眼外部,在更大范围内影响变革。

(3)地球。三重底线的最后一个组成部分是对地球产生积极的影响。自工业革命以来,大型组织和企业对环境造成了极大的污染,这是导致气候变化的一个关键因素。与此同时,企业也掌握着推动积极变化的关键。这不仅仅是世界上最大型组织或企业的责任;几乎所有的企业都有机会做出改变,减少其碳足迹。

2. 三重底线的重要性

在重利润、轻目标的商业世界里,采用三重底线的方法可能显得过于理想。然而，许多创新型企业已经一次又一次地证明，通过正确地践行企业责任和义务，可以在这方面做得很好。

三重底线在本质上并不以牺牲财务收益为代价来衡量社会和环境影响。相反，许多企业通过致力于可持续的商业实践而获得了经济利益。

哈佛商学院教授丽贝卡·亨德森在《可持续商业战略》中说："在很多情况下，做正确的事情并赚取利润是可能的。我们有充分的理由相信，解决全球问题会带来价值数万亿美元的经济机会。"

除了帮助企业利用可持续性产品不断增长的市场之外，采用可持续的商业战略对投资者也极具吸引力。根据可持续商业战略，越来越多的证据表明，具有良好环境、社会和治理（ESG）指标的企业往往会产生更高的财务回报。因此，越来越多的投资者在做投资决策时开始关注 ESG 指标。随着这种世界性的挑战的出现和演变，成熟的企业需要目标驱动型的领导者来带头推动积极的改变——但做出这些改变并不是一件容易的事。

案例分析

同等品采购制度

同等品采购制度的概念与作用

政府采购是国际贸易自由化面临的重要问题之一，是当今世界各国（地区）管理社会经济生活的一种重要手段，也是中国公共财政支出改革的一个重要环节。按照中国《政府采购法》的规定，政府采购指各级国家机关、事业单位和团体组织使用财政性资金采购依法制定的集中式采购目录以内的或者采购限额标准以上的货物、工程和服务的行为。政府采购的产品包括各种货物、工程和服务。而所谓同等品采购制度，是指在政府采购的过程中，经相关机关审查认定，使用性能、技术要求或者特性相似的其他产品来替代原采购产品的制度。其中，同等品又称为相似品、类似品。其他国家与地区也有类似的规定。如日本采购法也有关于同等品的规定，而《北美自由贸易协定》(NAFTA)、世界贸易组织《政府采购协议》(GPA)以及加拿大《国内贸易协议》(AIT)都规定政府采购必须允许提供同等品,采购官员必须考虑同等品的供应,并有一些方法来确定所拟议的产品在事实上是否构成同等品。

同等品制度对政府采购具有极为重要的调整和辅助作用,特别是其中的知识产权同等品制度,在当下创新时代具有重要性与特殊性,因而受到许多国家和地区的关注与重视。

知识产权同等品的制度价值

政府采购应当遵循公平竞争原则。一般而言,政府采购文件应当明确说明招标要求,以便供应商抉择。在政府采购过程中,对所需采购材料进行一个标准设置,达到该要求的产品均可参加公平竞争,这就促生了同等品采购制度。例如,招标文件指定要达到"美国 FDA"标准,而供应商提供的是符合"德国 FDA"标准的采购品,只要"德国 FDA"标准不低于招标文件所要求的"美国 FDA"标准,则符合政府采购的同等定义范围,属于同等品。知识产权同等品,即政府采购规格涉及知识产权的同等品,是指与采购规格指定的涉及知识产权的产品的性能、技术要求或者特性相似的可替代的产品。欧共体公共采购指令对于采购产品无现成标准或者无法客观描述的情形规定,应在特定产品规格或者制造商后加上"或同等产品"字样。建立健全知识产权同等品制度对于维护市场的公平竞争、降低采购成本、提高采购效益、尊重知识产权、促进知识产权产业化都具有重要意义与积极作用。

(1) 践行政府采购的公平性与竞争性。政府采购应当依据采购人对于采购产品的功能或效益的需求来订定招标文件。采购人所拟定的对采购产品的要求,如品质性能、安全、尺寸、符号、术语、包装、标志及标识或生产程序、方法及评估程序等,在目的及效果上均不得限制竞争。如果这些功能或者效益具有国际标准或国家标准,当然应该遵从其规定。但是,现实中常常出现需采购的产品并无国家标准或国际标准可供参考的情形,而且采购人也无法以精确方式说明招标要求,只好转而通过指定专利、设计或型式、特定来源地等方式供供应商参考采用,但是供应商能够自主选择是采用指定的产品还是采用同等品。这是政府采购制度公平性原则的体现——不能在规格上对不同的供应商设定无正当理由的差别待遇。GPA 第 6 条和欧共体公共采购指令都有相似的规定，以避免对特定技术规格信息所特指的供应商之外的其他潜在供应商构成歧视，影响竞争程度与公平，进而促进合理竞争，维护社会公平，防止权力滥用与弊案发生。

（2）保障采购质量，减轻采购负担。一般而言，利用知识产权生产出来的产品，特别是专利产品，具有创新性，有较高的质量保证和技术优势，因此采购人在采购过程中会倾向于购买知识产权产品。尤其当遇到一些用文字描述难以保证采购质量的产品时，如果能够通过知识产权同等品制度进行采购，可以更加有效地保证采购标的的质量。

尽管各国因国情不同，对同等品制度有不同的规定，但大多数国家都在维护各供应商合法利益的同时，努力降低采购成本。采购人在寻求报价或投标时，通过依法指定知识产权或其产品型号并加注"或同等品"，把确定相同的或更优品质采购标的的责任转移到投标的供应商身上，同时又不必承担规格描述的烦琐工作和费用。美国的相关同等品制度也是如此，它们从代替品的角度出发，需要在不增加采购方负担的情况下证明该替代品更有优势时方可适用。而且审核有一定的时间限制，以避免延误采购方的时间。

（3）降低侵权盗版风险，激励新技术开发。政府采购中难免也会遇到侵权盗版产品。一些地方政府对这样的侵权可能性保持着警惕，如《杭州市专利管理条例》规定，政府采购部门在政府采购活动中应当建立专利有效性审查制度，并在采购合同中落实专利纠纷预防措施，防止侵权行为的发生。尽管对于采购人与设计单位而言，进行同等品的审查是件辛苦的工作，但是知识产权同等品审定机制的建立与完善兼顾了知识产权的审查，可以大大减少侵犯知识产权的可能性。

知识产权同等品的范畴

招标文件所确定的供不特定供应商竞标的知识产权的技术规格，应该以满足采购人对于采购标的的功能、效益或特性等方面的需求为限。对于采购人所采用的知识产权产品规格在目的或效果上是否存在限制竞争的判断，应该以是否有超过采购人所必需的规格要求进行认定，而不能够以符合该规格的供应商家数量的多寡作为依据。根据各国（地区）政府采购的立法与实践经验,同等品制度中的知识产权主要包括专利权、著作权、集成电路布图设计权、商业秘密或其他已立法保护的知识财产权,但不包括品牌或商标。尽管日常商品采购中采购人非常依赖供应商的诚信与商业信誉,但不会冒太大风险去尝试新产品。因此,现阶段各国或地区基本上都已经摒弃了商标或者品牌同等品的规定,转而依靠提供确切的品质指标或技术说明来对供应商提出要求。鉴于标准与知识产权有着密切的关系,因此拟定采购标的规格时要遵循国家(地区)标准或者国际标准,而不宜以其他国家或者地区的标准为采购要求。

知识产权同等品的规格

采购人设定规格,以便采购活动在严格的设定规格的基础上进行。采取规格说明采购需求是最常见的描述方法。事实上,规格为政府采购规格要件中极为重要的内容。实践中发生的弊害与履约争议多与规格有关,故规格的拟定是政府采购技术中最为关键的地方。产品规格描述可以采用一种、多种或不同方式组合,其中"或同等品"是规格描述方法之一。

常见的有物理或化学特征的规格说明、材料与制造方法的规格说明等。这种描述产品的模式在技术类知识产权申请中也是可用的,如发明、实用新型、植物新品种、商业秘密等。以发明专利为例,发明专利虽然因为具有技术独占性特点而导致每个专利的内容都不一样,但这并不妨碍其专利同等品具有相似的功能和作用。只要认定某产品并不影响采购协议中对原来专利产品的整体功能要求,该产品即可作为同等品参与竞争。

可见,为了生产出符合一定功能标准的产品,每个生产厂家使用的技术手段可能并不完全一样,但如果是从整体产品的效果相同来考量,这些同等品是符合采购要求的。因此,在政府采购中应以该发明专利产品的主要实用功能和采购实际用途为依据,对于满足该要求的类似产品予以检验,在其不输于原产品的条件下作为同等品予以使用。

要注意,拟采购的知识产权产品与其同等品的使用性能、技术要求或者特性等不同的内容方面是不能进行相互折中或补偿的,意即知识产权产品的某项功能受到的负面评价不会因为其拥有的其他功能的优良表现而得以被忽略。例如,一种电脑在CPU方面的低分表现,不会因为其具备高画质的显示屏而能够予以通融。此外，招标公告所要求的接受评估内容都有一个可接受的区间，所提供的知识产权产品及其同等品的各项性能、技术要求或者特性的水平都应当在该对应区间之内，才可能被接受。

资料来源：杨雄文.同等品制度：中国政府知识产权产品采购的新思路[J].华南师范大学学报（社会科学版），2017(1)：142-149.

问题与分析

1. 政府公共采购不同于普通企业采购的地方在哪里？其中，知识产权同等品的技术规格应该满足哪种要求？

2. 拟采购的知识产权产品与其同等品的使用性能、技术要求或者特性等不同的内容方面是否可以相互折中衷或补偿，原因是什么？

实践指导

摩托罗拉手机电池的标准化

摩托罗拉前首席采购官特蕾莎·梅提（Teresa Metty）曾多次提到一个案例：摩托罗拉有60多种型号的手机，不同的型号很少共用电池，造成对100种左右电池的需求，给库存管理、采购等带来极大的复杂度。外观设计多样化有一定的道理，因为消费者可能喜欢不同的样式；100种电池则纯属多余，买手机时谁会在意里面的电池是什么形状、颜色？

很难追究这100多种电池当初是如何设计出来的，因为这不是一朝一夕发生的。当手机成为大众商品后，成本压力更重，这么多种电池的弊端就变得很明显：在供应商端，采购额分散，价格谈判余地小；在生产、分销渠道，这么多的品种增加了库存单元，也推升了总体库存水平。在一款手机只能流行几个月的市场情况下，相应的配套电池要么供货不及

（因为大家都买某个型号的手机），要么就是积压太多（手机款式不流行了，配套电池自然就滞销），不管是断货成本还是积压成本都很高，这是供应链执行的噩梦。

出路只有标准化。这么大的公司，这么多机型，这么多供应商，这么多分销渠道，标准化不是件易事。摩托罗拉专门成立一个电池委员会，以协调整个标准化过程。负责人就是后来成为首席采购官的梅提，协调难度之大，可想而知。

标准化的结果是选取5种电池用于以后机型的设计。光这一项举措能省多少钱？没有数据，但估计以千百万美元计。注意：这只是针对以后的新机型。对当时现有机型来说木已成舟，二次设计成本太高，手机行业产品换代这么快，想改也来不及了。

或许有人说，对于一家700亿~800亿美元营业额的公司，小小电池的影响难道真就那么大？一叶知秋。手机电池如是，别的呢？任何事情一旦发生在大公司，偶然性很小，必然性很大，大都是制度、流程、企业文化的产物。既然没能防微杜渐，一个个小窟窿成了大洞，那修补也不可能一下子把所有的洞都堵住，问题只有一个一个地解决了。这么一折腾，成本又是多少！再想想，市场又会给我们多少次机会来回头补洞？

资料来源：刘宝红.采购与供应链管理：一个实践者的角度[M].机械工业出版社，2012.

尝试和你的团队成员一起进行如下实践活动：

1. 挑选一款你们团队所熟悉的国内手机品牌并进行调研，讨论标准化可以在其哪些部件上进行尝试，原因是什么，风险又在哪里？

2. 分析讨论在该组织中哪些部门对于推广标准化会极力推崇，哪些部门则可能会抵制，采购部门又会选择怎样的立场，原因是什么？

3. 概述采购部门在标准化的制定和应用上对于组织的重要性和意义。

4. 将上述研究结果形成一份商业报告。

 拓展阅读

公共采购中采购规格的趋势

新加坡和比利时在改革和公共采购方面非常注意规格的重要性,这反映了这两个国家的公共采购的战术方向而不是战略方向。新加坡各部委和法定委员会拥有决定规格大部分方面的自主权。比利时在国防军事采购中,发现在产品生命周期的开始阶段很难为产品编写技术规格。这个问题很重要,因为越难编写采购规格,就越难证明随后的合同授予决策的合理性。(值得注意的是,新加坡政府不鼓励甚至禁止公共采购事先与潜在供应商讨论规格。)这两种情况对比表明,当采购高度受规则驱动时,规格更容易制定,但当需要创新的解决方案时,规格就有问题了。对公共部门的一种常见批评是,规格过于精确和详细。从各个国家的公共采购标准中可以发现,明显的趋势是越来越注重结果,而不是采购过程。尽管尚没有完整研究可以直接说明这一点,但可以推断出,在结果导向的环境中,对规格的关注较少。同样合乎逻辑的是,这些国家采购体系中提到的一些更广泛的社会经济目标过于复杂和无形,不适合以规格为基础的公共采购。

资料来源:Louise Knight, et al. Public Procurement: International Cases and Commentary [M]. Routledge, 2007.

 思考与练习

一、名词解释

1. 规格
2. 公差
3. 一致性规格
4. 性能规格

5. 服务规格

二、选择题

1. 技术规格包含的内容(　　)。

    A. 定义,所采用的任何技术或专业术语和解释

    B. 作为规格对象的设备或材料的用途

    C. 成品的外观、质地要求,包括识别商标、操作符号、安全说明等

    D. 物品或材料安装、使用、制造或存储和条件

2. 品牌规格的优点(　　)。

    A. 管理方便且费用低

    B. 具有较高的质量和一致性

    C. 品牌商品采购容易

    D. 有名气的品牌商品,可作为买方推广自己产品的卖点

    E. 当某种材料或技术有专利权时,只有一种品牌可供选择

3. 性能规格的内容有(　　)。

    A. 功能、性能、能力(公差范围内)

    B. 影响性能的输入(公共设施)

    C. 管理方便且费用低

    D. 产品与过程要素连接

    E. 相关标准(质量水平、健康安全、环境性能)

4. 服务区别于有形商品的特征有(　　)。

    A. 服务是无形的

    B. 很难对其施行标准化要求

    C. 不可分离的,必须实时提供

    D. 在购买之后可在任意地方使用

5. 三重底线的具体内容为(　　)。

    A. 利润　　　　　　　　　　B. 地球

    C. 社会　　　　　　　　　　D. 人

三、简答题

1. 规格有什么作用?
2. 请列出规格的优点及缺点。

四、论述题

1. 在零缺陷的环境中,采购者的工作会受到怎样的影响?
2. 区分一致性规格及性能规格。
3. 哪些情况适合使用性能规格?
4. 请以某产品为例,说明性能规格的典型特征。
5. 采购者制定可持续规格的时候有哪些目标?

第四章

规格（下篇）

学习目标

- 了解规格的制定
- 熟悉规格制定的框架与示例
- 理解采购方与供应商的早期行为
- 掌握标准化与质量管理

基本概念

早期采购方参与（EBI）；早期供应商参与（ESI）；标准化

第一节 规格的制定

在上一章中，关于规格的定义、类型和相关特征已经做了详细的介绍和分析。我们已经了解到，由于规格的复杂性、多样性和重要性，采购组织在制定规格的阶段会涉及多个部门的跨职能任务。除了来自用户市场和采购部门的参与和必要的介入外，组织内的相关工程设计、项目管理团队以及市场营销部门都可以从不同角度对规格编制做出贡献。

一、良好规格的表现

一份良好的规格应该做到以下几点：
（1）促进供应商的利益；
（2）更好地融入市场；
（3）营造竞争环境；
（4）鼓励创新；
（5）采用高标准交付需求；
（6）清楚和简单，避免烦琐或不必要的要求。

二、规格制定前的考量

在制定规格之前，采购从业人员应清楚了解：
（1）客户、用户和利益相关方的需求；
（2）市场信息；
（3）影响采购的风险；
（4）所应用的评价标准和每个标准的相对重要性；
（5）任何与采购有关的政府政策、国际标准及供应商特许证书或行为守则；
（6）创新和社会性采购机会。

制定规格时，应与利益相关方（规格制定者、技术领域专家或外部顾问等）以及商品或服务的用户保持密切和持续的联系。

对于更复杂的采购，应考虑采用分阶段的方法来制定和改进规格。这可能涉及拟定一份意向书（expression of interest，EOI），从而在较高的层次上指定需求。随着市场深入，从供应商初审到有限市场（供应商数量因为技术等其他规格和标准的提高而减少）阶段，规格必须更加详细。

组织应考虑将规格标准和格式做到标准化，并尽可能将规格统一起来。这有助于降低市场参与过程的成本。

当使用外部顾问来促进规格的开发时,他们必须对任何实际的或潜在的利益冲突做出声明,并且完全了解当地采购政策和支持这些政策的核心原则。

三、 规格制定的具体执行

具体来说,规格的制定可以分成三个步骤。

1. 第一步:确定需求

一份良好规格形成的基础是在制定之前进行的针对性的规划、调查和需求分析。规划作为需求确定过程和分析的一部分,可以帮助我们更好地理解采购要求和目标,并可能揭示其他解决办法。

根据产品或工艺的功能和性能来分解需求有助于更好地定义需求。定义需求的每个元素还有助于发现需求中可能出现的冲突。

如前一章中所提到的,规格标准不应过高从而导致不必要的成本支出,也不可以制定过低的标准,在交付或检查过程中发现的任何规格瑕疵、遗漏或疏忽以及不兼容等情况的弥补工作同样会是代价高昂的。

2. 第二步:协作和信息收集

如果组织设立了集中采购小组或项目团队,采购人员应从采购过程一开始(即规划阶段)就参与其中。开发规格需要不同利益群体之间进行紧密和持续的联系,例如:采购人员;技术/特定领域专家;项目领导;合同经理/负责人;最终用户;规格起草人。

一旦确定了需求,就应该进行深入的市场分析(包括行业参与),以了解什么可以满足客户/最终用户、社区或公共部门的需求。如果企业过早地参与开发过程,就会存在本末倒置的风险:在完全定义需求之前就决定问题解决方案。

普遍而言,根据各个国家和地区的相关法律和政策,从事复杂或战略性采购的人员必须接受行业的专门指导和培训,熟悉并遵守道德采购的准则,明白践行准则的必要性和约束性。无论是供应商还是采购方都需要了解如何妥善管理风险,同时履行与诚信、问责和透明度有关的义务。

规格制定的主要信息来源包括:行业协会或特定企业;特殊利益集团和行业代表;商品或服务的外部客户和受益人、社区成员;其他部门或公共部门(如国家/地方政府);之前有过类似商品和服务采购经验的客户企业。

3. 第三步:制定规格(包含在规格中的信息)

一个符合要求和企业利益的规格应该包括以下五项内容:

(1)原因:为什么要求供应商这样做?

(2)内容:供应商被要求做什么?

(3)时间:供应商什么时候开始做?

(4)数量:需要完成的数量是多少?

(5)程度:适用什么样的质量和性能标准?

通常,规格制定的要求还包括:使用简单、清晰的语言,避免使用行话(以减少误解);定义术语、符号和缩写词(包括"术语汇编");简洁明了;尽可能确保产品术语的通用性;参考任何适用的国际或行业标准;不要在多个部分解释同一个要求;在可能的情况下,用一到两段话来定义需求的每个方面;采用用户友好类型的格式;给章节和段落编号;向不熟悉需求的人寻求反馈;讨论(规格)草稿并完善。

第二节　采购方与供应商的早期行为

一、采购方的主动行为

供应商在某些程度上会发挥其在制定规格方面的天然优势,比如技术、专利、知识产权、行业标准理解和应用等方面。采购组织需要预先考虑和防止以下情况的出现:以供应商专长为基础,由较强的技术性带来的评估障碍和过度依赖;要求根据供应商提供的参照而不是根据买方需求来制定规格;法律上无权拒收供应商提供的货物但又不符合买方的利益和要求。

相对应地,采购部门和人员应在规范自身行为准则上做出足够的努力和尝试。具体来说,采购人员需要理解用户的需求,不仅要确保已咨询了用户的要求,如果有必要,还要学会质疑用户的要求,以避免制定过高的规格,这有助于减少种类、降低成本。

采购人员应主动建立并保持与用户的联络,与用户共同制定规格,确保合同签署之前用户同意最终的规格,传达用户部门采购政策,监督与检查所交付货物或服务是否与规格相符以满足并超越用户需求。

此外,采购部门和团队需要不断努力,确保公差尽可能降到最小,与增加的价值和引发的成本相一致,从而促进质量管理。

至于与当地法律相关的一些规格要求,采购部门和人员需要提前理解规格要求的法律含义,保证规格以及以之为基础的合同准确、完整地表达了用户要求(在可能的情况下建议采用性能规格)。

二、早期供应商参与(ESI)与早期采购方参与(EPI)

早期供应商参与(early supplier involvement,ESI)是供应链伙伴之间的协作方式之一,从合作的早期开始,供应商就参与到制造过程中。通过紧密合作,供应链变得更有效,使企业在其行业中保持竞争力。通过供应商的早期参与,供应链中所有环节的资源和专业知识被结合起来以改善生产。

1. 早期供应商参与

早期供应商参与极大地影响了OEM(original equipment manufacturer,中文意为"原始设备制造商")过程。当客户从生产/加工模具开发的第一阶段开始与采购方合作时,通常会达到最佳价值。由于近80%的产品成本是在工程和设计阶段确定的,早期供应商参与应被视为该过程的一个基本组成部分。

早期供应商参与的好处包括以下方面。

(1)提高新产品开发的速度。在产品设计阶段,由于缺乏不同部门之间的早期沟通,生产计划在供应商、工程师和制造商之间来回传递,从而延长了交货期、提高了成本,并降低了生产率。通过增加供应商的参与,产品规格的开发和生产周期可以缩短。

（2）提高解决问题的能力，缩短反应时间。随着供应商和采购方之间的沟通增加，不同的专业知识可以共享，从而产生更有创造性和更有效的解决问题的方案。供应商可以帮助采购方避免不可行的规格设计想法，供应链各环节之间的密切沟通也有助于提高组织对问题的反应能力。

（3）在供应商和制造商之间建立更牢固的伙伴关系。由于协作的必要性，早期供应商参与在供应链成员之间建立了更牢固的关系。各方对成品投入越多，在产品规格和技术上的创新就越可能发生。

（4）增加竞争优势。在生产过程中，持续性创新和快速生产会给竞争对手造成强烈的紧迫感。为了跟上这种需求，早期供应商参与创造了一个理想的创新和发展环境。供应商和采购方之间的协作沟通给组织带来了高效率生产和进步的可能性。

在了解了以上优点后，采购方同时需要意识到早期供应商参与可能带来的问题。

（1）基于供应商术业专攻领域的不同，尤其是技术特点与类型的不同，按照供应商的思路和方法进行的产品规格研发、设计和生产可能造成产品在某些其他技术领域或功能性上的不足。

（2）容易造成对供应商的过度依赖，当有更出色的供应商可供选择时，这将成为一种束缚和局限。

（3）供应商容易不思进取，无法持续性地提供高品质的产品。

（4）产品/技术的保密性和安全性问题会给组织带来风险。

2. 早期采购方参与

与早期供应商参与相对应的另一种合作形式是早期采购方参与（early purchasing involvement，EPI），即采购专业人员参与规格制定的过程，而不是仅仅将供应商准备的规格转变为采购订单。确保采购在产品设计和研发的早期阶段就介入进来（特别是在确定采购策略或参与供应市场之前），会对采购项目和生产行为产生如下积极影响。

（1）提高采购在产品设计和规格制定中的话语权和影响力；

（2）在产品自制或购买的决策方面提供决策支持；

（3）基于之前的采购经验，对技术的采用、保留和开发提出建议和意见；

（4）保持对供应商技术开发和创新的跟踪和支持；

（5）针对供应商的表现，在供应商绩效管理和供应商更换决策方面提供支持和建议；

（6）基于采购方角度，在产品开发和规格制定中形成一定自主权；

（7）有效精简产品种类和重复性规格标准。

第三节　规格制定的框架与示例

规格的详细程度应反映需求的复杂性和采购行为的性质。在制定规格时，要始终坚持在内容和格式上的一致性，此举将节省组织大量重复性准备工作和文案操作及记录的时间。

作为在市场参与过程中的有效参考并基于便于合同管理的目的，建议组织将以下每项内容和要求进行编号。

（1）标题。必须清楚注明采购对象名称和（供应商）邀请参考编号。

（2）目录。清晰罗列各规格类型、属性和适用产品与环境。

（3）介绍。简要解释需求和背景材料，例如所需产品的用途、功能和应用。

（4）范围。这可能包括：①对所需内容的高级说明，如执行、安装、维护、升级或以上内容的组合；②合同的期限；③合同期的预期需求；④供应商没有被要求提供但通常可能被认为是要求的一部分的任何货物和/或服务。以上内容应在"需求陈述"中完整描述。

（5）背景。信息可能包括：①实现解决方案对用户的影响；②已进行的研究概要；③考虑了哪些选择（如果适用）；④放弃了哪些选择，原因是什么；⑤主要需求如何与其他相关需求相关联；⑥已购买（已实施）/没有购买（是否计划）。

（6）其他文件。规格说明可以参考其他文件。最常提及的文件有：①规格参考;②引用的出版物;③行为准则;④适用的法律条款和规定;⑤政府政策。如果采购由一项国际协定所涵盖,则规格不应规定或提及某一特定商标或商号、专利、版权、设计、类型、具体产地、生产商或供应商。如果提及此类文件,则规格中应包括"或同等"等词。

（7）使用条件及环境因素。如果产品操作或放置的物理环境将影响设计或性能,则规格必须解释说明这些位置/环境条件。环境和人体工程学因素可能包括:①操作和储存条件;②与现有设备、系统等的互换性或兼容性的需要;③能源和其他服务的可用性;④产品的预期用户及其人体工程学要求;⑤人身安全;⑥服务或维护要求或限制。此外,还要详细说明任何特别的环保规定(例如货物在使用寿命到期后的回收和循环再利用能力),并鼓励供应商提出环保的建议。

（8）需求陈述。具体包括:①(产品)产出的描述;②功能和性能需求;③详细说明在合同期内的产品绩效测量和基准。基于产品或工艺复杂程度的不同,需求陈述在范围和复杂性上可能有很大的差异。在采购货物或采购服务时需要考虑的具体事项参考以下指引:①产品规格的要求说明;②服务规格的需求说明。

（9）技术、系统和管理技术。详细说明组织希望在技术、系统和其他管理技术的使用方面需要进行的改进。应鼓励供应商在报价时提供创新的解决方案。应确定数据管理和知识产权管理,例如:①隐私和数据保护法;②数据访问政策和规则;③(当地)知识产权政策。

（10）档案管理。详细说明任何记录管理要求。管理记录包括记录的创建和控制、存储、安全、访问和处理。规格需要保证:①记录创建的完整、准确信息;②明确记录的所有权和保管权;③未经适当授权,记录不会被弃置;④政府及相关部门有权查阅记录;⑤记录被妥善保存并保持安全性。

（11）质量要求。详细说明供应商应采取的适当的质量保证程序和步骤。

第四节　标准化与质量管理

一、标准化的表现

1. 什么是标准化

标准化是在行业中所有相关方达成共识的基础上,创建指导产品或服务创造的协议的过程。这些标准确保特定行业生产的商品或服务具有一致的质量和规格,并与同行业的其他可比产品或服务相当。

标准化还有助于确保产品的安全性、互操作性和兼容性。参与标准化过程的各方包括用户、利益团体、政府、公司和标准化组织。

2. 业务流程标准化

最常见的标准化形式是在业务流程领域。通常,拥有全球业务或特许经营的企业利用详细的过程文档来确保其产品或服务的质量与客户访问的所在地理位置无关。

(1) 制造企业。从事制造业的企业通常会形成框架协议,以确保生产的产品符合同行业其他企业的相同规格。标准化可以涵盖在一个地理位置或全球范围内销售的产品。例如,LED 和 LCD 电视机制造商遵循一定的产品标准化规则,以确保市场上销售的产品具有相似的功能。这些标准涵盖了屏幕分辨率和尺寸、输入(HDMI 端口、USB 端口等)、互联网连接等规格。这些标准会随着技术的进步而不断修改。

(2) 产品营销。标准化的产品可在不同区域、国家或大洲广泛使用,确保客户无论在哪里购买都能获得相同的产品或服务。这适用于那些消费者已经非常熟悉的大品牌,对这些品牌而言,产品的任何变化都可能立即被注意到。可口可乐公司就是使用这种标准化形式的一个例子,比如低糖、无糖产品中糖分含量(有/无)标识和标准。

在全球运营的企业也会对广告进行标准化,在不同的市场保持统一的设计主题,以此在全球市场加强其品牌形象。即使产品包装采用不同的语言,也应采用相同的设计主题和配色方案。

（3）交易标准化。交易行业的标准化是由证券交易的交易所设定的。这为投资者提供了更大的流动性。它还使所有投资者的交易过程相同。例如,期权市场的标准化意味着交易所制定标准,作为建立合约最低交易基础的一种方式。在期权交易中,投资者持有的每一份期权合约代表100股标的股票。

二、质量管理标准和框架

对于采购以及制造型企业而言,质量管理标准至关重要,因为它们为管理一些关键的业务活动(产品规格制定、供应商筛选、早期供应商参与、工艺设计与开发、生产与加工改进)提供了一个框架,并且遵循它们的要求对企业有许多好处。

最常见的质量标准和框架包括ISO 9000系列标准、AS 9100、ISO 14000、精益管理、六西格玛等。接下来将详细介绍一些最常见的ISO质量标准和质量框架。

1. ISO 9000系列标准

ISO 9000系列标准有三个文件(ISO 9000、ISO 9001和ISO 9004),还有一个附加的补充文件ISO 19011(管理体系审核指南)。

ISO 9000:它是在ISO 9001、ISO 9004、AS 9100和许多其他有关质量管理体系的文件中引用的标准。ISO 9000作为ISO 9000系列标准的第一个文件,有两个主要作用和目的:首先,它被用来定义贯穿质量管理体系标准的许多术语;其次,它描述了实施质量管理体系的ISO 9001标准背后的基本质量管理原则。

ISO 9001:它是设计质量管理体系最常用的一套要求,包括开发和实施旨在提高客户满意度的质量管理体系的要求。相关要求与PDCA改进周期("计划—执行—检查—行动")相一致:"计划"质量管理体系的工作,"实施"质量管理体系的工作,根据要求"检查"质量管理体系的工作,并采取"行动"纠正任何发现/发生的问题。ISO 9001为企业实施质量管理体系提供了必要的信息,基于 ISO 9001 的质量管理体系认证在世界范围内都得到认可。

ISO 19011:这也是由国际标准化组织发布的标准,包括审核管理体系的要求。该标准规定了审计程序的所有要求以及如何进行成功的审计。它被用作培训质量和环境管理系统审核人员的资源,通过使用该标准进行培训来认证企业是否满足 ISO 9001、ISO 14001 等标准要求。

2. ISO 14000 系列标准

ISO 14000 系列标准有两个主要文件 ISO 14001 和 ISO 14004,还有一个附加的补充文件 ISO 19011。

ISO 14001:它是设计环境管理体系最常用的一套要求,包括建立、记录、实施、维持和持续改进环境管理体系的要求。ISO 14001 为企业提供实施环境管理体系所需的资料,作为环境管理体系的 ISO 14001 认证在世界范围内得到认可。相关要求按照 PDCA 改进周期("计划—执行—检查—行动")的形式进行调整。

ISO 14004:它是一个与 ISO 14001 标准配套以执行环境管理体系的标准,但不是必需的。该文件旨在提供有关原则、系统和支持技术的指引,供组织使用,以协助实施其环境管理系统。该标准作为一种参考,可以帮助企业了解如何更有效和成功地实施 ISO 14001。

ISO 19011:这也是由国际标准化组织发布的标准,包括对管理体系的审核要求。该标准定义了审计程序的所有要求以及如何进行成功的审计。它被用作培训质量和环境管理系统审计人员的资源,通过使用该标准进行培训来认证企业是否满足 ISO 14001、ISO 9001 等标准要求。

3. 其他通用质量管理体系标准

下面是一些针对特定行业的更常见的质量管理标准。如同 ISO 9001 一样,这些体系提供了可用于设计和创建企业质量管理体系的要求。

AS 9100:它是一种基于 ISO 9001 的标准,并增加了指定用于航空航天工业的附加标准。新增内容包括风险管理和配置管理等主题。质量管理体系可以由第三方认证以符合本标准。

ISO 13485:这是由国际标准化组织发布的标准,供想要为医疗设备设计质量管理体系的企业使用,并为相关监管目的设计要求。第三方机构可以根据该标准认证企业的质量管理体系。

ISO/TS 16949：该文件包括对汽车生产和服务部件组织应用 ISO 9001 的要求。这些要求包括所有附加的质量管理体系要求，由主要汽车制造商同意与 ISO 9001 配套使用。除此之外，企业的每个主要汽车客户都有针对该客户的 TS 16949 要求的附录。使用这些要求设计的质量管理体系也可以根据这些要求进行认证。

MBNQA：全称 Malcolm Baldridge National Quality Award（马尔科姆·波多里奇国家质量奖），该奖项用来表彰具有卓越表现的美国组织和企业。该奖项有一系列详细要求，企业可以根据这些要求设计和评估围绕促进商业成功的标准建立的质量管理体系。除了获得该奖项的外部评估外，没有针对这些要求的持续认证。

4. 支持质量管理的质量框架

以下项目可用于支持组织和企业追求改进和卓越质量，但它们不是被用来创建质量管理体系的要求集合，因此质量管理体系不能根据这些指导方针进行认证。

精益管理：精益管理的概念（也被称为精益制造或精益生产）主要来源于 20 世纪 90 年代的丰田生产系统，该系统采用了减少"七种浪费"的概念来提高客户价值。它的核心理念是通过消除浪费来实现价值最大化。其主要思想是：任何增加产品成本但不增加价值的东西都是浪费，应该加以控制或消除。精益概念用于通过减少浪费来改进流程，从而使其更有效。

六西格玛：六西格玛是摩托罗拉在 1986 年开发的一套工具和技术，通过识别和消除缺陷的原因来提高过程质量及其产出。作为一套用于过程改进的工具和技术，六西格玛侧重于使用过程的统计输出来改进过程。在许多组织中，它通过帮助改进过程来支持质量管理体系，但并没有定义质量管理体系。

全面质量管理：全面质量管理（total quality management，TQM）的概念起源于 20 世纪 80 年代初，并在 80 年代末开始广泛传播。到 20 世纪 90 年代末，它基本被 ISO 9001、精益和六西格玛所取代，但仍有许多概念与这些体系结合使用。全面质量管理包括旨在提高公司过程绩效的实践。这些技术有助于提高效率、解决问题和流程的标准化。这些技术用于帮助质量管理,但不提供质量管理体系的框架。

案例分析

政府采购的技术规格

技术规格藏"心机"

对于采购人来说,技术规格在体现自身意图的同时很容易成为操控采购过程和采购结果的工具;相应地,对于供应商来说,技术规格里的条款常常有一字千金的效果,一项指向性的条款可能会使供应商原本的优势被抹平,甚至丧失竞争的机会。在采购实践中,随着评标方法的不同,技术规格"耍花招"的手段也不一样:如果采购人希望将合同授予特定的供应商,那么在使用最低价评标法的时候,就会操纵技术规格直接排除其他具有价格优势的供应商;而在使用综合评分法的时候,则会按照中意供应商的情况为其量身定制分值权重,达到"优点更优、长处更长"的效果,实务中一项指标根据其权重可以直接换算成投标价格的差值,"一字千金"并不夸张。考虑到采购的效率和效果,必须赋予采购人必要的自由裁量权以制定符合其要求的技术规格,但同时必须划定界线,限制采购人滥用技术规格破坏竞争环境。在这方面,我们不妨来看看采购制度较为成熟的美国的一些经验,同时也附上GPA的相关规定,为中国政府采购技术规格方面的规范化提供一些启发。

技术规格在美国

1. 基本原则

美国政府采购法对技术规格做了两点原则性的规定:一是技术规格应确保完全和公开的竞争;二是限制市场竞争的技术规格应有法律授权,如果没有法律授权,那么应以满足采购人的合理需求为限。在操作层面上,技术规格分为三大类型。第一类是体现设计特征的技术规格,这类技术规格对货物所使用的材料、设计的原理、服务实现的方式做出了设计层面的准确的、细节的描述,这就意味着,供应商只要按照采购人所提供的技术规格就能够实现采购人的目的。相应地,一旦由于采购人提供的设计方案的可行性有问题,导致最后供应商按图索骥无法完成任务,则相应的风险应该由采购人承担。第二类是体现性能特征的技术规格,这类技术规格规定了采购人所要实现的目标或要达到的标准,至于如何实现上述目标和标准,则由供应商充分发挥其创新能力,可以自行选择实现路径或解决方案。供应商获得了更多的自主权,但相应地,一旦按照供应商的技术路线最终无法实现采购人的目标,供应商将承担相应的责任。第三类是体现功能特征的技术规格,这类技术规格告诉供应商政府所要达到的终极目标,至于实现目标的方法、路线则完全不做限定。举个例子来说,如果政府要解决出行的问题,那么设计规格会提出"采购一辆轿车,发动机是2.0 L排气量,同时油耗应低于每千米8 L",性能规格会提出"采购一辆车,能够同时乘坐5个人,时速达到100千米",功能规格则会提出"采购一种能够把5个人运送到指定地点的方法",至于是卖一辆车给政府,还是租一辆车,抑或是提供其他的方法均不做限制。这三种方式的优缺点恰好反映了制定技术规格的时候所要平衡的两个方面。设计规格最为具体,在采购人需求明确的情况下,将产品或服务的设计描述得越细致,越容易让采购人买到心有所属的商品。然而,相应的风险也是显而易见的:越是具体的规格,越容易陷入量身定制的陷阱,越容易缩小参与供应商的范围。功能规格最为宽泛,举个极端的例子来说,政府只要说明自己的目标是改善城市的交通,那么无论是改善非机动车出行环境,还是提高私家车载客人数,抑或是完善公交衔接,都是可行的方案。显然,使用功能规格能够最大限度、最大范围调动供应商的积极性和创造性来处理公共事务,但是过于宽泛的功能规格描述也存在许多风险:一是供应商难以对号入座,在缺少前期沟通的情况下,可能搞不清楚自己所提供的产品和服务究竟是不是政府想要买的,从而错过参与竞争的机会;二是评审供应商提供的五花八门的方案对政府的评价能力有极高的要求;三是在混沌的情况下,已经与政府产生合作关系的供应商会拥有信息优势,新供应商进入的壁垒无形中被提高了,反而不利于竞争机制的维持。在设计规格和功能规格之间的性能规格在两个方面都不是那么极端,在实践中使用得也较多。在多数情况下,以性能规格为主、结合设计规格是采购人使用的主要的技术规格制定方法。

2. 反面教材

制定技术规格的三种方式各有千秋,适用三种方式的选择权在采购人的手里,底线就是不能滥用技术规格。美国成熟的供应商投诉机制积累了大量的案例,为分析滥用技术规格的情形提供了较为充分的事实基础。整体而言,技术规格的不当使用分为两大类:一类是构成不合理的限制,另一类是存在错误、遗漏或不确定。

(1) 构成不合理限制的技术规格。当技术规格限制了供应商之间竞争的时候,如何判断这种限制是否属于不合理的限制呢? 标准就是这种限制是否超过了政府的需要。

在三种技术规格方法中,设计规格是最容易踩红线的。以下这些都是被美国联邦政府责任办公室(GAO)判定为构成不合理限制的技术规格的例子:要求柴油发电机必须是四冲程的,要求升船机必须是电动的而不能是水压驱动的,要求复印机必须使用干粉。只要采购人不能对这些设计特征给出合理的理由,都将被认定为构成了不合理限制的技术规格。性能规格尽管要宽泛一些,有的时候也会被判定为不合理地构成了对竞争的限制,例如:对叉车的速度提出了过高的要求,要求直升机的螺旋桨直径不能超过37英尺(约11.3米)。而要求手枪第一枪必须扣动扳机两次才能发射则是基于安全的合理要求,根据采购人的业务属性要求配备备用的电泵、要求垃圾袋必须通过测试确保不会刺激眼睛也是合理的,因为这是标准的商业检测。在实务中,最容易被判定为不合理的技术规格的,就是围绕特定产品来撰写的技术规格,这种技术规格造成的后果就是只有一款产品或一个生产商的产品能够入围。采购人要证明这种限制性的技术规格的合理性,就必须证明这一技术规格对于采购人来说是必要的、合理的需求。我们不妨看看实际的例子:在垃圾处理中要求使用氧化的方法而不是效率更高、更廉价的化学处理方法是为了避免产生对环境有害的物质,要求使用特定品牌的能源管理控制系统是为了与另外23个管理系统实现兼容,要求空调机使用新的冷冻液以减少臭氧的排放是合理的,尽管美国环保署并未对此做出强制要求等。

(2) 存在错误、遗漏或不确定的技术规格。当技术规格中存在错误、遗漏或不确定的问题时,也会被视为不当的技术规格。例如,采购人所要求的工时明显无法完成相应的任务,政府在购买服务时没有提供必需的当前运行数据,要求供应商遵守"投标之时有效"的技术标准等。在美国的政府购买工程的合同中,为了避免技术规格中有未尽事宜,常常增加一项格式条款:供应商应完成那些虽然被遗漏但对整个项目而言必需的部分。不过,供应商仅有义务完成现有任务中没有详细阐述的部分,而没有义务完成那些完全没有被提及的部分。

3. 保障机制

为了确保采购人制定的技术规格能够在符合采购人需求的同时最大限度地促进竞争,美国联邦政府层面做了大量的基础性工作。在美国国防技术大大领先于民用技术的时代,国防部制定了专门的军用技术规格指南,为军用品采购的技术规格制定提供了法定的标准。这一标准一直到20世纪90年代民用技术迅速发展时期才逐渐被摒弃。

相应地,在政府的民用采购层面有专门的联邦技术规格,就政府购买的货物、服务的实质性技术规格进行了描述;有联邦标准体系,为技术规格的制定提供了可以参照的标准;有商业品目描述,为商业品目的技术规格提供了参照。正是这些完善的基础设施推动了采购人在技术规格方面向规范化、标准化、精益化发展。除了联邦层面的标准化,美国还设计了一项"技术规格草案"的制度。一些机构针对大额的、复杂的项目适用该制度,以求在需求设计之初就引入工业界的参与。合同官就合同类型、产品或服务的性能、设计以及其他最终价格和技术路线的草案向工业界征求意见。需要注意的是,所有潜在的供应商都有平等的参与机会,凡是在截止日期之前提交的反馈意见,政府均应给予回应,告知供应商政府是如何处理其建议的。

GPA 里的技术规格

在系统梳理完美国的技术规格制度之后,不妨再来看看以促进政府采购贸易自由化为宗旨的《政府采购协议》(GPA)是如何就技术规格做出规定的。相比美国法律的规定,GPA 的相关规定更加严格,核心内容有四点:一是原则上只能使用性能规格和功能规格,不得使用设计规格;二是如果不得不使用设计规格,必须加上"或等同的商品/服务"字样以说明将考虑可以满足采购要求的同类货物或服务的投标;三是如果存在国际标准,则技术规格应该依据国际标准,如果没有国际标准,应依据国家技术法规、公认的国家标准或建筑规格;四是采购实体不得以产生妨碍竞争效果的方式,向相关利益方寻求制定技术规格的建议。这一点与美国给予所有供应商平等的机会参与技术规格建议的规定是异曲同工的。

回看中国

技术规格在中国关于政府采购的制度中并没有受到高度的重视,在采购实务中各方难免进退失据。对于采购人来说,一方面缺乏层级较高的技术规格指南作为指引,增加了许多市场调研的成本,另一方面又很容易利用技术规格操纵采购的过程;对于采购代理机构来说,缺少约束采购人制定不合理的技术规格的机制,采购人很容易利用技术规格的空子将公开招标转为竞争性谈判甚至单一来源采购,从而规避竞争;供应商更是有苦说不出,不合理、不必要的技术规格成为市场公平竞争的拦路虎。在实务中,除了在招标中指定品牌这种明显违法的行为之外,还有各种利用不必要的设计规格和性能规格来限制竞争的做法,例如,要求供应商提供冷僻的、非行业内公认的认证,在综合评分法中对某些具有排名效应的认证给予畸高的权重分,利用"地方名优产品"等本地化的认证来保护本地企业等。这些措施给予了特定企业不当的竞争优势,但又隐藏在技术规格之中,不易受到监管。加入 GPA 之后,技术规格很容易成为外国供应商挑战我国采购制度的靶子,如果按照国际标准,我国的技术规格制度还有许多漏洞。与此同时,应考虑建立技术规格和国家标准库,为技术规格的制定提供标杆;此外,引入招标公告期内供应商质疑采购技术规格的制度也是有益的尝试。

资料来源:宋雅琴.漫谈政府采购的技术规格[J].中国政府采购,2015(1):78-80.

1. 比较分析技术规格的三大类型的优点与缺点。
2. 采购组织在制定规格时,应如何避免滥用技术规格?

尝试和你的团队成员一起进行如下实践活动:

1. 参考以上案例,和你的团队成员针对国内共享汽车市场进行调研,从国家管理部门角度为该行业的产品技术规格要求制定一份详细清单,说明理由和可能遇到的问题。

2. 根据上述技术规格清单,以某共享汽车制造商为例,结合商业市场环境和企业自身情况,分析其在亚太地区推广和开拓的可能性,并举例说明。

3. 概述产品技术规格的制定和应用对于共享汽车行业的重要性和意义。

4. 将上述研究结果形成一份商业报告。

澳大利亚针对采购人才的专业培训

过去,在澳大利亚,采购从业人员通常在相当低的水平上接受教育和培训。这一状况可能与一些典型的采购问题有关。许多电子商务系统有能力实现政府采购目标并对采购进行协调,并维持整体控制机构的采购开支。这类系统的发展提供了一个实用的解决方案,以解决集中-分散二分法的问题(在许多司法管辖区,这往往是一个典型的潜在困境)。

然而,为了有效发挥这一作用,参与机构需要参与产品和服务的设计和规格制定,管理部门将需要适当控制与之相关的额外培训。采购从业人员将会看到采购中的传统官僚职能基本消失,取而代之的是更高层次的系统管理要求,以及在电子商务过程中制定合同和规格。实现这一目标的根本障碍之一是,在影响采购的多学科知识机构中,缺乏具有复杂技能和教育背景的大量管理骨干。

这也是为什么很多西方国家如澳大利亚、美国和德国等在其现代教育体系尤其是中高等职业教育和高级管理人才培养上拓宽思路和格局,配套了以专业化分工为背景的层次分明的专业设置。

此外,来自专门从事就业安置机构的证据表明,通才资格是雇主最普遍寻求的,期望这些更高级别的员工将从工作经验中学习。人们普遍支持大学一级或同等的培训,将其作为采购专家所需的最高水平的教育。

资料来源:Louise Knight, et al. Public Procurement:International Cases and Commentary[M]. Routledge,2007.

思考与练习

一、名词解释

1. 早期采购方参与

2. 早期供应商参与

3. 标准化

二、选择题

1. 有效规格的特征包括(　　)。

　A. 明确的

　B. 简明的

　C. 符合国家或国际标准以及健康、安全及环境方面法律

　D. 最新的

E. 用所有关键利益相关者能理解的方式表达

2. 制定规格的途径包括(　　)。

　　A. 早期采购方参与　　　　　　B. 正式委员会

　　C. 非正式参与　　　　　　　　D. 采购协调员

3. EPI 在规格制定能做出的贡献包括(　　)。

　　A. 自制还是外购决策的输入

　　B. 预选参加开发项目的供应商

　　C. 维护供应商利益

　　D. 提升组织形象

　　E. 推行标准化和简化

4. 和规格的技术要求相关的信息的主要来源包括(　　)。

　　A. 产品设计师、工程师、用户或服务的对象

　　B. 货物和服务的供应商

　　C. 第三方的专家

　　D. 行业联络人

　　E. 行业标准

三、简答题

1. ESI 的主要目的是什么？

2. 请罗列实施标准化及品种减少的益处。

3. 请列举与规格相关的信息方面的风险。

四、论述题

1. 在什么情况下采购部门会在规格准备过程中发挥领导作用？

2. 在规格制定过程中，如果完全由供应商来发挥主导作用会发生哪些风险？

3. 在规格制定过程中，采购人员能发挥哪些特别的作用？

4. 尝试举例说明质量标准如何影响规格的制定。

第五章

供应商管理

学习目标

- 了解供应商管理的意义
- 熟悉各类供应商策略及其应用
- 理解供应商选择的关键要素和 10C 模型
- 掌握供应商评估、发展和控制的作用

基本概念

供应商管理；供应商策略；供应商选择；供应商评估；供应商发展；供应商控制

第一节 供应商管理概述

在全球竞争日益激烈的背景下，供应商管理变得越来越重要。更短的产品生命周期、内部生产的减少、组织核心竞争力的策略性和资源配置的集中，往往会导致供应商数量和采购量的增加，以及对供应商技术的日益依赖。传统的供应商和采购之间的关系已经变为更加复杂的合作类型。总成本估计和风险管理在采购中变得越来越重要，特别是考虑到日益全球化的供应链。

由于供应商的业绩对组织竞争力的直接影响,对创新的长期合作伙伴关系的兴趣正在增长。在这一点上,供应商管理被要求利用供应商-买方关系来进行针对性设计。它包含了组织当前和未来全部领域涉及供应商关系的规划、管理和发展的所有积极措施。

在这方面,组织必须思考下列核心问题:

(1) 如何在策略上管理和形成供应商组合?

(2) 如何选择最优供应商?

(3) 现有供应商的绩效如何?

(4) 如何确定从最合适的供应商采购?

(5) 一旦发现缺陷,组织可以采取什么措施?

通过努力与供应商及分包商进行更好的合作,供应商管理的目的是更好、更快、更低成本地开发、采购产品或服务。供应商管理的运作目标主要是提高供应商的绩效和降低采购成本。具体而言,这包括供应商的选择、评估、发展和控制等过程步骤。供应商管理的战略性目标是实现组织供应商组合的中长期优化。这包括制定采购和供应商策略,以及评估和提高供应商对增加价值的贡献。

第二节 供应商策略

如何在策略上管理和形成供应商组合?供应商策略可以回答这个问题。供应商策略是采购策略的一部分,并在供应商政策的背景下确定长期行动计划的总体方向。供应商策略回答了"从谁那里,尤其是以什么方式采购产品和服务"的问题。

一、不同视角下的供应商策略

从本质上讲,供应商策略可以从以下五个不同的角度来看待。

1. 以过程为导向的观点：供应商如何以及在多大程度上整合在内部过程中？

（1）供应商数量整合。供应商数量整合即通过集中式采购，减少供应商数量，在此基础上与供应商建立合作伙伴关系。这有利于降低成本，更好地利用供应商资源。具体措施包括：①推进产品标准化。通过推进产品标准化整合需求，减少物料品种数。这有利于降低采购成本，有效控制库存，也有利于集中式采购，减少供应商数量。②实行集中式（统一）采购。通过实行集中式采购或招标采购方式，可以使分散式采购集中化，有利于提升采购议价能力，防范采购舞弊和腐败行为。③采用模块化采购方式。这种方式是由核心供应商将相关复杂零部件组装成更大的单元式供货。这种供货方式可以降低供应商的物流成本，也有利于采购方缩短生产周期，是目前汽车行业最普遍的采购方式之一。④采购外包。采购外包就是对品种多、批量小的零星物料集中打包委托第三方代理，或指定产品品牌、采购渠道，委托供应商代理采购的采购方式。通过化零为整的采购方式，有利于降低采购成本和采购风险。随着服务种类和领域的不断发展和扩大，企业采购外包已成为一种普遍趋势。

（2）供应商资源整合。供应商资源整合就是采购方充分利用供应商技术、成本和条件等优势，降低采购或物流成本，提升核心竞争力的采购策略。主要包括以下内容：①早期供应商介入产品开发，缩短产品开发周期。②利用供应商的技术优势解决质量、成本、服务问题。③使供方从单纯确保交货质量向产品质量与服务保障转化。

2. 供应商导向的观点：对于各自的商品组需要多少供应商？

可以借助卡拉吉克矩阵的四个象限来理解这个问题。

（1）杠杆商品组。该商品组中可选供应商较多、能够为买方带来较高利润的采购项目。替换供应商较为容易。具有标准化的产品质量标准。在这一象限中买卖双方地位：买方主动，相互依赖性一般。

（2）非关键商品组。该商品组中供给丰富、采购容易、财务影响较低的采购项目。具有标准化的产品质量标准。在这一象限中买卖双方地位：力量均衡，相互依赖性较高。

(3) 瓶颈商品组。这类商品只能由某一特定供应商提供,属于运输不便、财务影响较低的采购项目。在这一象限中买卖双方地位:卖方主动,相互依赖性一般。

(4) 战略商品组。这类商品属于对买方的产品或生产流程至关重要的采购对象,但往往由于供给稀缺或运输困难而具有较高的供应风险。在这一象限中买卖双方地位:力量均衡,相互依赖性较高。

3. 以材料为导向的观点:外部附加值应该占多大比例?

外部附加值是从企业的销售收入中扣除企业从外部购入价值部分,如原材料、低值易耗品、燃料和动力、外购半成品、委托加工费等。从以材料为导向的观点来看附加值,不难发现在企业的生产过程中,附加值就是企业通过生产活动新增加的价值,它代表企业生产经营的成果。有的企业销售额虽然很高,但如果外部购入价值部分过大,则不过是价值转移而已,并不能表明企业实际生产经营成果。

4. 面向区域的观点:在哪些区域采购产品或服务?

要理解这个问题,就要思考全球采购盛行的原因是什么。

一方面,如果一个供应商位于低成本地区,那么比起其他供应商来,这个供应商就可以以相对更低的成本进行生产。在全球范围内的激烈竞争背景下,成本因素在供应商选择中一直是最重要的因素之一。全球采购的最初动机就是降低成本。成本的降低是全球采购带来的最显著的获益。

另一方面,生产结构是供应商选择中一个重要的因素。波特认为,低成本战略可以通过对集中的生产布局或者通过对分散的生产活动进行协调而实现。在低成本战略中,把生产活动集中到一个或很少几个生产地点可以带来生产上的规模经济。采购作为生产活动的一个延伸,波特的观点也可以用在对供应商的选择上。

5. 风险导向观点:要承担哪些风险,如何将这些风险降到最低?

采购中的风险可以分成两类:外因型风险和内因型风险。外因型风险主要包括以下几类。

(1) 意外风险。物资采购过程中由于自然、经济政策、价格变动等因素造成的意外风险。

(2) 价格风险。一是由于供应商操纵投标环境,在投标前相互串通,有意抬高价格,使采购企业蒙受损失;二是采购企业在认为价格合理的情况下进行批量采购,但该种物资可能出现跌价从而引起价格风险。

(3) 质量风险。一方面,由于供应商提供的物资质量不符合要求而导致加工产品未达到质量标准,或给用户造成经济、技术、人身安全、企业声誉等方面的损失;另一方面,因质量糟糕引起的返工和重复加工带来的资源浪费和交期延迟等情况,导致降低企业信誉和产品竞争力。

(4) 技术进步风险。一是所制造产品由于社会技术进步引起贬值、无形损耗甚至被淘汰;二是采购物资由于新项目开发周期缩短,面临同行业竞争对手基于技术创新的产品更新迭代(如电子产品),造成客户市场被抢占的风险和不利局面。

内因型风险主要包括以下几类。

(1) 计划风险。因市场需求发生变动,影响到采购计划的准确性;采购计划管理技术不适当或不科学,与目标发生较大偏离,导致采购计划风险的发生。

(2) 合同风险。合同风险主要包括:合同条款模糊不清和合同行为不当。前者表现为合同条款用词模糊,不够清晰或严谨,容易引起歧义或多种解读可能;后者表现为供应商为了改变在市场竞争中的不利地位,对采购人员行贿,套取企业商业机密或给予虚假优惠等。

(3) 验收风险。验收风险包括:在交货数量上缺斤少两;在交货质量上以次充好。采购方在验收过程中因个人工作疏忽或验收环境、检测设备不合规等原因也可能会造成损失。

(4) 存量风险。一是采购量不能及时满足生产或销售所需,从而造成生产中断、缺货损失等风险;二是采购量过大,造成库存积压,进而使资金链因库存而停滞,造成企业生产和日常运营管理困难等问题。

为了从根本上降低采购风险,企业可以从以下几个方面着手进行管理和改善。

(1) 做好年度采购预算及策略规划;慎重选择供应商,重视供应商的筛选和评级;严格审查订货合同,尽量完善合同条款;拓宽信息渠道,保持信息流畅顺；完善风险控制体系，充分运用供应链管理优化供应和需求；加强过程跟踪和控制，发现问题及时采取措施处理，以降低采购风险。

（2）加强对员工尤其是采购业务人员的培训和教育，不断增强法律观念，重视职业道德建设，做到依法办事，培养企业团队精神，增强企业内部的风险防范能力。

（3）严格检查合同条款是否有悖于政策、法律，避免合同因内容违法、当事人主体不合格或超越经营范围而无效；通过资信调查，切实掌握对方的履约能力。

（4）加强对物料需求计划、物资采购计划的审计。审查企业采购部门物料需求计划、物资采购计划的编制依据是否科学；调查预测是否存在偏离实际的情况；计划目标与实现目标是否一致；采购数量、采购目标、采购时间、运输计划、使用计划、质量计划是否有保证措施。

二、单源供应采购与多源供应采购策略

在制定供应商策略时，一个关键问题是：从一个来源还是多个来源购买？这两种策略都有利有弊。与多个供应商合作增加了供应链的复杂性，但也为防范某些风险提供了保障。在这两个选项之间找到一个平衡点是决定最佳供应链战略的关键因素。

1. 单源供应采购策略

单源供应采购策略承诺只从一个供应商购买指定的物资。如果该供应商能完美契合采购方需求并且足够可靠的话，这可以为企业提供许多帮助。

使用单源供应采购的优点包括：

（1）与一个供应商建立关系比与多个供应商建立关系更容易；

（2）伙伴关系的建立有助于建立信任和利益共享；

（3）如果只从一家供应商订货，成本可能会因为规模经济而下降；

（4）与单一供应商可能更容易实现系统集成。

如果供应商的运营突然因为某种内部或外部原因而中断或停摆，依赖单源供应可能会使企业无法获得关键的供应。

这种策略的常见缺陷包括：

（1）供应的脆弱性增加；

（2）增加供应中断的风险；

（3）企业和供应商之间的依赖性更强。

排他性可能会激励一些供应商提供更好的服务，但其他供应商可能会变得自满，降低产品或服务标准。这种情况有时会发生在不平衡依赖的情况下，尤其是在采购方对供应商的依赖程度超过了供应商对其自身的依赖程度的情况下。

2. 多源供应采购策略

与单源供应采购相对应的是多源供应采购。多源供应采购可以使那些更喜欢将需求分散到多个供应商之间的企业受益，这些供应商的整体产能更大，对采购方需求的反应更灵敏。当一个供应商无法满足采购方的全部要求时（例如，一个产品有多个组件，没有一个供应商可以负责和提供全部组件的生产），多源采购的意义和重要性就会凸显出来。

多源供应采购的好处包括：

（1）可以减少对任一单个供应商的过度依赖，尤其当其陷入延迟供货或其他原因的断供或合作中断时；

（2）更灵活地应对可能危及企业产能的意外事件；

（3）更多的供应商和供应源选择能够满足采购方的峰值生产或加工需求，瓶颈因此减少；

（4）通过供应商竞争激励供应商降低成本、改善服务；

（5）供应商之间的竞争也为采购方提供了更多的议价能力。

多源供应采购可能有利于依赖性、灵活性和产能问题的解决，但它也可能使供应商关系管理复杂化，并需要投入更多的时间等其他资源来管理。随着供应商数量的增长，可能会出现以下缺点：

（1）信息共享可能会变得更加复杂；

（2）更高的合同谈判、管理和流程执行成本；

（3）相对较低的订单量降低了议价能力；

（4）通过规模经济利用经济杠杆的能力降低；

（5）在质量控制和功效方面可能会出现挑战。

一般来说，在选择供应商方面，小型企业的灵活性往往不如大型企业。如果企业正在考虑多源供应采购，那么就需要在此策略的潜在缺点与单源供应采购策略可能导致的问题和风险之间进行权衡。

第三节　供应商选择

供应商选择是供应商管理的重要环节。面对数量可能非常庞大的供应商，在做出选择之前必须回答的核心问题是：如何为组织找到合适的合作伙伴？

要想找到最适合组织的供应商，必须先对供应商（所属品类市场）进行深入的采购市场调研、预选和鉴定，然后进行供应商能力分析，最后进入供应商最终选择阶段。

一、供应商鉴定

选择潜在的新供应商通常从供应商识别过程开始，该过程可以根据组织或部门各自的采购目标单独设计。任务的目标是确定能够满足具体需求或有能力满足需求的潜在供应商。

组织必须确定和选择适当的采购市场，而为了做到这一点，须定义一个通用的需求概要，在供应商搜索和预筛时将被考虑和采纳。该概要文件包含一般要求，如行业、规模、产品组合、对竞争对手的依赖程度，或技术专利。在这一阶段，供应商管理与采购市场研究密切相关，因为必须获得有关各采购市场及其供应商的资料。相关信息可以通过初级采购市场研究（直接联系潜在供应商、参加展览会或参观生产设施等）或二级市场研究（通过供应商名录、贸易期刊或互联网进行研究）获得。

二、供应商分析

供应商分析包括对预先选定的供应商池内的供应商信息的整理和能力分析。供应商分析的目的是收集关于潜在供应商能力的具体信息,以保证只有最好的供应商才会被接纳。要找到必要的信息,可以使用以下几种工具。

(1) 供应商自我评估。在组织制定的供应商标准(目录)的帮助下,一些数据需要直接从供应商处获取。这些数据可能涉及组织、生产、财务资源、质量保证、物流、服务和通信等领域。自我评估的主观性是一个需要特别注意的问题,因为供应商在某些情况下总是倾向于表现得比实际情况更好。通常,供应商的客户名单可以作为供应商知识、技能、经验和专业化程度的指标;此外,这些列表内容可以被清晰且透明地检查和评估。

(2) 组织报告。由机构或信贷保险组织编制的这类报告提供了客观了解潜在供应商结构的机会。除了一般的组织数据外,组织报告通常包含有关股东、管理层和资本结构的信息,以及风险评估结论,以便估计供应商的经济稳定性。因此,组织报告是对供应商自我评估的补充,同时也是验证供应商所提供信息的一种有力工具。

(3) 认证。认证的目的是证明供应商的产品、服务、管理体系符合相关技术规格的强制性要求或者标准。在所有行业建立质量保证体系的最重要标准之一是 ISO 9000 系列,它提出了一个超越组织的过程模型,包括领导责任、资源管理、产品实现以及可测量性、分析和改进的要求。

(4) 排除标准。在跨部门确定的排除标准的帮助下,不满足某些最低要求的供应商可以被过滤出来。这些标准是组织特有的,并根据采购目标而有所不同。

三、供应商选择

在招标阶段的范围内确定诸如质量、产能、交期、价格等标准,再进行跨部门加权。为了制定一份客观且最重要的供评估候选名单,建议使用相关的选择方法,包括:ABC 分析法、成本效益分析法、供应商仪表盘、10C 模型或平衡计分卡等。广泛采用定量决策工具,可以帮助组织根据评分对问题进行分析和判断。

1. 供应商选择关键因素

为了选择合适的供应商,组织需要考虑以下关键因素。

(1) 价格。如果企业刚刚起步,选择供应商的一个关键考虑因素可能是经济上的可承受性。然而,便宜的供应商并不总是物有所值。如果想确保可靠性和质量,企业必须决定其愿意向供应商支付的资金(成本)是多少。企业在成本、可靠性、质量和服务之间取得平衡是很重要的。

(2) 质量和可靠性。企业的产品/服务质量需要保持一致性——你的客户只会认为质量差的是你的产品,而不会归咎于你的供应商。如果你的供应商因交货迟或供货有质量问题而让你失望,你也可能会让你的下游客户失望。

(3) 响应能力。企业如果能够经常性地小批量下单,则可以避免占用过多的库存流动资金。速度和灵活性能够赋予供应商应对能力,帮助采购方快速响应不断变化的客户需求和出现的紧急情况。如果企业想缩短服务客户的时间,那么提供快速送货服务的供应商会比那些在其他方面富有竞争力的供应商获得更高的评价。

(4) 清晰的沟通。沟通是确保与供应商保持良好工作关系的重要因素。从最初的项目(合作)简报,到持续的反馈和例行的会议,企业应该永远保持和供应商定期并且开诚布公地沟通。企业需要供应商按时交货,或者在最及时的情况下(保证企业有足够时间采用备选供应商或其他的补救方式)告知不能按时按量交货。

(5) 财务稳定性。对于采购方企业来说,确保供应商具备健康的财务状况和强大的现金流支持,是保证交付时效性和质量稳定性的有力保障。企业在对供应商进行资质检查和筛选的过程中需要确保供应商在财务上的长期可持续性。

供应商财务状况评估的内容应包括资产负债表、损益表、现金流、关键比率(又称关键比值,英文 critical ratio)和支持性评注/结论。相关的分析部门和人员应该始终在评估中提供一个明确的总结性结论,这可以为企业根据确定的供应商财务状况和风险级别采取行动提供关键结论和意见。

在供应商选择程序结束之前,就一般合同条款和内容而言,采购对象、质量保证和保密协议等均应得到保障,从而确定合作的一般框架条件。理想情况下,这些工作已经在招标阶段完成。

供应商选择程序结束于所有相关职能部门的联合决策过程,在大多数情况下包括试运行的第一批样品。因此,该类供应商实际上处在已放行的供应商列表中,并开始了单独的零部件试投产流程。

2. 10C 模型

采购方可以采用的另一种常见的供应商选择标准是 10C 模型。该模型由曾担任 DPSS 咨询公司主管的卡特(Carter)博士提出,他在 1995 年发表于《采购与供应管理杂志》的一篇文章中首次概述了供应商评估的 7C;此后,他在模型中增加了三个新的 C,从而完整形成了如今许多企业用于供应商评估的 10C 标准。

模型中的 C 是每一种标准的英文首字母。以下是 10C 模型的具体要求:

(1) 能力(Competency):供应商是否有胜任的工程师/管理人员/技术工人和支持资源来完成这项工作?它们以前的客户有没有换过别的供应商?如果有,为什么?

(2) 产能(Capacity):潜在供应商是否有设备、人员和材料满足你的要求?当它们同时有多个客户时将如何满足你的生产/加工需求?当涉及市场和交期波动时,它们的灵活性如何?

(3) 承诺(Comittment):它们是否愿意与你建立长期的关系?它们在生产高质量产品方面有多努力?它们以前的客户是否有这方面成功或失败例子?

(4) 控制(Control):它们是否将一些职能外包给其他公司或机构?它们对政策、流程、程序和整个供应链有多少控制力?它们如何确保一致性和可靠性?

（5）现金（Cash）：供应商的财务状况如何？供应商是否有足够的营运资金来继续为你提供服务直到下一次付款，或者如果将付款延期60或90天，它们是否会无法继续提供服务？它们有证据证明其经济状况吗？

（6）成本（Cost）：拟采购的服务/产品的成本是多少？供应商在设备/设施上的成本投入是怎样的？供应商主要的成本驱动因素有哪些？供应商如何影响它们？

（7）一致性（Consistency）：供应商如何保证产品和服务质量的一致性？它们能否证明是如何做到的？

（8）文化（Culture）：你和你的供应商有相似的价值观吗？例如，更关注长期的供应商伙伴关系，还是一次性合作的利润？你或供应商有跨文化合作的经验吗？例如，双方的工程师/技术人员/管理人员是否会说两种及以上语言？供应商是否可以提供一些价值观包括与卓越相关的标准，包括对质量、速度、可靠性、可信赖性和创新的承诺？例如，供应商是否因其卓越的文化获得了某种形式的行业认可或奖励？

（9）清洁（Clean）：供应商是否在努力遵守环境法规？供应商的环境足迹是什么？供应商有可持续发展政策吗？它们赢得了国际性的绿色荣誉或认证吗？供应商是否以道德商业惯例闻名？它们是否致力于履行企业社会责任？

（10）沟通（Communication）：需要确定供应商打算如何与你保持联系。其提议的沟通工具和方法是什么，是否与你首选的沟通工具和方法保持一致？供应商与采购方的合作/项目对接的指定联系人是谁？供应商的工作汇报结构是怎样的？如果供应中断，供应商将如何、多久通知你有关中断的信息？如果采购方需要将问题升级，那么与供应商高级管理人员取得联系的沟通机制和方式是怎样的？

第四节　供应商评估

供应商评估是指根据规定的标准对供应商绩效进行系统的、全面的评价。当然,首先要做的是事先确定相关的评价标准和采用的方法。在此基础上,对供应商进行分类,确定可能产生的后果及应对措施,从而将评估作为日后供应商发展的基础。评估之后的重要衔接环节即是供应商控制,对供应商在业务关系中的表现进行持续的监督和控制。在这方面如果出现任何偏差或问题,重要的是尽快查明缺陷和未利用的潜力,并采取适当的对策。除了有充分根据的论证有助于谈判之外,评估还可以提供针对优势和劣势的分析,从中可以得出具体的改进措施,以优化"供应商-买方"关系。以 ISO 9001 为例,它规定了一套系统性评估的执行指引:组织应根据供应商按组织要求提供产品的能力来评价和选择供应商。

其次,组织应制定对供应商的选择、评价和再评价标准。根据评价结果和评价产生的任何必要措施的记录应予定期更新和维护。

为了在供应商管理框架内适当地考虑到风险的存在和不确定性,在评估中除了纯粹以业绩为导向的标准外,还应综合考虑风险指数。这可以通过主观风险评级和对实际采购风险的客观评估相结合来实现。基于此类操作,供应商的业绩和长期稳定性可以得到综合且全面的对待和重视。

供应商评估的步骤如下:

第一步:建立绩效指标。组织应创建一个可操作的供应商评估计划,以确定广泛和详细的参数。如果做不到这一点,接下来的步骤是没有意义的;在更糟糕的情况下,可能会反映出供应商表现的错误见解,对企业的业务产生反效果。供应商绩效指标中的常见参数包括价格、成本、数量、质量、服务、交付、增值、创新。

第二步:对供应商进行分类。要对供应商进行比较,首先要把它们归到相似的类别中。一种方法是根据地理位置,另一种方法是根据产品类型。

第三步:数据整理和集成。根据帕累托法则,从一般意义上来说,20%的供应商通常能满足 80%的业务需求。然而,你所在的组织或企业可能拥有跨越不同功能/物料的数百或数千个供应商,因此需要把它们的数据和信息都放在一个集中的门户或终端上,一些供应商评估软件或云端服务支持系统可以帮助企业快速地整理和集成数据。

第四步:建立可靠的评估方法。在这个阶段,企业要制定一个可靠完整的评估方法,确定评估的时间范围,再运用公正、客观和透明的评价方法。常见的供应商量化评估方法包括:供应商(平衡)记分卡;供应商仪表盘;合同管理;六西格玛。

第五步:与供应商合作进行评审/反馈。基于供应商表现的量化评估结果可以通过定期的双方沟通会议或其他对话形式进行"问题-原因"分析,这个过程不应停留在问题的发现和解决,更需要注意对方企业在实际合作或运转过程中的诉求和瓶颈所在。开诚布公的对话机制有助于高效地反馈和解决问题。

第六步:制定行动计划。企业应当为每一种供应商关系或合作模式制定一个可执行的、可持续的行动计划。同时,要确保这些行动计划是针对之前发现的问题/瓶颈或潜在风险而采取的针对性纠正和改善措施,以确保整个过程形成工作闭环。如果通过人员、流程和技术的最佳组合能使供应商绩效以最优化的方式呈现并为企业带来实际效益,这种供应商合作的模式就可以成为今后企业在选择供应商、供应商合作和供应商绩效设计方面的最佳实践。

第五节　供应商发展

从本质上讲,供应商发展由供应商关系管理、供应商教育和指导、供应商激励、供应商替换和合作伙伴关系的建立等共同构成。

通过与各类型供应商的合作和评估,企业根据实际合作效果在供应商竞争力、供应商合作潜能、供应商激励方式以及供应商合作前景等方面形成一个比较完整的理解和认知。以下问题是企业需要关注的重点:

(1)如何借助优质供应商获得更强有力的竞争优势?

(2)供应商的核心竞争力是什么?

(3)哪些潜能尚未发挥?

(4)如何有效地激励和帮助供应商?

（5）供应商是否需要替换？

为了对供需关系施加积极的影响，可以使用以下几种方法。

一、供应商关系管理

在之前的供应商管理的基础上，采购方企业可以尝试与供应商建立一个值得信赖的合作关系，以鼓励合作、提高业绩潜力，并尽量减少采购风险。组织或企业在商业伙伴眼中的重要性和价值总是受到合作方式的强烈影响，双方关系越好，就越容易应对困难。积极的行为模式意味着公平、公开、信任、谨慎和可靠。

二、供应商教育和指导

供应商教育和指导的目的是改善供应商在采购方要求方面的表现。如果供应商的表现不佳，教育和指导可能会以"胡萝卜+大棒"的方式激励供应商找出并消除缺陷和弱点。此外，供应商教育和指导有助于进一步提高供应商的绩效，促使它们提供高于平均水平的服务。这可以通过特殊供应商测评或考核来实现，例如针对优秀供应商颁发供应商年度最快进步、年度最佳贡献等奖项。

三、供应商激励

供应商激励的目的是提高供应商的绩效水平，开发潜力。这可以通过分享技术、提供生产设施、采购关键材料、驻场或分析供应商表现的薄弱环节来实现。如果有针对表现特别优秀的供应商（例如在质量稳定、交货准时、成本优化和持续改进等方面有卓越提升和贡献的供应商）的有效的激励和嘉奖措施，则绝对应该保留这样的措施。

1. 基于订单量的激励

在供应链管理环境下，制造商可以面临多个同质产品的供应商，由此形成供应链内部的竞争机制。供应方如果在产品质量、交货期和提供的各种服务上表现优秀,买方除了可以通过其他方式对其进行激励外,还可以利用增加订单的方式进行激励。

作为供应方,若能获得买方的更多订单,则意味着有更多的利润,也体现了在买方心目中地位的提升。因此,获得更多的订单对供应方而言能够取得立竿见影的激励作用。即使是不存在内部竞争的单个供应商,这种订单的激励同样是有效的。

2. 基于有效信息的激励

在传统管理模式中,各关联企业之间由于信息的壁垒而造成信息的流动阻塞,形成信息不对称。获得信息较少的企业,往往因为不能及时把握机会而降低了自身的竞争能力;另外,信息的不对称也必然造成企业之间配合的不协调和库存过高等现象,这是造成传统管理方式下企业经营成本较高的很重要的原因。

供应链的各成员企业之间,如果能够向对方提供及时、有效的信息,那就意味着各自企业捕捉市场机会能力的提升和经营成本的下降,同时也强化了供应链的竞争力。因此,供应链成员企业对有效信息的追求,客观上就形成了信息激励的基础。

四、供应商替代

在某种情况下,企业必须意识到:尽管付出了一切努力,继续合作对双方都已没有实质性意义。出现这种情况的原因是:在较长时期内无法达到所需的成本优化或质量改进,而且预期今后不会有明显的良性变化。

供应商替代可以看作供应商发展的镜像。对于替代供应商的实施,系统性的规划是必要的,这可以保证未来的供应安全。必须考虑到:根据供应品类的范围及其复杂性,寻找和发展其他采购来源可能需要很长时间。

五、与供应商建立合作伙伴关系

供应商合作伙伴关系是企业与供应商之间达成的最高层次的合作关系,它是指在相互信任的基础上,供需双方为了实现共同的目标而形成共担风险、共享利益的长期合作关系。具体来讲,包含以下内容:

(1) 双方均致力于发展长期的、可信赖的合作关系;

(2) 合作关系由明确文本形式确定,经双方共同确认并且在各个层次都有相应的沟通渠道;

(3) 双方有着共同的目标,并且为着共同的目标进行有挑战性的改进计划;

(4) 双方相互信任、共担风险、共享信息;

(5) 共同开发和创造价值。

以上合作伙伴关系形成的实际意义包括:

(1) 缩短供应商的交货周期,提高供应灵活性;

(2) 降低企业的原材料、零部件的库存水平,降低管理费用,加快资金周转;

(3) 提高原材料、零部件的质量;

(4) 加强与供应商的沟通,改善订单的处理过程,提高物料需求的准确度;

(5) 共享供应商的技术与革新成果,加快产品开发速度,缩短产品开发周期;

(6) 与供应商共享管理经验,推动企业整体管理水平的提高。

第六节 供应商控制

在供应商控制这方面,前期的评价参数和指标可以发挥重要作用,企业可以借此定期进行迅速和明确的供应商业绩评价。在许多情况下，可以被广泛采用和借鉴的指标包括：可靠性；未完成交付的比例；投诉数量；返工成本；缺陷产品比例；错误交付的比例频率。通过定期评估和调整这些指标，可以在趋势路径的早期识别供应商故障，并启动必要的对策。

此外，评价指标可以作为实际数据方便地应用于供应商发展。为此，应与供应商共同确定评价指标，使供应商承诺在固定时间内达到指标。根据各自的目标完成程度给出相应激励和建议，这对成功实施这一制度是决定性的。

供应商控制也有收集和分配信息的任务，以帮助未来的供应商选择决策和建立供应商信息系统。因此，它可以为所有未来的供应商评估和分析提供全面的信息和参考。

最后一点需要引起企业注意和反思的是，如果发现供应商存在广泛且无法避免的无法完成指标、任务和绩效的情况或障碍，企业需要将关注的焦点重新拨回到本章一开始就提到的关于供应商管理的五点核心问题上。这些问题的重新提出和回答将有助于企业重新定位和规划自己的供应商管理策略，有助于全面系统地实现供应商管理的中长期优化。

波音公司的供应商评估体系

波音商用飞机集团（BCAG）是一家在供应商评估领域表现卓越的公司。它共有3 000多家供应商。波音非常重视供应商评估，因为其飞机总生产成本的一半来自供应商。波音已经意识到供应商对其业务的成功是不可或缺的，并因此建立了高水平的供应商评估体系，以降低成本、提高质量和引进新技术。

波音的每个供应商必须通过认证。波音公司有一个"首选供应商认证"

流程，在执行统计过程控制、业务流程和绩效方面，根据特定标准对供应商进行评估和评级。一旦成为波音的供应商，它们就会定期收到成绩单，并被评为金、银、铜等级别。

波音副总裁兼供应管理和采购总经理 Russ Buunio 表示，达到或超过公司标准的供应商会被确定为优先供应商，并将获得诸如选择优先、减少检查、行业认可和额外的商业机会等好处。只有最优秀的供应商才会因为它们的努力得到公众的认可，实际上只有少数供应商能做到这一点。最好的供应商可以提供质量完美的产品，保持完美的准时交货计划，不断引进新技术，帮助波音公司实现持续的成本降低，作为波音公司业务和生产系统的延伸，注重团队合作、风险分担、持续改进和双赢的态度。

另外，波音已经建立了一个持续的成本改善计划——CCIP，该计划旨在实现每年减少3%~5%的材料和零部件费用的目标。如果波音无法坚持去持续评价供应商并奖励最佳供应商的最佳实践，就不可能实现这一目标。其中最高级别的认可是被选为"年度最佳供应商"，波音公司的3 000多家供应商中，只有116家因达到或超过持续的成本改善目标而获得认可，而仅有13家被选为"年度供应商"。在此基础上，波音使用当年的约0.5%供应商作为与其他供应商表现进行比较的基准。

资料来源：https://scm.ncsu.edu/scm-articles/article/case-studies-an-analysis-of-supplier-evaluation.

问题与分析

1. 简要概述案例中波音的供应商评估体系的优点是什么？
2. 分析波音现有的供应商评价体系和标准，为那些尚未被波音高度认可的供应商提出你认为可行的短期和中长期改进方案。

 **实践指导**

英国石油公司(BP)的供应商管理之道

在2006年的欧洲领导论坛上,英国石油公司(BP)的一位副总裁介绍BP的供应商管理之道时说,策略采购项目选择合适的供应商,使供应商绩效提高;但绩效随后会逐渐下降,因为缺乏持续的绩效管理或绩效管理不得力。为什么呢?

先说策略采购。不同的行业、公司,策略采购的概念不一定相同。像BP这样的大公司,采购额一般达到成百上千亿美元,传统上实行分散式采购管理,策略采购往往是集中各部门、分部的采购量,统一选择供应商,以取得更有利的价格、交货与其他合同条款。策略采购往往是以项目的方式进行,由专门的人员筛选供应商,谈判、签订合同,然后转交给公司内的具体用户执行合同。

策略采购项目刚完成时,当选供应商的价格、总体绩效当然是最好的,因为只有综合绩效最好的供应商才能当选。但是,像BP这样的大公司,各分部、部门在执行合同、管理供应商时,缺乏统一的系统、方法,所以会在管理上脱节。例如,如何保证供应商给的价格一直是最优的?谁来做市场研究,调查别的供应商的价格?人的心理是,刚选择生意伙伴时,对价格比较敏感;但在做回头生意时,对价格则没有以前那么敏感。供应商及其销售人员自然深知这一点。一个大公司,采购千百万种东西,选择哪些进行定期市场价格分析,如何分析,如何与供应商再谈判,由谁来做,这些都不容易定,因为这要求相当的资源。结果大家都在用这个供应商,但没人去系统地管理,因为没人(部门)真正为这个供应商的绩效负责。供应商也深知这一点,自然也利用这一点。这就是时间长了绩效会下降的原因之一。

一锤子买卖的策略采购至多才算开始,持久的供应商管理才是保证持久绩效的关键。于是就回到供应商管理的一般流程:开支分析、供应商现状分析、确定供应商绩效标准(价格、质量、交货、服务等)、定期反馈(定期评估绩效、例会)、纠偏措施(供应商开发、寻找新供应商等)。而且这个流程是重复流程。在这个过程中,制定合适的绩效指标,持续搜集数据,定期评估指标,就成了供应商管理不可或缺的一部分。

资料来源:滕宝红.从零开始学做采购经理[M].人民邮电出版社,2016.

尝试和你的团队成员一起进行如下实践活动:

1. 根据上文中介绍的供应商管理的一般流程"开支分析、供应商现状分析、确定供应商绩效标准(价格、质量、交货、服务等)、定期反馈(定期评估绩效、例会)、纠偏措施(供应商开发、寻找新供应商等)",挑选一家你们团队所熟悉的乳制品企业进行调研并为其制定一套类似的流程。

2. 除去上述一般流程和环节,根据该乳制品企业的实际情况,分析并解释你们可以在哪些环节为其供应商管理制定额外的定制化管理措施。

3. 概述供应商管理对于该行业的重要性和意义。

4. 将上述研究结果形成一份商业报告。

供应商管理的重要性

有时候,仅仅有一个供应商绩效评估系统是不够的。买方还必须确保性能数据是准确和全面的。任何给定的供应商都可能操纵或伪造其提供给客户的产品性能数据。例如,总部位于横滨的日本飞机座椅供应商 Koito Industries Ltd. 承认,其向空中客车公司(Airbus SAS)和波音公司(Boeing Co.)提供的约 15 万套飞机座椅的某些安全测试数据存在违规情形,最终影响了全球约 32 家航空公司。

由于对其飞机乘客座椅的需求不断增长,导致生产进度极度紧张,Koito 利用计算机程序生成虚假安全数据,以满足座椅安全强度标准。此外,一些安全测试被完全省略,而在其他情况下,安全数据来自对不同生产批次进行的测试。日本国土交通省认定,Koito 改变了其电脑测试程序,使座椅的震动水平读数高于实际水平。此外，一些飞机座椅的设计在没有适当通知的情况下被单方面修改。这些错误的安全数据只有在揭发者公开这些信息后才被披露出来。

这一丑闻爆发在2009年晚些时候，公司总裁在2010年初公开道歉，并承诺重新测试所有的飞机座位问题，对那些不符合安全要求者进行修理或更换。此外，他承认，造假活动可以追溯到20世纪90年代中期，是一种持续的"组织实践"，源自负责监督测试的部门。

欧洲航空安全局（EASA）在2009年9月撤销了对Koito座椅的批准，并考虑发布适航指令（AD）。最终结果是，空客无法满足某些配备Koito座椅的飞机的交付日期。例如，空客不得不推迟新加坡航空公司第11架A-380客机的交付，并表示全球大约2%的空客机队配备了Koito的座椅。此外，波音777-300ER等飞机的交付也受到了影响。其他受影响的航空公司包括：日本航空、加拿大航空、荷兰皇家航空、全日空航空、泰国国际航空和斯堪的纳维亚航空。除了影响到新飞机的生产外，现有飞机的改装和更新也出现了大量延误。

由于受影响的飞机数量更多，包括安装在头等舱、商务舱、高级经济舱和经济舱的Koito座椅，波音受到的影响比空客更严重。因此，波音向Koito派遣了一个供应商开发团队，协助审查和重新部署其质量管理体系。

资料来源：①Wakabayashi, D. Airplane Seat Maker Faked Data on Safety[N]. The Wall Street Journal, B2. 2010. ②Kirby, M. EASA Bit Ruling Out AD after Koito Falsified Seat Test Results[EB/OL]. www.flightglobal.com., 2010. ③Sasaki, M. Plane Seat Maker Faked Safety Tests[EB/OL]. www.asahi.com., 2010.

 思考与练习

一、名词解释

　　1. 供应商管理

　　2. 供应商策略

3. 供应商选择

4. 供应商评估

5. 供应商控制

二、选择题

1. 供应商分析的内容包括(　　)。
   A. 供应商自我评估　　B. 组织报告
   C. 认证　　　　　　　D. 排除标准

2. 供应商控制的相关指标可以包括(　　)。
   A. 成本效益　　　　　B. 未完成交付的比例
   C. 投诉数量　　　　　D. 客户满意度
   E. 缺陷产品比例

3. 在供应商招标阶段的范围内具体选择包括(　　)。
   A. 质量　　　　　　　B. 能力
   C. 效能　　　　　　　D. 价格

4. 为了影响供需关系,可以使用的方法包括(　　)。
   A. 供应商管理　　　　B. 供应商教育和指导
   C. 供应商激励　　　　D. 供应商替代

5. 为了更好地激励供应商,在建立起信任关系的基础上,也要建立起比较得力的、相应的监督控制措施,具体办法可以包括(　　)。
   A. 派常驻代表
   B. 定期或不定期到工厂进行监督检查
   C. 加强检验
   D. 对供应商进行指导

三、简答题

1. 可以从哪五个不同的角度来看待供应商策略?
2. 在供应商控制阶段,组织可采用哪些可靠性和质量指标?

四、论述题

1. 供应商的业绩对组织竞争力的直接影响体现在哪里？
2. 在供应商鉴定、分析和选择过程中，组织分别需要注意的事项有哪些？
3. 组织对供应商绩效的评估过程可以包含的内容有哪些？
4. 关于供应商控制，需要考虑哪些问题？
5. 为了影响供需关系，除了本章提及的方法，你还能想到哪些方法？

第六章

成本管理

 学习目标

- 了解成本管理
- 熟悉成本的构成和成本管理的过程
- 理解生命周期成本
- 掌握盈亏平衡点和供应链降本策略

基本概念

成本管理;固定成本;可变成本;盈亏平衡点;生命周期成本;供应链成本

第一节 了解成本和成本管理

一、什么是成本和成本管理

成本是商品经济的关键构成,任何组织和企业为实现产品生产或服务提供等目的,必须以消耗资源为基础,以期达成经营目标和战略。

成本管理则是企业在经营过程中对资金资源进行管理和控制的过程。

■ 采购运营策略

当企业实施有效的策略来管理费用时，它保证企业有有效的成本控制措施，帮助企业有适当的预算来处理不同的业务活动。

成本管理措施可以在项目或整个企业或部门范围内实施。保持良好的成本管理有助于企业控制费用和支出，并使利润最大化。此外，当管理过程中的每一步都涉及成本管理措施时，资源规划和分配将更加准确。

我们可以从以下四个角度来更全面地理解成本管理：

（1）成本管理是指对企业成本的管理和控制，以确保企业"少花多赚"，获得更多的利润。

（2）成本管理过程的目标不是一味降低成本，而是把成本降低到产品质量不受影响的阶段。

（3）计划、沟通、激励、评估和决策是使成本管理成为重要业务流程的特征。

（4）资源分配、成本估算、成本预算和成本控制是成本管理过程的主要功能。

企业在考虑提高成本控制和管理的效果和作用时，首先要了解自身财务结构。这涉及确定一个组织或企业如何使用其货币和非货币资源。一个企业的股权和债务决定了它的资本结构。在这个过程中，专业人员会评估企业的价值和可能发生的风险，从而更容易据此进行成本管理。因此，利用现有的财务信息编制适当的预算是必要的。更重要的是，企业要按照预算进行有效的成本控制。

1. 固定成本和可变成本

我们先来介绍企业成本中的两种基本构成——固定成本和可变成本。

固定成本是一种随销售的货物或服务数量的增加或减少而保持不变的费用或成本。它们通常与时间有关，如每月支付的工资、利息或租金，通常也被称为日常管理费用。当企业生产更多的产品时，它们对于获得更多的单位利润非常重要。

与固定成本一样，可变成本同样是企业提供的商品或服务总成本的组成部分之一。与不随生产水平波动而变化的固定成本不同,可变成本被认为与产量相关,即它们随着产量的变化而变化。

具体来说,可变成本是指随着企业生产的货物或服务的数量按比例变化的费用。换句话说,它们是根据活动量而变化的成本。成本随活动量的增加而增加,随活动量的减少而减少。常见的可变成本包括:直接材料、直接人工、交易费用、佣金、公用事业费用、计费劳动等。然而,企业必须确保不以牺牲质量为代价降低成本。一些供应商会对生产所用的材料提供一定的折扣优惠。企业可以寻找这样的供应商来节省开支,从而避免在质量上做出妥协。

另外一个非常重要的关注点是,企业是否拥有软件技术体系支持基础设施使成本和费用的管理变得容易且无误。

假设一家公司想推出一种新产品。该公司必须向特许经营权所有者支付相当于销售价15%的特许权使用费。预计新产品的售价为每件200元人民币,利润百分比为售价的25%。该产品的费用明细如表6-1所示。

表6-1 某公司新产品费用明细

项目详细说明	每项价值（单位：元）
部件A	9/件
部件B	7/件
人工工时：0.5小时	150/小时
管理费用	30
其他材料：0.62千克	16/千克（次品率4%）

该产品目标成本的计算如表6-2所示。

表6-2 某公司新产品目标成本计算

项目详细说明	金额（单位：元）	项目详细说明	金额（单位：元）
售价	200	利润	50
专利	30	目标成本	120

经计算可得该产品的实际成本结构如表6-3所示。

表 6-3　某公司新产品的实际成本结构

项目详细说明	金额（单位：元）	项目详细说明	金额（单位：元）
部件 A	9	管理费用	30
部件 B	7	其他材料	10（= 0.62×16）
人工成本	75（= 0.5×150）	总制造费用	131

由于 131-120=11，因此，根据目标成本管理技术，企业只需减少 11 元的制造成本即可实现预期目标。

企业必须意识到，有时确定成本是固定的还是可变的会复杂得多。

例如，有一类成本介于上述两者之间，称为半可变成本（也称为半固定成本或混合成本）。这些费用是由固定成本和可变成本混合构成的。成本在一定的生产或消费水平下是固定的，在超过这个生产水平后就变为可变的。如果没有生产，通常仍然会产生固定成本。计算这些成本的最佳方法是将可变的部分与固定的部分分开。其中可能包括服务和产品的最低付款或费用。为了尽可能准确地进行盈亏平衡分析，如果可能的话，应将任何半可变成本分为固定和可变部分。

2. 直接成本和间接成本

直接成本是一种可以直接与特定商品或服务的生产挂钩的价格。直接成本可以追溯到成本对象，它可以是服务、产品或部门。直接成本和间接成本是企业可能产生的两大类费用或成本。直接成本通常是可变成本，这意味着它们会随着库存等生产水平的变化而波动。然而，有些成本（如间接成本，包括折扣和管理费用）较难分配到特定的产品。

虽然直接成本通常是可变成本，但它们也可以包括固定成本。例如，工厂的租金可以直接与生产设施挂钩。通常情况下，租金会被视为日常开支。然而，企业有时会将固定成本与特定工厂生产的产品挂钩。

生产一种产品所涉及的任何成本，即使只是分配给生产设备的成本的一部分，都被计入直接成本。直接成本包括直接人工、直接材料、生产人员的工资、燃料或电力消耗等。

间接成本是指生产产品所需但与产品本身不直接相关的成本。该类成本是企业为维持运转而产生的固定费用，无论其活动水平如何。这些成本通常被称为间接费用,包括行政、全职人员、财产、工厂和设备和公用事业相关的费用,例如店铺/场地的租金和水电费、办公设备(办公电脑、家具等)、办公用品、行政费用(行政人员及其他行政费用)、管理费用等。

直接成本在确定其成本对象时相当直接和明确。例如,某汽车公司生产汽车和卡车。生产一辆汽车或卡车所需的钢铁和螺栓将被归类为直接成本。然而,伴随的间接成本将是生产工厂的电费。虽然电费可以与设备挂钩,但它不能直接与特定的单元挂钩,因此被归为间接费用。

二、成本管理的重要性

成本管理处理与业务活动相关的费用与支出。例如,从生产商品到将其交付客户,企业必须在原材料和运输过程中支出费用。所有这些成本都增加了企业通过销售制成品产生收入的费用。

为了降低成本,企业可能会选择降低用于生产产品所需材料的质量。然而,它们必须意识到,在产品质量上的妥协只会带来更严重的损失,无论是以销售减少还是以声誉受损的形式。

因此,成本管理是一项至关重要的工作,它不应该影响产品的质量。专业人员应选择控制和降低成本,同时保持商品和服务的质量。影响这一过程的因素有很多,包括:信息科技的发展;国内和全球竞争加剧;服务业和制造业增长;客户关注;研究和开发。

各成本管理负责人规划和设定目标,以确保适当的成本控制。然后,他们将这些信息传达给上级主管部门或企业的相关部门执行。最后,企业根据绩效来评估计划,再做出进一步的决策。这些决策包括改进计划表现和目标设定的纠正措施。

三、成本管理的过程

无论是项目成本管理还是管理整个企业的成本,都有确定实现相同目标的过程。这个过程可以分为如下四个步骤:

第一步：资源分配。这包括识别、分配和调度资源。专业人员列出项目或产品开发的每个阶段所需的资源。

第二步：成本估算。这包括对项目资源的数量、成本和价格的预测。它涉及企业将项目的非财务信息转换为财务信息的各种技术。这些产出主要成为规划和分析整个项目成本的投入。

第三步：成本预算。在此过程中，确定项目/部门甚至企业整体运作的资金需求，并将总体成本分配到成本账户。然后，使成本预算成为成本控制的基础，以便后期进行比较。预算包括从材料和人工成本到行政和软件成本等。

第四步：成本控制。这涉及成本核算的比较和估值。在这一步中，企业分析估计成本和实际成本之间的差异。这些差异有助于在不妨碍企业最终产品质量的情况下产生尽可能少的成本。这需要企业根据项目的进度来监控支出和绩效，并采取相应的纠正措施。

第二节　盈亏平衡点分析

一、了解盈亏平衡点

盈亏平衡点是指总成本和总收益相等的点，这意味着企业没有损失或收益。换句话说，企业在盈亏平衡点达到了生产成本等于产品收入的生产水平。

在供应链中，无论是采购方还是供应商，抑或其他任何成员，都需要知道其生产/销售的投资预期回报，了解何时和如何可以实现这个回报。有些企业可能需要持续经营很长一段时间才能实现盈利。因此，对于企业来说，盈亏平衡分析可以用来分析成本和评估在不同生产和销量下的利润，还可以证明它们在特殊情况下扭亏为盈的能力。

具体而言：

(1) 盈利:收入>总可变成本+总固定成本;

(2) 盈亏平衡点:收入=总可变成本+总固定成本;

(3) 亏损:收入<总可变成本+总固定成本。

二、盈亏平衡点分析示例

为了计算单位盈亏平衡点,我们使用以下公式:

盈亏平衡点(单位)=固定成本÷(每单位销售价格-每单位可变成本)

或者用以下公式计算销售额:

盈亏平衡点(销售额)=固定成本÷利润率

边际收益是一种产品的价格和生产该产品的成本之间的差额,计算公式如下:

边际收益=(单位售价-单位可变成本)÷单位售价

A公司是一家生产和销售饮料的连锁企业。A的固定成本包括财产税、租金和薪酬,合计为10万元。生产一瓶饮料的可变成本是2元。该饮料以每瓶12元的价格出售。

现确定A公司该饮料的盈亏平衡点:

盈亏平衡量=100 000/(12-2)=10 000

因此,考虑到固定成本、可变成本和销售价格,A公司需要销售10 000瓶该饮料才能实现盈亏平衡。

要达到盈亏平衡所需要的销量和销售额的图形表示称为盈亏平衡图或本量利图(如图6-1所示)。

在图6-1中:

(1) X轴代表单位数量,Y轴代表金额。

(2) 平行于X轴的直线表示10万元的固定成本线。

(3) 倾角较大的斜线代表销售收入。例如,销售1万瓶饮料将创造12(=1×12)万元的收入。

(4) 倾角较小的斜线表示总成本(固定成本和可变成本)。例如,如果公司销售0瓶饮料,那么将产生0元的可变成本,但会产生10万元固定成

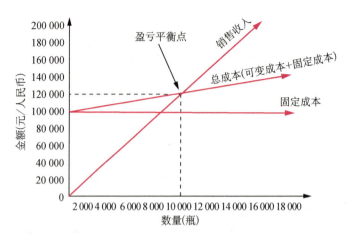

图6-1 盈亏平衡图（本量利图）

本,总成本为10万元。如果公司销售10 000瓶饮料,将产生2(=1×2)万元的可变成本和10万元的固定成本,总成本即为12万元。

(5) 盈亏平衡点是1万单位。此时,销售收入将是12(=1×12)万元,成本将是2(=1×2)万元的可变成本和10万元的固定成本。

(6) 当产品数量超过1万瓶时,公司将从销售的产品中获利。注意:在生产了1万瓶后,销售收入大于总成本。而如果产品销量低于1万瓶,则会出现亏损。0到9 999瓶之间的任何销量即代表着总成本高于销售收入。

如图6-1所示,固定成本和可变成本之和等于总收入的点称为盈亏平衡点。在盈亏平衡点上,企业既不盈利也不亏损。因此,盈亏平衡点通常被称为"无利润点"或"无亏损点"。盈亏平衡分析对企业所有者和管理者决定需要(生产或销售)多少单位(或收入)来支付企业的固定和可变费用是很重要的。

第三节 生命周期成本

生命周期成本(life cycle cost, LCC)是资产所有者汇总该资产在其生命周期内将产生的所有成本的过程。生命周期成本并不是一个特别模糊的概念,以个人消费者为例,当你考虑购买一辆新车时,你不会只考虑购买价格,还会考虑运行成本、零件更换成本、保险等等。

以企业为例,生命周期成本主要包括以下六种成本。

(1) 初始成本:企业进行初始投资的采购价格,或是项目设置的初始成本。在大多数情况下,它还包括安装费用。

(2) 维护成本:大体而言,这包括了企业在业务运作与开展过程中为确保资产继续正常运行而产生的所有成本。根据资产的不同,它可能包括年度检查、维护、专业服务等费用。

(3) 运营成本:运营成本与维护成本相似,但它指的是运营资产本身所产生的费用。这可能包括能源/燃料/水的使用、IT 服务、税金等项目。

(4) 融资成本:如果企业通过融资购买了一项资产,则还需要考虑到在资产的整个生命周期中所支付的所有利息费用。

(5) 折旧成本:考虑资产价值在其使用寿命期限内贬值的程度,以确定资产的总成本,这一点也很重要。

(6) 最终处置成本:考虑产品/设备/设施的最终处置成本,又称拆除成本,这可能包括与搬迁或报废相关的费用。

1. 生命周期成本分析

生命周期成本分析(life cycle cost analysis,LCCA)是一种用于评估拥有一个设施设备或运行一个项目的总成本的方法。生命周期成本分析涵盖了与获得、拥有和处理投资相关的所有成本。

当一个项目有多个备选方案且所有备选方案都满足性能需求,但在初始成本和运行成本方面存在差异时,LCCA 尤其有用。在这种情况下,要对备选方案进行比较,以找到能最大限度节省开支的方案。

例如,LCCA 有助于确定两种方案中哪一种将提高初始成本但会降低运营成本。但是,LCCA 不应用于预算分配的目的。

LCCA 是估算项目备选方案的总体成本的理想方法。它还用于评估方案设计的正确性,以确保在与功能和质量一致的情况下提供总拥有成本较低的方案。

任何企业或组织的 LCCA 应该尽早进行,以便有机会改进设计,确保有能力和时间来降低生命周期总成本。在执行 LCCA 的过程中极具挑战性的一个技术性环节是确定可用替代方案的经济影响,并将其量化后以货币形式表示出来。在采购、操作或处理某项目或产品时,会产生上述提到的各种成本。当其中的某项成本足够大时,即意味着足以对项目或产品的生命周期成本产生重大影响,企业在进行成本管理时需要予以特别关注和控制。

可以肯定的是,LCCA 对于可用选项或方案的经济影响是有用的。这一过程包括评估公司资产随时间推移产生的成本,以及评估影响成本所有权的替代方案。

2. 基础设施的生命周期成本分析

LCCA 也被广泛用于评估不同的基础设施部门,如铁路和城市交通、机场、高速公路,以及港口和工业基础设施。这类项目利用资本支出,亦即在建设或交付基础设施资产时所涉及的初始成本(简单地说,就是所选基础设施的建设成本)。

在这类基础设施建设中的运营成本具体包括:公用事业、人力、保险、设备、健康安全、例行和计划的维修等。

维护成本在基础设施中有时也被称为更换成本,它是根据不同资产的预定更换年限和制造商的偏好在每个周期的相对固定时间点发生的。

在基础设施的处置成本阶段,当这部分成本被计算在内时,可以用来抵消某一特定年度发生的任何额外费用。

第四节 供应链成本

供应链成本是指供应链在全运作流程和周期内的成本。供应链中的制造商通常用总拥有成本来定义供应链成本。另一种方法是计算所有权总成本,即指商品或服务的购买或获得价格的总和。在此基础上,还要加上产品或服务交付之前或之后所产生的额外成本。将所有权总成本分析应用于供应链意味着识别所有直接、间接和其他相关成本。

一、如何计算供应链成本

大多数采购方或制造商的目标是为它们的组织创建最优的供应链。然而,有时它们缺乏达到目标所需的完整信息。在这方面面临的一个常见挑战是缺乏对所有供应链成本的可见性,通常只关注一些最明显的与供应商和运输相关的费用。

这种对供应链功能范围的有限看法没有考虑到企业内部吸收的其他成本,特别是与采购产品和服务有关的成本。鉴于这些内部成本会显著增加供应的总成本,企业应该有正确的方法对其进行识别和量化,以避免基于不准确或不完整的数据做出采购决策。

(1) 计算整个供应链成本的第一步是建立一个正确的合作项目/产品/服务的背景框架并整合所有需要考虑的成本因素,接着尝试去确定相关的内部"问题"并将其转化为交易货币的价值。这些可能影响整体成本的内部"问题"包括:废品率、运输途中的损耗、质量改进问题、操作问题、人工处理上的错误,如不正确的发票、信息录入错误甚至经常性加急发货等。

(2) 评估内部和外部问题的一个方法是借助于"单位总成本"(unit total cost,UTC)。单位总成本定义为单位购买价格经分配给每一种适当的货币因素修正后的价格。UTC 有助于更清楚地了解特定供应来源的实际成本,在选择供应商或与供应商谈判时非常有用。它还为所有利益相关方提供了一个了解其组织成本总体情况的背景。

(3) 下一步是绘制制造工艺流程,识别可能的问题,并量化与这些问题相关的成本。这些成本被分为"硬成本"和"软成本"。硬成本包括发票或直接现金支出,其中可能包括运费或库存。软成本是指那些利用资源但没有直接现金支出的成本,它们衡量的是生产率。

二、供应链成本驱动因素

如今,物联网(Internet of Things,IoT)主导的供应链相当复杂而又相互关联。因此,任何实际操作领域的成本降低会直接导致另一个操作领域的成本增加或变化。对于制造商来说,了解供应链中各个流程之间的相互关系以及在某个单一领域削减成本对价值链其他部分的影响变得非常重要。

以下是一些常见的与供应链成本相关的考虑因素。

1. 投资成本

今天的全球供应链是一个跨行业和跨地域的多站点网络架构,由供应商、制造商、分销商和零售商的相互连接构成。在这种情况下,企业的投资决策非常关键,这有助于制定长期的、富有远见的企业战略,例如:确定何时、为何以及如何投资新设施(仓库、工厂以及所需的资源和设备)。完善的投资决策,加上对投资成本的有效管理,对企业而言大有裨益。

以下是企业在管理投资成本时应考虑的因素:

(1) 对供应链网络的整体看法;

(2) 明智的市场策略和完备的竞争知识;

(3) 实时洞察、精确分析由数据驱动的生产决策,以实现长期目标;

(4) 对可能的"假设"情况进行准确的预测分析,以进行合理的投资。

2. 运输成本

通常,成品和服务的较高运输成本是供应链规划不佳、运输路线效率低下和资源配置无效的结果。因此,对于企业来说,做出正确的决定是很重要的,这些决定可以影响运输成本,如交货提前期、燃料价格波动、运输工具选择和货物监管等。

以下是企业在管理运输成本时应考虑的因素:

(1) 合理设计供应链网络,使供应商、制造商、分销商和客户的位置达到最佳;

(2) 通过调整负载大小或在需要时聘用第三方物流(3PL)公司来调整现有能力的利用率;

（3）规划各种货运路线，同时考虑到现有的运力和约束；

（4）正确选择供应商、分销商、合作制造商、运输伙伴（如承运方）等。

3. 采购成本

为企业的供应链选择最佳供应商可能是一个影响整个供应链成本的战略性决策。那些能够以最低的成本、最短的时间提供最好的材料的供应商是显而易见的优先选择。

以下是企业在管理采购成本时应考虑的因素：

（1）利用企业现有的可靠供应商网络，从已知的合作伙伴中选择；

（2）在比较不同供应商的表现和定价时，使用历史数据和实时洞察来做出决策。

4. 生产成本

生产成本直接影响供应链成本，企业需要确保自己有一个兼具战略性、逻辑性、战术性和操作性的生产计划。一般的生产成本包括各项直接支出和制造费用。直接支出包括直接材料（原材料、辅助材料、备品备件、燃料及动力等）、直接工资（生产人员的工资、补贴）、其他直接支出（如福利费）；制造费用是指工厂或车间为组织和管理生产所发生的各项费用，包括管理人员工资、折旧费、维修费、修理费及其他制造费用（如差旅费等）。这些成本可以在很大程度上决定企业是否能够实现利润。

以下是企业在管理生产成本时应考虑的因素：

（1）能够根据设备或操作过程效率的高低来评估单位生产成本；

（2）在权衡备选方案后，计划在新技术上投入的潜在投资，包括开源方案；

（3）跟踪劳动力的效率，包括加班、停工、成品比例、残次品比例等；

（4）管理延长的机器使用时间及其对增加的设备停机时间、生产前置时间和减少的产能的影响；

（5）返工和冗余流程导致重新采购昂贵的原材料，甚至从头开始重新启动整个制造过程。

5. 库存成本

对于企业来说，库存是帮助其应对供需市场波动和不确定性的一个重要因素。具有讽刺意味的是,虽然库存是保护企业(无论是制造商、供应商还是经销商)免受剧烈市场波动影响的缓冲因素,但它也可能导致高成本。

以下是企业在管理库存成本时应考虑的因素:

(1)用供应链优化软件管理准确的库存水平可以积极影响仓储和库存成本,从而实现有效的资本管理,推动公司的增长;

(2)降低库存成本并不等于完全消除库存,而是通过优化建模来减少多余的库存,并保持适当数量的产品库存。

6. 质量成本

用低质量的部件或原材料制造出高质量的产品是不可能的,这也是生产制造的一个基本前提。质量必须是企业实现优化的首要任务,无论是产品的还是服务的质量,始终应该在整个价值链中以高度一致性的形式处理并交付客户。对于那些采用准时化生产机制的低库存水平的供应链企业,大规模的产品质量故障会造成难以想象的糟糕局面。

以下是企业在管理质量成本时应考虑的因素:

(1)将质量作为主要市场竞争战略的企业能够更好地应对市场波动,以确保其产品成本更低;

(2)一个健全的质量计划可以显著减少返工、报废、重复检验的情形,并提高准时交付的可能性;

(3)有了良好的问题识别和解决的能力,企业可以从优良的质量、大量的节省(时间/资金/人力)和较少的进度落差中受益。

三、供应链降低成本策略

1. 资产利用率——利用现有资产提高生产力

(1)未充分利用的资产(如运输工具、设施或库存)会产生更明显的低效,这意味着较低的投资回报率。

(2)检查资产的使用方式,包括所有权、交货进度、跨班次的劳动力利用率、根据高峰需求调整仓库容量等。

2. 销售和运营计划——专注于流程细节和方式

（1）有助于共享信息，并将人员聚集在一个跨职能部门、结构化的统一计划之中。

（2）可能存在问题包括：太多的缺货频次；过高的过时及滞销商品库存；增加需求计划的变化频次；增加主生产计划的变化频次；预测不准确或缺乏正确的预测方式。

3. 库存管理——一个计划完善的库存管理计划可以精确地指出潜在的成本节约空间

（1）影响库存水平的因素包括：库存系统错误；物料跟踪错误；物料库存过多或过少。

（2）一个完善的库存管理策略需要包括：采购计划、故障分析和灾害管理战略等各种因素。

4. 运输策略——一个有效的运输策略可以为供应链成本节省带来质的变化

（1）从供应链的角度思考运输策略：众包 P2P 运输服务、无人机运输和按需发货集装箱运输服务。

（2）通过避免在运输工具管理和预测设备故障上的风险，可以节省企业在维修和反应性事故管理活动上的费用。

案例分析

快时尚零售商的供应链和成本管理

下面将以三家全球知名快时尚零售商 B 公司、H 公司和 W 公司为例，展示快时尚市场的全球供应网络中不同的供应链和成本管理方法。

B 公司

B 公司是全球快时尚零售商之一，在 100 个国家拥有数千家店铺。

B 公司是基于一种商业模式迅速成长起来的，这种模式包括多家准专卖

采购运营策略

经销店(少部分商店是全资拥有的)、一个全资所有的制造与印染设施和一个与当地中小型制造商的关系网络。这些制造商专业从事针织、剪裁和缝纫工艺。

供应商按分级供应网络进行运作，一级供应商协调二级供应商，二级供应商协调更低一级的供应商。B公司还开发出一种印染针织棉制品的新方法。这意味着一旦通过销售报告获知需求，就可以很快更改产品的色彩平衡。在过去，特许经销商会为将要到来的季节进行订购，其订购量占预计需求的约三分之二，其余三分之一在收到早期反馈时下订单。100多名设计师组成的团队按短期合同工作，每年推出数千种设计式样。这种模式非常成功，并在全球范围内带来了经销店数和单位销售量两方面迅速的增长。全球配送曾经是，现在仍然是由位于南欧地区的先进的配送枢纽来处理。

B公司和W公司都具有基于一定程度纵向一体化的供应链模式，这使它们能够实施更好的控制，因为有些生产制造是在它们自己的工厂中完成的。尽管B公司作为一家南欧地区服装生产商而闻名，但时过境迁，目前B公司已经将其大部分的生产迁至国外，在南欧地区仅保留了不到20%的生产制造。B公司在运营目标方面清晰地定义了与消费者体验相关的要素：

- 质量
- 合适的价格
- 空间上临近
- 投放市场的时间
- 及时交货

为了达到这些目标，B公司着手制定了一个供应链战略，其能够对公司的生产需求做出灵活的、高效率和有效力的响应。

B公司的供应网络基于两种模式：工业化模式和商业化模式，每种模式各占总生产需求的50%。这种方法有时称为双供应链。

工业化模式具有更高的直接控制度和与B公司的纵向一体化水平，主要在东欧、突尼斯和印度进行生产。另外，在南欧和北非地区扩建的生产中心也需要大量投资，这些设施控制了从原材料到产成品的整个生产周期。在这些国家中的未纵向一体化的运作部门负责处理更密集的制造与精加工,这些都被外包出去,但由 B 公司在南欧地区自己的生产工厂直接控制。

直接的公司内部控制是通过控制那些被认为本质上有"战略性"的运作环节来实现的。在自动化和提升质量控制系统方面,已经做了重大投资。O 公司作为 B 公司的全资子公司,提供纺织品、纱线、服装制造、标签以及洗熨过程如染色和精加工(石洗牛仔裤即为其中一例)。剩余的 50% 生产采用商业化模式,即外包给在中国、印度、东南亚和土耳其的制造商。采用这一模式,B 公司寻求将收益最大化,降低全球供应源搜寻的成本,而同时利用自己在当地的人员保持严格控制质量和合规性。

这种双重供应链旨在确保 B 公司供应运作的效率与速度,它使用两种计划方法:序列方法旨在实现成本最小化和效率最大化;集成方法旨在实现对需求变化的响应时间最小化。这一系统并行执行一些关键的活动如 R&D(研发)、产品设计、生产运营和销售(见图 1)。

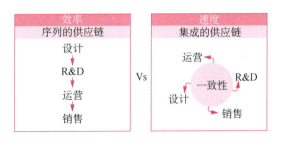

图 1　B 公司行业结构的双供应链

在物流与配送方面,B 公司能够直接控制其直接生产的工业化模式和外包生产的商业化模式。B 公司在南欧地区的配送中心的运作与位于亚洲和拉丁美洲的其他两个配送枢纽进行整合,分享系统的自动化、建模和组织方面的优势,而这些是该配送中心长期以来的运作特色。该 IT 系统协调和优化世界各地的交货,是完全集中控制的,且 B 公司正在继续向结构与过程进行投资(见图 2)。

经由设计师团队对来自各经销店的反馈进行研究,以确定趋势和消费者的需求,并辅之以来自当地区域销售代理的客户需求信息。计划过程旨在"简化收集结构和生产过程(基于从销售网络收到的反馈),优化各种运作阶段以便为销售点提供不断改进的服务"。目标是确保对季节性趋势和消费者需求的变化做出快速反应,以便送达各店的产品是持续更新的。

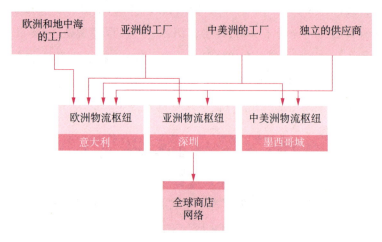

图2 B公司的组织模式-运营

H公司

H公司同样是全球最大的快时尚零售商之一。与B公司不同,H公司在全世界的零售店大多数是全资所有的,只有在进入特殊市场有必要时,特许经营才占很小一部分。特许经营不被看作其长期发展战略的核心部分。

H公司在其整个运营中特别注重可持续性实践,特别是关于供应链运作。质量和对趋势的快速响应也在关于供应目标的企业沟通中发挥重要作用。公司还努力通过下列措施获得可能的最优价格:

• 使用由60多位跨国设计师组成的团队和位于公司总部的110位式样制作人员,将所有设计职能全部保留在公司内部。

• 消除供应链中间环节——使用在每个供应市场中自己的生产办公室和人员,消除中介并协调生产制造。

• 下达大订购量的订单,取得规模经济。

• 使用全球资源,以确保可能的最优价格——"从合适的市场购买合适的产品"。

• 保持在纵向控制的物流和配送运作中的高效率。

- 保持集中于整个组织的成本。

H公司有概念团队,该团队由采购人员、设计师和式样制作人员组成,负责确保H公司保持与客户和最新潮流同步。高时尚商品在大城市中保持较小的生产数量和库存。更为基本的商品则更大批量、更广泛地进行分销。

为了获得可能的最低价格,H公司从欧洲和亚洲的大约740个独立的供应商处进行采购。尽管这些供应商负责采购他们自己所需的原材料,但H公司将其质量和合规性审计延伸至下游为这些供应商供应产品和服务的工厂。H公司的审计还包括关注环境责任、可持续性和化学品管理。

虽然H公司不拥有任何制造设施,但它在商品制造地拥有自己的生产办公室和人员。这些生产办公室负责管理所下达订单的时间安排和实际方面的问题,进行质量测试,确保达到化学品要求,并进行审计。

在该供应系统内,所下订单的前置期会发生变化:从对高时尚趋势商品的几周,到对更基本的大批量产品的5个月。"哪个供应商是合适的?"这一决策不仅是一个成本有效的问题,还有赖于其他因素如运输时间、进口配额和质量等方面。为使风险最小化,采购是在整个一年中持续进行的。

近年来,H公司通过开发采购流程将平均前置期降低了12%~18%。灵活性和更短的前置期降低了购买错误物品的风险,并使各店铺能够对畅销产品进行快速补货。

采购的货物大多数是通过铁路和海上运输(85%),经销店从他们"地理上邻近的"配送中心接收货物。H公司会控制库存,但将运输外包给第三方。所售货物的大部分都是通过位于德国的运输终端运送到当地配送中心。

W公司

快速时尚连锁企业W是另一大全球时尚服装零售商。W公司的一个不寻常的特点是没有正式的市场营销部门且广告支出很低。

为了确保设计师与生产计划人员始终跟上客户对新产品的反应,及时了解正在销售什么式样及呈现出什么趋势,从生产车间到生产与设计部门的直接沟通是至关重要的。经销店中的人员与W公司的生产办公室联系,通报客户想要什么以及特定款式的服装是否正在畅销。经销店工作人员通过计算机查看下一个订单的位置并能够根据当地顾客偏好改变订货数量。

采购运营策略

零售商基本上有两个目标。第一个目标是通过销售量的最大化,使每个经销店的投资回报率最大化。第二个目标是使盈利性和每个产品线的库存回报率最大化。不同地区的人口组成可能有所不同,而这会影响需求。W公司试图确保各店存货达到最优的产品组合,通过保证有效和准确的配送,确保符合当地需求特征,以满足每个地区特定顾客的要求并使每个产品线的库存回报率最大化。

整个W公司的战略是基于缩短前置期和将时间减少到几周,即快速响应(QR)法,这在零售业中相当于制造业中的JIT(准时化)。W公司总部附近的一些工厂通过一条架空单索道与配送中心相连,目的是将完成的服装更快、更有效率地传送到精加工环节。布料剪裁是在其自己的工厂内使用最先进的CAD(计算机辅助设计)机器完成的,然后发送到一个由中小型缝纫车间和分包商组成的大型网络。

实际预测的需求只有三分之一在特定季节之前提前生产出来,其余三分之二要依据季节款式趋势在季节期间生产。生产事实上是基于准时制原理。W公司自己工厂中所用的大量布料都是没有染色的,尽可能在服装生产周期中延迟染色,目的是对具体的当地需求能够做出更加精确的响应。

W公司的一半生产来自本公司自己拥有的工厂,以及一些在葡萄牙和摩洛哥的工厂。另外50%是由独立的制造商生产的,其中30%来自东欧地区的工厂,其余的来自越南、中国、巴西和孟加拉国等。

W公司在美国市场也有数十家门店,对那里进一步扩张的计划相对有限。W公司在远东市场的扩张非常成功,有大约100家店。

快时尚零售商最为关注毛利库存投资回报率(gross margin return on inventory,GMROI)。他们需要达到对存货投资的特定回报率,并且因为这种存货是时尚服装,因此需要快速取得回报(利润)。关键绩效比率GMROI按下式计算:

毛利率(基于销售额减VAT)/零售销售的平均库存价值 × 100%

相对于毛利率,持有的存货或库存越低,GMROI就越高。考虑到零售商存在的主要目的是以一个价格采购货物然后以一个更高的价格销售出去,这是一个很有用的测量指标。这个测量指标向市场表明一个零售商达到这一目标的成功程度。机构投资者和银行在进行投资和融资决策时会关注这一指标。

相对于毛利率,平均存货越低,GMROI 就越高。如果经销店有一个高效和定期的交货系统,则可以致力于降低库存。可是,如果由于所持有存货的式样、颜色或尺寸分类等不当而导致销售额下降,那么库存就会增加。这时就需要使用促销手段(以便鼓励顾客购买更多的流动较慢的产品),而这意味着毛利率的降低,由此带来 GMROI 的降低。

在如此易变的全球市场中,以合适的数量持有合适的商品库存意味着同步化的生产、供应、配送和交货,以提供灵活的、有良好响应性的、高效率的供应链。

因此,只有那些能够创立并有效地管理这样的供应系统的公司,才能在快时尚市场上取得成功。因此,竞争不仅仅是在零售商之间进行,而且是在其全球供应网络之间进行。

随着对一年四季更频繁推出的更小批量创新型产品需求的增长,对具有更先进生产、设计和运营技能的供应商的需求也与日俱增。这正在向该行业的零售商提出挑战,因为这涉及进一步拓宽这一已经颇为复杂的供应结构。

资料来源:Nigel Slack, Alistair Brandon-Jones. Operations and Process Management [M]. Pearson Education Limited, 2018.

问题与分析

1. 解释三家企业(B 公司、H 公司和 W 公司)是如何运用"跨职能工作"来提高供应链响应和订单管理水平的。

2. 在问题 1 的基础上进一步分析三家企业如何实现降低成本,并进而完善成本管理。

■ 采购运营策略

 实践指导

尝试和你的团队成员一起进行如下实践活动:

1. 选择并针对国内某知名品牌服装或鞋类企业,进行市场调研,分析其是否可以参照 W 公司的快速响应(QR)法,在制造和零售环境中使用 JIT(准时制)。

2. 以你们团队所获得的数据来分析所选企业的产品的成本构成、生命周期成本以及采购部门在其中可以扮演的角色。

3. 概述生命周期成本对于服装行业的重要性和意义。

4. 将上述研究结果形成一份商业报告。

 拓展阅读

采购职能在组织成本管理上的角色演变

许多公司雇佣专家以高效、有组织的方式花钱。这些采购专业人员受过培训,有经验,有市场知识,能更好地胜任这方面的工作。在理想情况下,他们的技能会非常受欢迎。

1. 隐藏的宝藏

有很多区域等着你去挖掘。每个组织都想赚更多的钱,或者至少确保其有限的资源得到有效利用。对于商业组织来说,提高盈利能力最直接的方法是提高价格或增加销售,或两者兼而有之。虽然固定成本和可变成本可能也会上升,但利润率可能会增长得更快。

然而,企业意识到另一种更有利可图的方法也同样有效——改进采购操作。通过有效采购来降低可变成本和固定成本,在增加利润方面与提高销售额同样有效。

2. 未被发现的区域

改革采购职能的进展是不均衡的。许多大公司已经对其采购部门进行

了改革,尽管这往往只是表明在真正提高效率之前还有很多工作要做。在中小型企业中,采购仍然缺乏组织性且效率低下。

令人惊讶的是,大多数私营和公共部门的组织根本不知道以下问题的答案:

(1) 自己在第三方供应商那里花了多少钱?
(2) 是谁在花钱?
(3) 这些花掉的钱换来了什么?

这个时候,组织架构完善的企业以及有出色运营能力的管理者会更早地意识到采购职能在其中可以扮演的角色。

如果你想有效管理你的采购/供应管理职能,首先要完成的任务之一就是找出"谁在花钱"。这听起来可能是一个非常简单的问题,但对于大多数组织来说,这是一个非常难回答的问题。

在改善组织的采购和供应管理职能所能带来的各种好处中,最明显的是降低成本。正如我们在本章前面所看到的,通过有效的采购策略减少固定成本和可变成本可以帮助增加利润。此外,通过更有效的采购操作所节省的费用比增加销售收入所带来的直接利益要大得多。

有两个主要方面可以降低采购成本:与供应商相关的支出和交易成本。削减与供应商相关的开支可能意味着通过聚合来确保更低的价格:将一个项目的所有订单(以前可能是在组织的不同部分产生的)放在一起成为一个大订单,并根据数量协商折扣。

或者,也可以简单地找到提供更低价格的供应商。现有供应商可能效率不高,提供的资金价值很低;进行市场调研以确定其他供应商是否能提供更好的交易,这是买方工作的基本部分。

与现有供应商谈判达成更好的协议也是有可能的,特别是如果买方掌握了其他公司提供更优交易条件的信息。将价格和可靠性等其他因素考虑在内,以确保供应商物有所值,这被认为是一种良好的做法。

通过采购来实现节约的另一个主要方法是降低所谓的"交易成本"。这些是采购过程中所涉及的交易成本,不包括采购商品所支付的金额。如何衡量交易成本是可以解释的,但理想情况下应该包括一切成本,包括运行采购部门的成本。因此,采购所涉及的交易成本可以通过将购买操作的总成本除以其处理的交易数量计算出来。

资料来源:Christopher Barrat, Mark Whitehead. Buying for Business Insights in Purchasing and Supply Management[M]. John Wiley & Sons Ltd., 2004.

思考与练习

一、名词解释

1. 成本管理
2. 固定成本
3. 可变成本
4. 盈亏平衡点
5. 生命周期成本
6. 供应链成本

二、选择题

1. 成本管理的主要流程包括(　　)。

   A. 计划　　　　B. 沟通　　　　C. 激励　　　　D. 评估

   E. 决策

2. 预测或者估算成本时,常常使用下列哪些信息源?(　　)

   A. 历史数据

   B. 当前数据及信息(如供应商提供的信息)

   C. 市场研究及环境监控

   D. 供应商数据

3. 生命周期成本包括(　　)。

   A. 初始成本　　　　　　　　B. 营销成本

   C. 销售成本　　　　　　　　D. 运营成本

   E. 融资成本

4. 供应链成本包括( )。

   A. 投资成本　　　　　　　　B. 运输成本

   C. 采购成本　　　　　　　　D. 管理成本

5. 成本或价格信息的历史数据可用于估算现在的成本,需要考虑下列哪些因素的影响?( )

   A. 供应不足或供应过剩

   B. 供应市场结构或竞争格局的变化

   C. 汇率波动

   D. 市场的定价趋势

   E. 价格通胀的一般比率

三、简答题

1. 举例说明什么是:①直接成本;②间接成本。
2. 举例说明什么是:①固定成本;②可变成本。

四、论述题

1. 举例说明电商企业的成本管理的重点是什么。
2. 举例说明企业在分析生命周期成本时的注意事项。
3. 以某行业中的领先企业为例,尝试分析它的供应链降本策略的使用和效果。

第七章

▼

定价与付款

- 了解供应商报价的真实性与合理性
- 熟悉供应商定价策略
- 理解常见定价策略
- 掌握各种付款方式的适用环境和特点

定价策略；供应商报价核算；付款方式

第一节 常见定价策略

定价策略是通过考虑所有可能影响定价的因素来计算商品和服务价格的方法。无论是生产型企业还是服务型企业，都应该有符合自己利益考量和市场定位的定价策略。

目前在大多数行业和企业中比较常见的定价策略有以下七种。

一、价值导向定价

在这种策略中,企业根据目标客户群认为的产品或服务的价值来设定价格。以价值为基础的定价让企业从外部而不是从内部来审视企业自身的定价策略,或从侧面的角度来看待竞争对手的定价策略。基于价值的定价很容易被称为"基于顾客的定价"——因为这就是它的本质。

价值导向的定价使改进产品成为一个持续性的过程。企业需要知道定价不仅仅是给予产品/服务的一种货币符号和数字,它还包括包装和功能多样性的提供和选择,以便随时了解客户的价值,使产品和功能的发展成为一种动态的持续性行为。

价值导向定价策略的优点包括:
(1) 赋予企业推高价格的可能性;
(2) 赋予客户自主的支付意愿;
(3) 促使企业开发和提供更高质量和价值的产品;
(4) 提高企业对客户服务的关注度。

价值导向定价策略的缺点包括:
(1) 耗费较长时间和较多资源去培养和塑造高价值(产品/服务);
(2) 易于造成定价与客户实际感知价值间的落差。

二、成本加成定价

这种定价策略通过评估企业产生的所有可变成本并加上加成百分比来确定价格。

该定价策略以高于生产成本的价格出售产品/服务。企业把提供产品/服务的所有成本加起来,然后在此基础上加上利润率,代表赋予客户的价值。

成本加成定价策略的优点包括:
(1) 无须基于市场调查研究和规划,即可实现定价;

（2）保障成本支出得到有效覆盖。

成本加成定价策略的缺点包括：

（1）客户只关注产品/服务提供的价值而不是企业成本；

（2）过度关注企业自身利益而容易忽视市场接受程度。

三、竞争对手导向定价

该策略是一种利用竞争对手的价格作为基准的定价策略，而不是根据企业成本或客户价值来定价。

竞争导向定价策略的优点包括：

（1）简单、方便、安全；

（2）节省企业在定价上的时间和资源投入。

竞争导向定价策略的缺点包括：

（1）在竞争激烈的市场中，定价容易触底，造成利润风险；

（2）照搬竞争对手定价造成与产品/服务实际价值脱节。

四、撇脂定价

"撇脂定价"指的是企业一开始对产品/服务收取市场可以接受的最高价格，然后随着时间的推移降低价格。该策略背后的逻辑是：企业试图在产品最"新鲜"的时候对所吸引的顶级细分市场进行"撇脂"，从而在产品投放的早期最大化企业利润空间。

使用该策略意味着企业需要密切管理产品投放后的发展轨迹，对产品的热情可能在投放后立即达到最高点。通过优先考虑企业早期的努力去吸引高端市场，可以快速收回开发成本并获得稳定的初始利润。

产品在发布后不太可能立即面临直接竞争。当确实出现竞争时，企业已经在最初一批满意的客户中巩固了声誉和市场份额。在这一基础上，企业可以通过降低价格来打入较低消费水平的市场。

撇脂定价策略的优点包括：

（1）更高的投资回报率；

（2）品牌和产品的排他性；

（3）简单的客户细分。

撇脂定价策略的缺点包括：

（1）可能会激怒对价格敏感的客户；

（2）在饱和市场中，高昂的价格无法吸引任何顾客；

（3）可能造成过多库存。

撇脂定价是合法的，然而它可能会造成一些客户的流失。尽管这是一种常见的定价策略，尤其是在科技型企业中，但经验告诉我们，即使是苹果（Apple）等一些具有较大影响力的知名品牌，也会因为其最新产品的高昂价格而遭到强烈反对。

五、渗透定价

渗透定价是企业试图在竞争激烈的市场中获得立足点的一种策略。这些企业通过提供比竞争对手更低的价格来"渗透"市场——从现有的产品/服务供应商/品牌商那里吸引客户，以获得市场份额。

通过使定价低于当前客户的预期，企业可以在早期提高其产品或服务的知名度，并更快地吸引客户。这种渗透策略不需要通过产品或服务的价值来与成熟品牌竞争，而是帮助企业仅通过价格来获得新客户。

一旦这些企业扩大了客户群，它们就可以利用客户的支付意愿开始提高价格。提价的过程是渗透定价策略中最困难的部分，因为当价格上涨时，客户会因此转而购买其他价格更加低廉的品牌产品/服务。

如果企业正在考虑渗透定价策略，重要的是立即开始建立强大的客户关系，以确保在长期内留住客户。

流媒体娱乐市场是新公司最难进入的领域之一。Netflix 和 Hulu 等知名品牌有很好的品牌认知度和忠实的客户群。所以，当 Disney+ 决定在 2019 年底推出自己的流媒体平台时，它认为渗透定价是最好的选择。

Disney+ 的初始报价是 6.99 美元/月，这在当时已经远远低于流媒体客户的支付意愿。Disney+没有让人们选择使用哪种流媒体服务,而是把自己的价格定得非常低,以吸引新客户在保留 Netflix 服务的同时购买它的服务。如果它在发布时的定价接近 Netflix,它可能会提高从每名用户获得的平均收益(ARPA),但那样做就不可能像 Netflix 那样快速地建立自己的客户群,因此渗透定价的确收到了预期的效果。

使用渗透定价可以帮助企业在竞争激烈的市场中站稳脚跟,但肯定也要付出代价。低估自己企业的产品/服务会给客户一个信号,即你的产品/服务不如任何以更高预期价格进入市场的竞争对手。

渗透定价策略的优点包括:

(1) 更容易与现有竞争企业一起进入新市场;

(2) 快速建立客户群。

渗透定价策略的缺点包括:

(1) 建立客户忠诚度变得困难;

(2) 要求企业尽快提高价格以扩大业务。

在决定是否实施渗透定价策略时,重要的是要了解它何时对你的企业有利、何时会变得不利。快速进入市场可能是非常诱人的,但一旦到了提价的时候,企业需要做更多的工作来维持现有的位置。

渗透定价有时会跟撇脂定价相混淆,但两者有非常明显的区别。

撇脂定价:企业以高于竞争对手的初始价格进入市场,然后随着需求的减少降低价格。

渗透定价:企业以低于竞争对手的初始价格进入市场,然后在其客户群建立后提高价格。

只有那些被认为是创新或奢侈品的产品才会真正采用撇脂定价策略。这种模式建立在"撇脂"的基础上——吸引最顶层的潜在客户(他们有最强的支付意愿),然后由此慢慢向低端市场发展。

六、经济定价

经济定价是一种以数量为基础的定价策略,在这种策略中,企业给商品定价较低,并根据购买产品的客户数量获得收益。它通常用于没有过多营销和广告成本的普通商品,如日常用品、文具类产品等。

经济定价策略的核心类似于成本加成定价策略。企业选择一种生产成本相对较低的产品,给它制定一个能给企业带来少量利润的价格。

由于价格低,经济定价在很大程度上取决于购买数量。唯一能获利的方法就是企业持续不断地吸引大量的客户,这使得客户获取变得非常重要,因为企业无法依靠现有的客户来推动收益的增长。

像开市客和沃尔玛这样的企业将经济定价模式提升到了一个新的水平,通过这种方式销售自有品牌产品,与其他成熟市场品牌相比,这样的自有品牌产品的吸引力主要在于其性价比。

经济定价策略的优点包括:

(1)对更大、更成熟的企业,它容易实现和保持低成本,并使产品或服务对特别感兴趣的"获得交易"的买家/客户具有吸引力;

(2)与其他定价策略相比,这种策略往往有较低的客户获取成本,而且可以更快地获得客户;

(3)能够更快、更低成本地进入市场,找到立足点(代价是定价权的下降)。

经济定价策略的缺点包括:

(1)只适用于非常特定的市场条件,没有市场份额或品牌知名度低的企业无法将运营成本保持在足够低的水平,而对于刚刚发展起步的企业,经济定价会对品牌价值产生负面影响。

(2)依靠微薄的利润空间来保持低价格,并需要稳定的新客户数量来维持收入,而如果产品或服务定价太低,潜在客户就很难把产品的价值与价格联系起来,企业也就很难在未来提高价格或获得扩张性收入。

七、动态定价

动态定价是一种利用可变价格代替固定价格的定价策略。动态定价的核心思想是将同一产品以不同的价格卖给不同的人群。

实际上,零售商利用不断变化的市场可以随时更新价格。从技术上讲,这与"价格歧视"的定义相同。企业制定了以下两种形式的动态定价。

(1)基于群体的动态定价。在这种情况下,企业使用 AI 学习算法或仅仅是统计拼接来为不同的群体提供不同的价格。这个过程可以简单,也可以复杂,根据地理位置、人口统计信息等预测出更高的支付意愿(群体或个人),并向特定群体显示不同的价格。在生活中,尤其是消费者在线上选购产品或服务套餐时,这种现象有时被诟病为"杀熟"。简单来说,随着客户浏览的次数多少和在相关商品/服务的展示界面停留的时间长短,AI 算法能识别出这类"特殊"的潜在消费对象,有针对性地给予动态的价格展示。

(2)基于时间的动态定价。这种动态定价方式的另一种表现形式是价格根据时间上下浮动。在最基本的情况下,在某些月度性、季度性或年度性的末期,由于销售人员为争取配额或业绩,产品/服务的价格会成比例地降低或以促销活动形式出现来吸引更多的客户。

在电商领域,这样的例子数不胜数,在一些传统节假日和电商购物节期间,企业愿意在有限的时间段内用促销或满减的形式诱导消费者进行更多集中性的消费,而在超出这个特殊时间段之外的时间,商品/服务会以不同的甚至更高的定价出现。企业以此来诱发消费市场的紧张情绪和消费激情,利用紧迫性和稀缺性杠杆来产生更多的收入。

第二节 供应商定价策略

一、基于感知的供应商定价

这种定价策略依据给买方带来的实际经济价值或买方的主观感受、感知,是买方认知的价值,因此也被称为"认知定价策略"。

根据美国供应管理协会的采购经理人认证体系(CPM)的观点,这种定价策略具有以下几个特点。

（1）替代物感受。供应商产品的独特性及其难以替代性会导致供应商处于相对的卖方势力市场。类似供应商品牌知名度、技术垄断、声誉、社会形象等都是典型的影响买方市场替代物感受的特征代表。

（2）转换成本。转换成本是指采购方从购买一个供应商的产品转向购买提供同样或相似产品的另一个供应商时所增加的费用支出，如增加新设备、重新设计产品、调整检测工具、对使用者进行再培训等发生的费用。

（3）比较的困难程度。如果没有可以比较的参照物，那么采购方迫于形势和在可供选择余地较小时也会愿意支付更高价格。在垄断和寡头垄断市场，这种现象比比皆是。

（4）优质优价。虽然供应商定价很高，但是因为供应商产品质量的确高于同类产品，采购方企业乐意为高品质产品支付相对更高昂的价格，以期在未来的产品竞争中形成绝对或相对优势。

（5）公平性。它指供应商的报价是否让采购方感觉"公平"。一般来说，采购方可以从市场上的同类产品中找到一个平衡的价格区间，超过或低于都会让采购产生价格不平等或价格歧视的争议。

二、基于竞争的供应商定价

按竞争程度，可以把供应市场划分为四类。

1. 垄断市场

垄断市场是一个由单一企业组成的特殊市场，该企业生产的产品没有接近或类似的替代品。通常，这个市场有很多进入壁垒。例如，水、天然气和电力供应商通常被授予独家服务权利。

垄断市场的特征包括：

（1）垄断企业即利润最大受益者；

（2）垄断企业是价格制定者；

（3）价格歧视：垄断可以改变其产品的价格和质量；

（4）其他企业的进入门槛非常高；

（5）垄断企业控制着整个市场；

(6) 纯粹的垄断由政府监管。

2. 寡头垄断市场

寡头垄断市场由少数生产相似但略有不同产品的相对较大型的企业组成。在寡头垄断下，也存在一些进入壁垒，其他企业必须与之竞争。对应的例子包括石油和天然气、电信、航空和汽车制造商等行业。

寡头垄断的特征包括：

(1) 只有少数企业在这个市场上经营；

(2) 利润最大化是这个市场的特征之一；

(3) 寡头垄断企业自行定价；

(4) 市场进入门槛很高；

(5) 从长远来看，企业会获得非正常利润；

(6) 市场上的产品可能是同质的

(7) 市场上的供应商（企业）数量相对较少。

3. 垄断竞争市场

这是一种不完全竞争市场，一些生产商/供应商出售彼此不同的产品。这些产品的区别在于品牌，在大多数情况下还包括质量。这意味着这些商品彼此之间不是完美的替代品，但它们是接近的替代品。服装就是一个例子，营销和品牌是区分不同但明显相似的长袖衬衫（或其他服装类型）的主要标志。另一个例子是快餐行业，从经济角度来看，麦当劳生产的汉堡包与汉堡王生产的汉堡包非常相似。然而，消费者通常会在这两家连锁店之间做出基于某些因素的偏好性选择。因为这些生产商/供应商提供的产品不完全一样，所以这个市场既有垄断的影子，但因为相互之间有替代性，所以又具备竞争的形态。由此不难发现，许多企业会强调自己产品的不同性和特殊性。这时，采购就需要具备能够辨别产品的不同点或符合组织需求特点的匹配性等一系列问题的能力。

垄断竞争的特征包括：

(1) 市场上有很多生产商和消费者；

(2) 没有一家企业能完全控制市场价格；

(3) 消费者认为竞争对手的产品之间存在非价格性差异；

（4）几乎没有进入和退出市场的障碍；

（5）生产商对价格有一定的控制权；

（6）生产者和消费者均没有完善的信息。

4. 完全竞争市场

完全竞争指的是一个市场有许多买家和卖家，以及许多相似的产品和替代品。一个很好的例子是农业，所有稻农向消费者出售同质产品。

完全竞争的特征包括：

（1）有大量的买家；

（2）有大量的卖家愿意以一定的市场价格提供产品；

（3）没有任何一个卖家或生产商大到足以影响市场价格；

（4）同质产品：在这个市场上销售的产品都是彼此的完美替代品，它们的质量和特征彼此之间没有差异；

（5）完善的信息：每个消费者和生产者都知道市场价格和使用任何产品所产生的效用。

（6）没有市场进入障碍。

第三节　核算供应商报价的真实性与合理性

作为采购人员，要有能力核算供应商成本的"两性"：一是真实性，二是合理性。

如何核算真实性？这需要做成本细分，把成本项目拆分开，逐项审核，甚至做到将成本拆分到工序。

供应商是如何报价的？首先由采购方核定出直接材料、直接人工和制造费用，继而得出可变成本。为什么要如此操作？因为直接材料、直接人工和制造费用每个环节都可以找到量和价。以直接人工价格为例，在当地市场是几乎透明的，也是相对稳定的。即使是面对海外供应商，采购方也可以通过对市场的调研和摸底，对此类信息做到精确估算和统计。

如果供应商对采购方做到成本公开,则核算较容易实现,否则就需要采购方用三个维度去分析供应商报价的合理性,即横向比、纵向比和结构比。

横向比就是货比三家。把多个供应商的报价拿来进行比较。通过比较,价格不一样的原因可能是供应商间的工艺能力、管理水平、生产消耗量、进货渠道、库存量等多重差异性。

那么,供应商报价有没有可能一样呢?答案是肯定的,原因之一就是串标。相同品类产品的价格即使不一样,差距也不应当很大,但如果差距真的很大呢?第一种情况,图纸误读;第二种情况,供应商报价能力弱;第三种情况,恶意报价、盲目报价。

有时候,采购方没有其他可选供应商,或者供应商之间成本结构不一样,这时候就要纵向比了,即自己跟自己比。如果和上一年这时的采购价比,即同比;与上个季度这时的价格比,即环比。

另外还有一种称为结构比,或者叫百分比,依据是前面分析过的各项成本占总成本的比例。总而言之,采购方需要根据不同商业环境和不同供应商做出符合实际情况的报价和定价解读,不拘泥于某种特定比较维度的过度误读,以免损害供应商关系。

第四节 付款方式

一、预付

预付也被称为"预付款"或"现金订单"。这是一种最直接的付款方式,进口商(通常是买方)在发货前预付货款。在跨境贸易中,出口商和进口商可以通过双方同意的任何方式完成付款。常用的支付方式包括电汇、国际支票和借记卡。

这种付款方式显然对出口商有利,因为这意味着其在持有货物的同时收到付款。使用这种方法的典型程序是各方同意在生产开始前支付一定比例的货款。生产完成后,全部或大部分未付清的货款将在装运前支付。然后,他们可以同意在进口商收到货物时支付剩余的任何金额。

预付对进口商来说有很大的风险。这是因为它使出口商处于仍然拥有货物的所有权和占有已经收到货物付款的境地。这也给进口商造成了不利的现金流状况,因为他们必须预先支付所有的价格和现金,这是大多数买家试图避免的局面。

显然,这种付费方式只在极少数情况下可用。这可能包括订单数量非常小的情况,或者出口商在谈判中处于非常有利的地位的情况(例如货物稀缺的情况)。如果出口商不相信进口商的信誉,或者进口商完全信任卖方,也可以选择这种方式。

因此,出口商很少会提供这种付款条件,因为它给买方带来了很大的风险。除非存在上述特殊情况,如果想吸引更多的销售或更大购买量的买家,企业需要更灵活的付款条件。

这种付款方式的适用情况包括:采购方企业属于首次合作的新客户;较小批量、较低金额的采购;采购方企业存在不良的支付记录,如拖延支付;产品/服务属于高风险类别,如生产难度较高的产品;需求不确定性较高的产品或服务;资金投入巨大的产品/服务。

二、信用证(letter of credit,L/C)

信用证是国际贸易中最著名的支付方式之一,也是最安全的支付方式之一。它涉及一个由银行代表进口商进行支付的过程。信用证是银行的一种担保文件,它表示一旦某些条款和条件得到满足,银行将向出口商支付货物货款。这些条款和条件通常包括于信用证本身,主要与检查随货单据有关,而不是货物本身。

进口商在获得信用证之前,必须能使银行对其信誉满意。当银行代表进口商完成付款后,将转向进口商要求偿还。这通常是基于进口商和银行之间达成的条款。

信用证大多适用于进出口双方有一种新的、未经检验的贸易关系的情况。当出口商对进口商的信誉不满意或无法确认这一点时,信用证也是一个很好的选择。信用证使出口商面临的风险较小,因为有可靠的付款保证。

这种付款方式也有它的缺点。首先,它通常被认为是非常昂贵的,因为涉及的银行通常会收取大量费用。费用将根据进口商的信用评级和交易的复杂性而有所不同。此外,该过程可能会相当耗时,并伴随货币汇率波动的风险。银行一般也不检查出口商装运的货物,这意味着货物的质量问题较难被及时发现。

三、跟单托收(documentary collections, D/C)

跟单托收是一种非常平衡的付款方式,使出口商和进口商面临几乎相等的风险敞口。该方法仅在代表双方的银行之间完成。当出口商装运货物并向进口商发送付款所需的文件时,这个过程就开始了,而这些文件中通常包括提单。

进口商也向其银行提交付款,并指示应在确认单据后付款。一旦文件被确认,这些文件将被释放给进口商,使其能够要求这些文件。在这种情况下,跟单托收的工作方式几乎类似于代管(它允许企业在协议完成之前向第三方付款)。

在这个付款条件下主要有两种方式:付款交单(documents against payment, D/P)和承兑交单(documents against acceptance, D/A)。

(1)付款交单(D/P):银行将在看到单据后向出口商付款。在这里,付款不会延迟,一旦单据被出示(并且发现是正常的),付款就必须完成。

(2)承兑交单(D/A):一旦进口商明确承诺在固定日期付款,单据将被送到进口商银行。这意味着付款不是立即收到,而是在双方商定的日期收到。

由于这种支付方式是相对平衡的,它不会使任何一方面临太大的风险。只有在收到付款或明确承诺付款后,卖方才会放弃对货物的所有权和占有。买方只有在看到货物单据时才付款,甚至在实际交货后才付款。这种方法的总体成本也比信用证低,而且可以在更短的时间内建立。

但是,就像信用证一样,两家银行的重点都是单据,而不是货物本身。这就意味着在付款之前很难发现商品的质量问题。在进口商未能付款的情况下,这种付款方式也为出口商提供了很少的追索权。除此之外,跟单托收对进出口双方来说都是一种平衡的付款方式。

四、赊购(open account, O/A)

该付款条件涉及一种贸易协议,即出口商同意在较晚的日期前将货物交付给进口商而不收货款。付款通常在约定的期限内完成,通常是交货后30天、60天或90天。因此,进口商基本上是以赊账方式收到货物的,确定在以后的某一天再付款。

很明显,这种付款方式对进口商有利,因为他们享有不用付款就可以提货的权利。这可以减少他们的运营费用,因为他们可以简单地订购货物,并试图在支付出口商之前完全卖出。这也减少了他们对营运资金的需求,因为他们不必担心在提货前要腾出资金完成付款。

由于这些优势,进口商总是热衷于寻找提供赊购付款条件的出口商。在买方市场(货物多而需求少的市场),你可能会经常看到这种支付方式。出口商如果也想显示对有价值的客户的信任,或者想吸引有价值的客户,可能更愿意提供这种付款方式。

但是,对于出口商来说,赊购的风险也很大。在这类交易中,发生不付款、逾期付款、破产和其他意外事件的风险非常高。此外,出口商基本上必须在没有收到付款的情况下生产和运输货物。这可能会使其营运资金低于所希望的水平。总的来说,这种付款方式有可能把出口商置于一个非常微妙的境地。

由于这些原因,出口商试图通过探索贸易融资选项来保护自己的地位是很常见的。这些基本上是帮助出口商保护自己免受损失的机制,直到他们从进口商收到全额付款。出口商可以探索的热门选项包括出口信用保险和保理业务。

五、寄售（consignment）

另一种主要的付款方式被称为寄售。出口商生产、运输并将货物交付给买方，但只有在货物售出后才收取货款。在国外经常可以看到有分销商或第三方代理商的出口商使用这种付款方式。在正常的买卖关系中，这种情况可能比较少见。

这种付款方式之所以罕见，原因很简单——它给出口商带来了难以置信的风险。出口商承担生产、运输和将货物交付给进口商的所有成本。此外，当货物为进口商所有时，它们通常仍然是出口商的财产。这意味着，如果发生火灾、盗窃、风暴或其他损失，则由出口商承担损失。

出口商还承担进口商不付款或逾期付款的风险。除此之外，还有货物甚至可能不像双方所希望的那样卖得好。因此，出口商不愿意向买方提供这些条件，这是可以理解的。

当出口商和进口商之间关系牢固时，该付款条件最适用。进口商必须信誉良好、值得信赖，货物必须运往政治上和商业上安全的国家。此外，如果不采取适当的保险措施和利用现有的贸易融资选择，就无法实现这一付款条件。

如果出口商能够很好地保护自己，寄售也可以为他们带来好处。对于出口商来说，这可能是一个进入新市场的好机会，降低维持库存的成本（从而允许更低的价格），或者只是让商品能更快地供应（带来竞争优势）。

稀土的价格困境

"稀土大国"却非"稀土强国"

虽然我国的稀土储量、生产量、出口量、消费量均居"世界第一"，并与美国、日本一起被誉为世界稀土产业"三强",但是,稀土资源优势并不等于产业优势和经济优势。我国只是稀土资源大国和生产大国,还不是应用大国,更不是稀土强国。

在稀土资源方面,随着我国20多年来对稀土资源的过度开采,以及世界稀土新矿藏的不断发现,我国的稀土储量占世界总储量的比重不断下降,我国稀土资源大国的优势正在逐渐削弱。在稀土生产方面,尽管我国的稀土分离技术达到世界领先水平,但存在着生产企业多、规模小,产业集中度低,产品结构不尽合理,且资源利用率低、能耗高、污染严重等问题。

在稀土出口方面,产品附加值低,出口创汇值不高,我们还没有掌握稀土产品的定价权。特别是由于无序竞争、低价竞销,造成出口量越来越多,而价格却越来越低。

在稀土应用方面,与美国、日本等发达国家相比,差距很大。日本是一个没有稀土资源的国家,但却是全球最大的稀土消费国之一,占世界稀土应用总量近30%的份额,同时,日本也是目前世界上应用稀土实现附加值最高的国家,用于高新技术领域的稀土占到其总用量的90%以上;美国也是世界上的稀土应用大国,用于高新技术领域的稀土占到其总用量的77%。而我国稀土主要是应用在传统领域中,应用在高新技术领域中还不到50%,特别是在稀土新材料领域,我国几乎没有自主知识产权。

中国稀土的价格困境

经济学认为,当某一方对一种产品的供应量占有一定的比例时,就会形成某种程度的垄断。也就是说,这种垄断可以影响产品的价格。如石油输出国组织在世界石油市场中的份额还不到50%,却在相当大的程度上左右着石油的价格。

然而,稀土却是一个典型的例外。中国拥有稀土储量、产量、消费量和出口量四个世界第一,但是在世界市场却没有相应的话语权。最近15年以来,中国的稀土出口量增长了近十倍,稀土价格却下降了54%。

同时,中国所生产的稀土产品多为低端产品,生产企业的利润只有区区1%~5%。我国的稀土资源虽然占有世界95%的产量,但是在国际市场上却始终没有定价权。拥有丰富资源优势的中国稀土产业面临着巨大的尴尬,一方面，稀土产业创造了资源储量、生产量、销售量和消费量多个第一；另一方面，在绝对的市场优势下，中国稀土却只卖了个"土"价钱，如1990年中国出口的稀土产品平均售价为每吨1.36万美元，到2005年平均售价降至每吨7 322美元。

在世界高科技电子、激光、通信、超导等材料需求呈几何级增长的情况下，中国的稀土价格并没有水涨船高。一些来自稀土企业的代表说，按照目前的价格，利润率最高也就只能达到5%。

中国生产的稀土产品主要是永磁材料、发光材料、储氢材料和抛光粉等中低端产品，国内使用的高端产品则大部分需要进口。中国稀土产品出口，一直以低、中附加值的初级产品为主，初级产品出口量占出口总量的75%，而高纯单一稀土氧化物、高级稀土金属合金等高附加值产品出口仅占出口总量的25%左右。研究表明，在稀土产品的价值链上，稀土精矿、新材料和元器件的价值之比为1：50：500。中国丰富的资源蕴藏量和巨大的冶炼加工能力实际上是在替他人作嫁衣裳。

随着经济的繁荣，一般来说产品的价格都要上涨。作为原料、能源等上游产品的价格，更是呈放大倍数地涨。近三四年来，我们就见证了石油、铁矿石、铜精矿等大宗原料国际市场价格的节节攀升，而我国稀土却垄断了市场，控制不了价格。

为什么我们没有价格话语权？

2007年全球稀土供小于求，这是自2001年以来第一次出现这种情况。全球稀土供给下降10%，而消费却上涨了16%，供需缺口为5 570吨。也正是2007年年底到2008年5月，全国稀土价格却出现了令人不可思议的"大跳水"。仅仅半年时间，几乎所有的稀土原矿和产品都出现价格持续下滑现象。

追究其价格下滑的原因，主要是一些国际大买方在低价时大量购进我国稀土产品，并作为战略物资储备起来，价格上涨时则停止采购使用库存，待再次降价时再行购进，这就逼着国内企业竞相降价出售。另外还有一定的恶性竞争因素。我国出口企业之间的恶性竞争，使宝贵的稀土短线产品钕、铽、镝、铕等低价外销，而铈、镧、钇等大量积压，企业在微利线上挣扎。

再有,国外都是大买方,而我们是100多家企业对外销售。我国稀土资源主要集中在江西、内蒙古等省区,地理分布相对集中,但对外销售却很分散,出口稀土的企业达100多家,多家竞争的结果是竞相压价出口。相对来说,买方力量强,讨价还价的能力强,中国的卖方比较分散,议价能力相对较弱,自然而然,在价格谈判方面,中国向来不占优势,受到国外买方市场挤压。

政策扶持和整顿

从1998年起,国家对稀土产品出口实行配额管理制,每年规定稀土出口配额总量,公布稀土出口企业名单;从2005年5月1日起,国家取消了从20世纪80年代开始实施的对稀土冶炼分离产品的出口退税政策;从2005年5月19日起,将包括稀土原矿在内的产品列入加工贸易禁止类商品目录;从2006年11月1日起,对稀土矿产品、稀土化合物等加征出口暂定关税,税率为10%,并将41种稀土金属、合金、氧化物和盐类等商品列入加工贸易禁止类商品目录;从2007年6月1日起,对稀土金属、氧化铽、氧化镝等产品开征10%的出口关税,对稀土矿产品的出口关税由10%提高到15%;从2006年起,国家全面整顿和规范稀土矿产资源开发秩序,在全国停止发放稀土采矿许可证,提高稀土企业准入门槛,并从源头抓起,对稀土资源实行保护性开采,控制矿产品开采总量;从2007年起,国家对稀土生产由指导性计划改为指令性计划;国家进一步加强了环境监管,环保要求"三同时"和污染物达标排放;国家还编制了《稀土工业中长期发展规划》,制定了《稀土工业产业发展政策》和稀土行业标准等。实践表明,国家对稀土产业的宏观调控政策效应凸显,在有效保护稀土资源、规范市场运作秩序、控制稀土产品出口量和维持稀土产品的高价格等方面,都发挥了积极的作用。国家还将继续加大宏观调控力度,控制宝贵稀土资源的过度开采,避免盲目投资造成的产能过剩、资源浪费和环境污染,促进稀土产业持续快速健康发展。

实现稀土产业可持续发展

生态资源破坏,环境污染严重,是"断子孙路"的行为。对此,稀土业界必须高度重视,只有按照科学发展观和新型工业化的要求,才能够实现可持续发展。

(1)规范矿业秩序,加强资源保护,合理开采,提高稀土资源利用率。国家应从立法上采取强有力的措施,规范矿业秩序,严格执行采矿许可证制度,严禁无证采矿,制止乱采滥挖行为;应运用法律手段、经济手段对稀土资源的开发利用实行国家保护性开采政策,对违法者停止或取消采矿权。要合理规范资源利用总量和开发力度,加强科学研究与管理,提高资源的有效利用率。

(2)加强三废治理,保护环境,实现人与自然的协调发展。有关部门一要采取有效措施,把治理整顿稀土企业环境污染问题落到实处;严格执行《环境保护法》,打击地方保护主义,对那些污染环境严重的企业要限期进行治理,经治理仍达不到环保要求的坚决实施关停并转,淘汰落后生产能力。二要加强技术改造,提高技术装备水平,大力推行清洁生产,实现环境污染的标本兼治。三要高度重视科技进步在环保工作中的作用,研发对环境无污染的采、选、冶新工艺,提高稀土资源利用率,改变目前末端治理的被动局面。

(3)以市场为导向,依靠科技创新加快我国稀土产业经济增长方式的转变。资源有限,创新无限,科技创新对发展我国稀土产业至关重要,是提高我国稀土产业升级、促进产业结构调整的动力源泉。科技创新可以解决稀土深加工产品的开发和应用领域的研究,提高设备工艺装备水平,提高产品的技术附加值,提高资源利用率,解决节约能源和保护环境等方面存在的问题。

资料来源:祝继高.定价权博弈:中国企业的路在何方?[M].中国人民大学出版社,2012.

问题与分析

分析中国稀土的价格困境的根本原因(从内部和外部环境角度展开)。

尝试和你的团队成员一起进行如下实践活动：

1. 针对稀土资源进行市场调研，结合本章中所提到的定价策略，为我国的稀土供给制定一套符合国情的定价机制，并解释其背后的原理和作用。

2. 中国是传统能源消耗大国，和你的团队一起以国内某传统能源（石油、天然气、煤等）企业为例，就如何改善我国在相应国际市场上的价格话语权提出建设性意见，并思考如何塑造可持续的价格话语权。

3. 概述正确且合适的定价机制和方法对于传统能源企业的重要性和意义。

4. 将上述研究结果形成一份商业报告。

什么是采购预算

与其他职能的预算相同，采购预算会影响资源的分配，并且在事实上它正是一种在互相竞争的需求中分配资源的工具，由于这种特性，它常常会造成职能部门预算的失真。主要原因有两方面：

一方面，某些部门为了提高其在企业内的地位，获得更多的资源和人员，常常会夸大其词，将预算不切实际地做放大处理，以期借此掌控更多的人力、财力和物力，显示自己的地位，但同时忘记了供应链网络当中的均衡理论。

另一方面，由于预算考虑的是不确定的未来，每个职能部门的管理者都很清楚那些不在其控制范围之内的外在因素，例如环境的变化、各级客户的需求波动、消费者的偏好变化等，这些因素常常会影响甚至决定预算的成败，而预算与实际运营数据的比较又常常成为管理者比较、评定职能部门或者员工个人业绩的依据。在这种情况下,保守或者悲观的管理者往往会提交一份保守的预算,而不是一份充满挑战又切实可行的预算报告,而最终应该得到人、财、物支持的职能部门反而没能获得与之相匹配的资源。

预算的另一层意义就是一个协调与综合的过程,它要求企业内各部门、各层级的管理者根据自己的专业知识和以往的经验,由上至下,层层累进,共同制定出一个总的预算。如果由于内在竞争或者是保守思维严重而使得预算失真,那么每一个层级的失真相叠加将会使总预算与实际情况严重偏离,从而严重影响资源的合理配置,进而影响企业的经营绩效。

为了确保采购预算能够规划出与企业的供应链目标相一致的最佳实践,并且具有可实现性,就必须寻找一种科学的行为方法来缓解这种不良竞争与悲观的倾向,采购职能部门要求就目标在利益相关者中展开积极的沟通,了解他们的要求和期望,制订合理的需求计划。各级管理者务必把主要精力放在应对供应不确定性情况的出现上,而不是展开"战备竞争"造成的内耗上。另外,因为全球化市场具有波动性,采购预算应该具有一定的灵活性和适应性,以应对意外发生的不可控事件。在预算过程中应该尽量采取合理的预算形式,建立供应市场内供需的趋势分析模型,以减少预算失误带来的损失。

资料来源:曲沛力.采购与供应管理:有效执行五步法[M].机械工业出版社,2016.

 思考与练习

一、名词解释

1. 价值导向定价
2. 成本加成定价
3. 竞争导向定价
4. 撇脂定价
5. 渗透定价

二、选择题

1. 价值导向定价策略的优点包括(　　)。

    A. 赋予企业推高价格的可能

    B. 赋予客户自主的支付意愿

    C. 促使企业开发和提供更高质量和价值的产品

    D. 提高企业对客户服务的关注度

2. 成本加成定价的优点包括(　　)。

    A. 无须基于市场调查研究和规划,即可实现定价

    B. 保障成本支出得到有效覆盖

    C. 简单、方便、安全

    D. 节省企业在定价上的时间和资源投入

3. 撇脂定价的缺点包括(　　)。

    A. 仅适合于中小型规模企业

    B. 可能会激怒对价格敏感的客户

    C. 在饱和市场中,高昂的价格无法吸引任何顾客

    D. 可能造成过多库存

4. "企业以低于竞争对手的初始价格进入市场,然后在其客户群建立后提高价格"指的是(　　)。

    A. 成本加成定价   B. 渗透定价

    C. 经济定价   D. 浮动定价

5. 认知定价策略的特点包括(　　)。

    A. 转换成本   B. 公平性

    C. 优质定价   D. 比较的困难程度

6. 一个行业是由二十家公司组成的。这些公司生产的产品很容易互相补充,没有进入壁垒。这个行业可以被最好地描述为(　　)。

    A. 垄断   B. 寡头垄断

    C. 垄断竞争   D. 完全竞争

三、简答题

1. 在什么情况下采用认知定价策略是适当的？
2. 经济定价策略的核心是什么？
3. 解释基于时间的动态定价。

四、论述题

1. 根据各种不同的定价协议，组织应如何权衡采购者的财务风险及执行风险？
2. 分析可能导致供应商成本与合同中设定的水平有出入的理由。
3. 采购组织核算供应商报价的真实性与合理性时可能遇到的困难和有效解决办法有哪些？
4. 举例说明可以包含在定价安排中的供应商激励条款。
5. 如果采购没能付款或者延迟付款，供应商可以采取哪些法律补救办法？

第八章

关键绩效指标

学习目标

- 了解关键绩效指标的设置要点与特点
- 熟悉 SMART 目标
- 理解标杆管理的方法和应用
- 掌握关键绩效指标(KPI)和服务水平协议(SLA)的应用

基本概念

关键绩效指标;SMART;标杆管理;服务水平协议

第一节 关键绩效指标

一、了解关键绩效指标

关键绩效指标(key performance indicator,KPI)是衡量业务或项目成功与失败的关键组成部分。KPI 使得企业所有者和管理层能够在任何给定的时间获得关于业务(或部门)执行情况的概述。

KPI 根据特定时期内可量化的实际数据衡量业务目标。然而,并不是每个 KPI 都能完全衡量业务的整体表现。较大型的企业或者业务种类繁多、供应商种类复杂的企业可能对每个部门或业务都有多个 KPI 来进行综合考核。

始终要明确的一点是,尽管企业对内或对外(如:销售/市场部门等,供应商/制造商/分销商/加盟商等)有多个 KPI 考核标准,但每个 KPI 的设计和使用都应该将业务或考核对象作为一个整体联系在一起。

关键绩效指标对于不同的企业可能不同。例如,分销商的 KPI 将不同于制造商的 KPI。甚至类似的企业也可能有不同的 KPI,因为不是每个企业都有相同的目标和发展规划。

下面,我们从财务和运营角度来看一下部分常见 KPI。

财务:现金活动,信用额度,应收账款,应付账款,企业工资。

运营:设备利用率,报价跟踪,作业完成状态,进度安排,劳动生产率。

以上这些指标在大多数企业中都存在并被持续跟踪和评估。作为对考核对象评估的参考依据,这些 KPI 的设计绝不是孤立的,每一项指标的使用都应该和其他相关指标结合起来观察并得出结论。另外需要注意的是,并不是每一项指标都可以在阶段性的评估报告中显示出问题和风险,许多量化的指标可能受到外界因素的影响和约束,比如供应商原料价格波动、汇率变化、供应商倒闭或破产、流行性疾病暴发、洪水/地震等不可抗力、政治稳定性等,从而导致出现不同于正常情况的指标表现和数据。

总而言之,在一份针对考核对象的工作或项目简报中,所有关键绩效指标的表现都会被置于放大镜下,根据跟踪观察得到的数据加以分析和对比,梳理出存在的问题和潜在的风险,用以对考核对象加以评估,得出表现出色/合格/不佳的结论,最终通过综合评定给出改善意见和下一步安排。

二、关键绩效指标的设置要点与特点

1. 关键绩效指标的设置要点

当企业开始衡量 KPI 时,最常犯的错误是试图衡量和评估的对象太多。需要明白的是:KPI 不是每天/周/季度/年度的一份关于数字和指标的大杂烩报告；相反，它们使企业能够了解业务的细节表现和健康状况的动态记录，以便企业或部门能够在执行监测的过程中做出及时发现和关键调整，从而实现部门/企业战略目标。

以下要点有助于企业设置正确、合适的 KPI：

（1）每项 KPI 都应该分配给一个具体负责人或团队；

（2）KPI 应该是可跟踪的、可操作的，并提供及时、准确的数据，以便责任方能够解释和使用；

（3）KPI 应该是相互关联的，但不能相互产生负面影响；

（4）每个 KPI 都应该有一个指示最低表现水平的目标或阈值；

（5）KPI 应该不断更新，因为随着时间的推移，它们可能变得不那么相关。

2. 关键绩效指标的优点

关键绩效指标有以下几方面的优点。

（1）有助于快速理解复杂的状态。KPI 对于评估组织中正在进行的许多相互交织的过程和活动非常有用。它们可以帮助节省时间和提高管理效率。

（2）可用于制定目标并度量其实现程度。目标设定是一个重要的管理工具。只有当目标的执行和进展也可以衡量时，目标才有意义。这就是为什么 KPI 是目标设置和进度监控的首选工具：它能帮助定义实现特定目标所需的步骤，并理想地嵌入更广泛的战略考虑中。

（3）提高沟通效率。沟通需要时间，特别是在复杂和不可预测的情况下。但当问题、风险和任何与供应链中的合作方的共同利益相违背的情况出现时，KPI 的存在可以提高沟通效率。换句话说，当团队对如何完成某些任务有共同的理解和愿景时，就 KPI 达成一致可以促进团队合作、士气和产出。

（4）为决策提供了良好的基础。决策过程中最大的问题之一就是偏见。这在管理领域尤其明显。制定得当的 KPI 可以帮助将偏见最小化，并专注于事实和数据。这有助于提高决策质量，并通过管理风险减少不确定性。

3. 关键绩效指标的缺点

关键绩效指标有以下几方面的缺点。

（1）过度简化复杂的问题。使用 KPI 的动机之一是将复杂信息聚合为一个反映实体状态的数字。虽然这降低了复杂性，但也可能导致丢失重要信息。这一点在做决策时非常重要。

（2）存在数据造假的可能。KPI 因为能真实反映监测或评估对象的实际表现与预期标准之间的差距，因此会遇到受利益驱使而造成的数据造假和伪造参数等问题，许多优秀供应商在合作的初期一般都能够拿出最好的表现和产品以赢得客户的青睐，但当面临订单数量的激增以及产品工艺复杂性和成本管理上的压力时，往往会出现以次充好或数据造假等情况。这时，就需要企业具有更为健全的监测体系和风险预防机制来降低此类情况发生的可能性。

（3）可能会被误解。使用 KPI 管理组织、企业或项目团队需要提供被评估方解读 KPI 指标的环境和沟通过程，确保各方对于指标的理解具有共同的、清晰的一致性。如若跳过环节，就会发生误解，这不仅会妨碍决策工作，还会影响 KPI 执行的有效性。

（4）通常不足以理解整个实体。如前所述，单一某项 KPI 的存在不足以全面反映被监测和评估对象的真实情况，往往需要多项 KPI 和长时间的观察和监测才能得出一个相对客观的结论。因此，如果某些 KPI 的设置过于随意或照搬其他企业的实践结果，容易造成实际效果的反差和不一致性。举例来说，对于供应商 A 的绩效考核标准如果照搬到供应商 B 身上，很可能出现与预期的偏差，原因可能是供应商本身的运行模式和流程管理方式完全不同，不能以偏概全地去理解 KPI 在不同评估对象上的作用和效果。

第二节　常见供应商 KPI

采购企业希望通过一系列绩效衡量标准来监督、评估、管理和改进供应商表现。最重要的关键绩效指标是什么？采购经理应根据业务类型、规模和运作来决定要跟踪的 KPI。

以下是一些常见的供应商 KPI 示例。

1. 合规率

该 KPI 有助于评估供应商对业务需求的合规性。整个采购职能建立在己方与供应商之间达成的基本协议之上,该协议涵盖交货时间、(独家)折扣优惠、发生延误或问题时的最长反应时间、支付方式等条款。合规率 KPI 的下降会导致间接采购或不稳定支出的增加。

合规率 KPI 提供了一种对供应商关系的洞察角度,有助于通过与供应商的谈判来节省成本。该 KPI 指标的内容包括供应商存有争议的发票与总发票的比率、支付价格与报价价格之间的差额、不合格品数量与总订购数量的比率等。经过认证的供应商因为对流程和工作方法有着更好的理解,采购企业能通过与其合作显著地提高合规性标准。

对于中等规模的企业来说,50% 的总体合规率是一个合理的采购 KPI 目标。

2. 可用性

此 KPI 主要用来衡量供应商对紧急需求的响应以及供应商可以给予采购企业的可靠性程度。供应商可用性是由供应商端提供的对象(产品/服务)的次数与向供应商下的订单总数之间的比率来衡量的。在互联网信息时代,各种购买渠道之间的界限越来越模糊。零售体验既可以在实体店实现,也可以在移动端等以在线形式得到满足。为了保证货物和服务的不间断供应,对来自不同分销渠道的供应商的管理对于采购企业来说也是不可或缺的。

在理想情况下,90% 以上的供应商可用性是供应链效率和绩效提高的标志。

3. 供应商质量评级

供应商质量评级对于评估供应商绩效管理至关重要。它有助于评估目前和未来的供应商关系。对多次交付不合格产品或服务的供应商,将降低其质量评级或采取纠正措施,直至质量问题得到解决。在确定供应商质量评级时,还需要考虑供应商可用性等其他指标,因为企业无法依赖来自供货能力较低的供应商的库存供应。

对于供应商质量的评级工作需要采购方持续观察和监督才能得以实

现,该KPI的内容包括评估损坏或退货的货物、不良率和供应商可用性,以此为依据来分析未来合作的可能性。

4. 不良率

供应商交付的产品/服务的最终质量可以由采购方使用该KPI进行密切评估。这个指标是用不合格产品的数量与被检查的总数量的比率来衡量的。供应商不良率的衡量指标通常是每百万分之一的不良率。采购方可以衡量供应商不良率,并根据缺陷类型将其分解,以提供关于供应商表现的关键见解。

所订购的产品或服务应始终符合合同或采购订单中规定的质量准则。接收不合格的货物或材料可能会影响企业的库存水平或需要花费时间和资源来调整订单。通过跟踪每个供应商的不良率,企业可以确定哪些供应商持续交付的商品或服务达不到指定的质量标准。

5. 拒绝率和成本

持续跟踪供应商拒绝率和成本对于持续的业务增长具有建设性作用。将供应商拒绝率和供应商成本相关联,有助于分析这两个指标增加的原因,以及在短时间内为损坏的货物寻求替换的可能性。

这两个指标中任何一个的急剧增加都需要采购方立即采取行动。采购方和供应商之间的无缝沟通对于避免瓶颈和协商解决方案以确保健康的供应商关系至关重要。定期跟踪供应商拒绝率和成本指标有助于避免不愉快的损害赔偿或担保索赔诉讼。当企业监视这类KPI时,可以找出问题的原因和在未来避免它们的方法。

6. 交货时间

供应商完成订单所需的总时间称为交货时间。这个绩效衡量标准是从收到采购企业订单的时间开始,到供应商按订单要求准备生产原料并完成生产或加工,再到订单发货之间的时间。

(1)交货时间是指从收到采购订单到订单发货之间的时间。

(2)按订单要求交付生产模型/样品或批量产品是执行该绩效标准的最终结果。

(3)供应商交货时间用来衡量从流程启动和流程完成(执行)之间的时

间跨度。

（4）交货期不能与周期时间混淆，因为它们指的是不同的时间框架。

交货时间可以定义为从下订单的时间点，或从其工作流中出现新任务的时间点，到订单发货的时间点，或到任务完成并退出工作流的时间点。周期时间包含在交货期内，表示为完成订单实际生产某件产品所需的时间。换言之，交货时间总是比周期时间长。

采购方必须为预期交货时间设定目标，并监督供应商是否遵守这些时间。供应商若反复多次未能满足预定交货时间要求，则需要采取纠正措施直至可以满足采购方的时间要求。在质量不打折扣的情况下，缩短交货时间是供应商绩效考核的重要标准之一。

关于交货时间的计算：

交货时间的计算公式如下：

$$Lt = Od - Or$$

式中：

Lt 表示交货时间（lead time）；

Od 表示订单交货日期（order delivered date）；

Or 表示订单接收日期（order received date）。

例如，假设一个客户在 2022 年 10 月 1 日下了订单，然后在 2022 年 10 月 31 日收到订单。确定交货期的计算方法如下：

$$Lt = 2022.10.31 - 2022.10.01$$

或

$$Lt = 0 \text{ 年 } 0 \text{ 个月 } 30 \text{ 天}$$

正如计算得到的，企业只需要知道收到订单的时间/日期和客户收到订单的时间/日期就可以计算交货时间，时间跨度是从订货到发货的时间。

关于周期时间的计算：

计算周期时间需要知道企业的生产时间以及在这段时间内生产了多少产品。它是用总生产时间除以生产的数量来计算的：

$$Ct = Pt/Pu$$

式中：

Ct 表示周期时间（cycle time）；

Pt 表示净生产时间（net production time）；

Pu 表示净生产时间内生产的单位（units produced during net production time）。

例如，如果一家工厂可以在 180 分钟内生产 1 800 个零件，那么周期时间的计算将是这样的：

$$Ct = 180/1\ 800$$

或

$$Ct = 0.1\ 分钟/个$$

正如计算得到的，周期时间取决于企业关注的时间增量（在本例中是分钟）。减少周期时间是保持运营稳定和可操控的方法之一，也是提高客户满意度的关键策略。

7. 订单准确性

订单准确性 KPI = 100% 准确率交付的订单数量/订单总数。它是衡量供应商订单交付出错频率的一种方法。简而言之，如果订单包含不正确的交付对象或不正确的交付数量，采购方的业务流程可能会严重延迟。订单准确性的持续缺乏可能导致与供应商的纠纷，从而导致供应的进一步复杂化。衡量每个供应商的订单准确性将帮助企业识别出那些订单交付出错频率较高的供应商，为企业更换供应商、缩小合作/供应规模或完全停止合作提供参考。

第三节　SMART 目标

一、什么是 SMART 目标

SMART 是设定目标的最佳实践框架。一份 SMART 的目标应该是明确的、可衡量的、可实现的、相关的和有时间约束的。框架中的各个元素共同创建出一个经过仔细规划、可执行和可跟踪的目标。

SMART 目标在 1981 年由 George T. Doran 在《管理评论》中首次提出。在他的一篇题为《用一种 S.M.A.R.T. 方法写出管理愿景和目标》的文章中,他描述了商业目标如何通过可衡量和可实现来对组织产生有意义的影响。

这一首字母缩写通常用于绩效评估,目的是帮助负责制定目标的经理或其他员工明确实现目标所需的具体条件。虽然 SMART 目标只用于专业场合,但它也可以用于个人。例如,小企业中的个人可以在一个真实的、可实现的框架内设定一个目标,以获得更好、更有效的沟通方法。

二、SMART 目标的具体定义

SMART 中的五个字母的含义随着时间的推移而不断调整,并随着使用它的个人或企业的不同而继续变化。现在,SMART 的含义是:

(1) 明确的(Specific):指的是对所期望的目标尽可能具体。一般来说,目标越窄越具体,实现它的步骤就越清晰。

(2) 可衡量的(Measurable):指的是确保有可追踪的证据和技术支持来监测项目/生产或其他活动的进展。

(3) 可达到的(Attainable):指的是确保设定的目标是现实的,有可能在设定的时间范围内完成或维持。

(4) 相关的(Relevant):指的是确保目标本身与价值观和长期目标一致。

(5) 有时间约束的(Time-bound):指的是确保目标是在一个适当的时间框架内设定的。

三、实施 SMART 目标的好处

SMART 目标为个人和企业的成功提供了大量的机会,可以帮助实现短期和长期的目标。

以下是将SMART融入企业目标管理理念后可以实现的好处。

（1）重点和方向。SMART目标将更广泛的目标分解为明确的和可操作的目标，从而提供方向感和对预期结果的关注。

（2）优点和缺点的评估。在设定目标时，企业可以建立基准，评估其在实现目标时的优势和劣势。

（3）成功的动机。一旦设定了目标，企业或者个人都会想要努力工作来实现目标。例如，一家想要增加销售额的公司可以通过设立一个员工激励计划，推动员工达成特定的销售目标。

（4）采取行动。SMART目标须是可以实现的，但也具有挑战性。SMART目标的挑战性会自动促使人们走出舒适区，更迅速地行动起来。

（5）更快的结果。当遵循SMART目标时，企业在不相关的任务上消耗或浪费的时间会更少，从而有更多的时间和资源投入，得到所期望的交付成果。

（6）识别潜在的问题。SMART是一种绩效增强工具，借助它可以识别需要改进的领域。例如，使用这个框架的供应商可以确定他们为交付产品所设计的时间表是否现实或可行。

（7）满足感。采购企业或供应商在实施SMART目标方法并在持续监控生产或项目的进展时提供了一种满足感，它可能是阶段性的里程碑意义上的成果，也可以是渐进的成果累积直至最高目标的终极实现，这个过程会赋予企业更强大的动能去实现预期目标。

第四节　标杆管理

一、了解标杆管理

在当今快节奏的商业环境中，企业不断地寻找不同的策略来改善业务运营。无论所属的行业类别为何，各个行业中的企业都在尽可能使用最有效的流程的同时寻求利润最大化。为了实现这一点,越来越多的企业正在尝试使用标杆管理帮助实现目标并获得成功。

具体来说,在对标的过程中,将自己与其他类似的组织特别是行业领导者进行比较,以确定潜在的绩效差距,施以纠正措施和改进流程。标杆管理的一个关键着眼点是如何定义"成功"。企业是否根据执行某些业务流程的方式来定义"成功",还是将其与产品或服务的质量相挂钩?

二、常见标杆管理类型

在一般意义上而言,标杆管理有四种常见类型。在帮助企业实现目标方面,有些方法可能比其他方法更有效,这取决于企业所处的行业及其特点。假设你是一家提供医疗保险和员工福利的企业的经理或高管。在这种情况下,将你的公司与其他提供类似福利类型的公司的具体服务(如:退休计划、健康计划、人力资源外包等)进行比较,企业就会受益最多。以下是标杆管理的四种主要类型。

1. 通用性标杆管理

通用性标杆管理广泛地对过程和方法进行跨行业和跨职能的比较。例如,快递企业将其核心业务流程与某知名三甲医院的核心业务流程进行对比。虽然它们来自不同行业,核心业务也完全不同,但通用性标杆管理可以让企业了解到彼此在业务流程管理上的差距。通用性标杆管理的优点是能够将你所在的企业与全国甚至全世界最好的——即采用最佳解决方案和实践的——组织或企业进行对标。借助这一对标,企业可以取得很好的学习效果,但也需要付出很大的努力。

2. 职能性标杆管理

这种类型的标杆管理包括利用职能的相似性来进行跨行业对标。职能性标杆管理也可以提供关于行业趋势的信息。例如,连锁品牌酒店可以对标某国际知名航空公司来改善其内部的客户服务质量和标准,以期接近或达到世界级领先企业的管理和服务模式。

职能性标杆管理是比较相同业务职能(如物流)中的流程和方法。通常，行业外的企业因为与自身企业之间不存在竞争，这提供了很好的获取信息方面的优势，在某些情况下也可以公开交换信息。同时，由于外部观察视角的存在，可能产生较高效的知识转移。通常，当一个企业可以在某个领域取得卓越的成效时，就会使用这种类型的标杆管理。

3. 内部标杆管理

内部标杆管理是指将企业内部的一个业务流程与另一个业务流程进行比较。进行内部标杆管理是最具成本效益和最简单的标杆管理方式之一，必要的相关内部数据通常是较容易得到的。通过实施该方法，整个企业可以共同成长。然而，由于缺乏外部影响和标准，内部对标在创新和改进方面的作用相比其他标杆管理方式较低。

4. 竞争性标杆管理

竞争性标杆管理关注的是行业其他相关的市场参与者。一方面，通过这种方式可以确定自己在市场中的定位；另一方面，从对竞争对手的优势和劣势的分析和判断中可以获得特别有价值的知识和见解。借助这种直接竞争的比较，企业可以更好地了解自己的弱点，并找到优化绩效的解决方案。此外，在竞争对手那里观察到的解决方案或方法前期已经在实践中得到了证明，这意味着企业可以直接用来学习和实施。由于观察视角的高度统一和与行业相关性上的天然优势，企业可以通过对标实现高水平的知识转移。然而，从竞争对手那里获取信息和数据要比从行业外的公司获取信息困难得多。

三、其他标杆管理类型

1. 外部标杆管理

外部标杆管理可以理解为内部标杆管理的延伸。与后者不同，前者使用一个或多个不隶属于同组织的外部企业进行对标。在这种外部观察视角中，因为企业类型不同，所属行业也可能不完全相同，在不断的实践过程中，该方式已经逐渐融入竞争性标杆管理等其他类型的标杆管理范畴之中。

2. 战略性标杆管理

顾名思义,这种类型的标杆管理与企业的业务战略以及这些战略如何帮助企业在既定领域获得优势有关。不管企业所处的行业是什么,许多已经被验证过的富有成效的企业战略可以被局部或全部复制过来以帮助企业变得更有竞争力。

3. 绩效标杆管理

这是一种难度相对较高的标杆管理类型,因为企业需要了解相关的关键绩效指标(例如:交货时间、合规率、产品不良率)和执行它的流程。作为绩效标杆管理过程的一部分,企业可能需要设置一个长期的变更计划,在知识和信息的补充和更迭过程中,持续性地加以调整和定制化。

四、标杆管理的实施流程

为更好地采用针对性的标杆管理方式,带来更好的实践效果和绩效管理,企业可以遵循以下步骤:

(1) 确定焦点:必须确定研究项目的议程,例如想要比较的绩效指标类型,以及将被包括在标杆管理中的企业。

(2) 计划和研究:收集任何所需的资源和信息。要想有效地做到这一点,就要进行完善和多角度的调查,找到易于访问的数据库并征求其他企业的同意,也可以借助优质市场咨询类企业的合作。其他可行的方法还包括与跟对标企业合作过的或正在合作的供应商进行沟通和交流。

(3) 整理数据:整理项目所需的数据和信息,有目的地进行筛选、归类和建模处理。

(4) 分析和建议:在整理数据之后,使用统计方法来检查和创建项目。基于此,企业可以发现业务需要改进的地方,并采纳建议。

(5) 实施:在认识到需要改进的地方并采纳了建议之后,待仔细审查后开始实施可行的建议。

在现实商业环境中,可以被采用的标杆管理方式有很多,企业在选择和采用合适的标杆管理类型之前,先要明确企业的业务或项目的当前状态,在实施过程中通过对标识别差距,在此之后分析并找到解决和改善的最佳实践道路。

第五节　服务水平协议

一、了解服务水平协议

服务水平协议(service-level agreement,SLA)定义了客户(如采购方企业)期望从供应商那里获得的服务水平,列出了衡量服务的标准,以及没有达到协定的服务水平时应该采取的补救措施或惩罚措施。通常,SLA存在于企业和外部供应商之间,但也可能存在于企业内部的部门之间。

例如,电信公司的SLA可能承诺99.999%的网络可用性(这相当于每年约有5分25秒的停机时间,虽然看似时间很短,但对一些企业来说仍然太长了),并允许客户在没有实现这一目标的情况下减少一定百分比的付费,通常是根据违约的严重程度递减。

大多数供应商都有各自的标准SLA(有时存在多种协议),反映不同服务级别下的不同价格。

SLA不仅应该包括对所提供的服务及其预期服务水平的描述,还应该包括衡量服务的标准、各方的职责和责任、对违约的补救措施或惩罚措施,以及针对添加和删除标准的协议。

在设计SLA指标时,任何一方的不良行为都不能得到奖励。例如,如果由于客户没有及时提供信息而违反了服务水平,供应商不应受到处罚。

二、服务水平协议的主要构成

SLA主要包括两块内容:服务和管理。

1. 服务

服务要素包括所提供服务的细节、服务可用性条件、每个服务级别的时间窗口(例如:黄金时段和非黄金时段可能具有不同的服务级别)等标准、各方的责任、升级程序以及成本/服务上的权衡。

2. 管理

管理要素应该包括衡量标准和方法的定义、报告机制、内容、争端解决过程、保护客户免受因违反服务水平而引起的第三方诉讼的赔偿条款(应该已包含在合同中),以及根据需要更新协议的机制。

很重要的一点是:服务需求和供应商能力会发生变化,因此必须确保SLA总是最新的和即时的。

三、服务水平协议的指标类型

企业所需的 SLA 指标类型将取决于所提供的服务类别和内容。SLA 中可以包含许多项目内容,但是整体方案应该尽可能简单,以避免混淆和成本过高。在选择具体指标时,首先要确定哪些是最重要的。监测(和相关补救)方案越复杂,就越难奏效,因为没有足够时间正确地分析数据。当存有疑问时,通过自动化系统收集监测数据和分析指标比人工检索收集和分析高效得多,也可靠得多。

根据服务的不同,参与监测的指标类型可能包括以下几种。

(1) 服务可用性:服务的可用性可以通过时间段来划分和衡量,例如,在上午 8 点到下午 6 点之间需要到达 99.5% 的可用性,而在其他时间指定的可用性略有降低。然而,在诸如供应商门户网站或集中式采购电子平台的日常运营中,相关的 SLA 在任何时间都是非常积极的;对于几乎全天候正常运行的这类平台而言,高服务可用性是一种基本且很常见的要求。

(2) 不良率:主要指可交付结果中错误的计数或百分比。生产失败,如不完整的备份和恢复,编码错误及返工,以及错过截止日期都可能包括在这一类之中。

(3) 技术质量:在外包应用程序开发中,通过商业分析工具来测量技术质量,这些分析工具检查诸如程序大小和编码缺陷等因素。

(4) 安全:在当下普遍注重网络安全和隐私保护的互联网信息时代,应用程序和网络安全漏洞的存在可能代价非常高昂。在遇到具体突发事件时,衡量反病毒更新和补丁等可控安全措施是证明企业已采取所有合理预防措施的关键。

(5) 业务结果:采购企业越来越希望将业务流程指标合并到 SLA 中。只要可以计算出供应商对这些 KPI 的贡献,使用现有的 KPI 通常是最好的方法。

四、选择服务水平协议指标类型的注意事项

SLA 中的任何指标的选择和采用,其目标都应该是最佳实践和客户要求的公平结合,以保持服务绩效并避免额外的成本。

1. 选择可以激励正确行为的衡量标准

任何指标选用的首要目的都是为了客户和服务提供者的利益而对适当的行为进行激励。合作关系中的每一方都会尝试优化其操作,以满足由指标定义的绩效目标。首先,专注于想要激励的行为;然后,从对方的角度出发来测试指标的设计。

2. 确保指标反映了服务供应商控制范围内的因素

为了激励正确的行为,SLA 指标应该反映服务供应商所控制范围内的因素。一个典型的错误是由于采购方在客户端因自身原因而导致延迟时却去惩罚服务供应商。例如,如果客户端为应用程序代码提供规格更改的请求时间比原定时间晚了几周,那么要求服务供应商遵守预先指定的交付日期是不公平的。

3. 设定一个适当的基准

正确地定义 SLA 指标仅完成了前半部分工作,为确保指标能够发挥作用,必须将指标设定至尽可能合理而且是可实现的绩效水平。除非有可靠的历史测量数据,否则要准备在未来的某一天通过 SLA 中指定的预定义过程重新访问和重新调整设置。

4. 基于满足双方需求的定义和调整

服务供应商可以通过调整 SLA 的定义以确保满足它们。例如,事件响应时间(incident response time)指标应该确保供应商在最短的时间内处理事件。但是,有些供应商可以通过向事件报告做出自动回复,在 100% 的时间内满足 SLA 要求。前提是采购企业作为客户已经和服务供应商通过协商清楚地定义了 SLA,以便它们既能代表服务级别要求,又能满足客户需求。

案例分析

应对疫情期间供应链管理问题的七个 KPI

2020 年 3 月中旬之后,随着新冠疫情在美国的全面传播和蔓延,似乎每天都有福特、3M 和通用电气医疗保健等公司合作扩大所需医疗设备的生产的消息,酒厂将业务转变为生产洗手液,自动化供应商以各种方式提供帮助——从免费提供其技术,到将自己的制造业务转变为生产抗击疫情的用品。

然而,在缺乏针对这些努力的全国性协调战略的情况下,越来越多的供应链问题暴露了出来。《哈佛商业评论》(Harvard Business Review)2020 年的一篇题为《把制造业带回美国说起来容易做起来难》的文章分析了其背后的原因,其中最值得注意的是现代供应网络的结构方式以及应用于制造商的相应操作指标。这导致制造商被转变为"只专注于一个领域的专家和分包商——即使这些专家不得不依赖许多其他领域"。即使是像节能台灯这样简单的东西,也有高科技工厂制造的复杂部件,比如 LED 灯。智能手机、医疗设备和精密仪器等设备包含的组件的设计和制造需要高度的专业化。现代微电路的设计和制造涉及复杂的工具,使用它们的人需要大量的培训和经验才能成功地操作它们。

"这些复杂的相互依赖性的后果是供应链的深度分层,制造商依赖于他们的第一级供应商,而第一级供应商又依赖于第二级供应商,第二级供应商又依赖于第三级供应商,以此类推。进入第三、第四和更远的层级是一项挑战,这使得替换链上的任何人都非常困难,更不用说整个链了。"

Louis Columbus 是 Dassault Systèmes 旗下 IQMS 公司的负责人,他表示,在应对新冠疫情方面,跟踪和溯源软件正变得越来越重要,因为制造商现在"有强烈的紧迫感,要在多层供应链上建立透明度,管理关键零部件清单,确定供应来源,并确定替代来源"。他补充表示,这不仅发生在医疗产品和制药等行业,也发生在食品和饮料行业。

为了有效地将跟踪和可追溯技术应用于供应链分析和管理,以及跟踪整个制造过程中的产品质量,有七个关键绩效指标(KPI)是需要重点关注的。

1. 纠正措施/预防措施

也称为纠正措施要求,用于消除在检查中经常发现的产品中的异常和不符合项。比如,供应商应该使用他们的 ERP(企业资源计划)系统主动提供生产运行的纠正措施相关级别的数据,从而为客户提供一个长期的关于产品质量的准确视图。

2. 工程变更订单跟踪

该指标(也称为工程变更通知)跟踪对生产路径、材料清单、生产工作流和合同制造商中心内的变更请求的更改。这一指标可以通过 MES(制造执行系统)和 ERP 软件的组合进行跟踪,因为它使合同制造商能够向客户提供他们的产品管理和协调的情况。

3. 完美订单表现

该指标可以直接衡量合同制造商与其品牌制造客户之间的工作流程的同步和集成程度。例如,ERP 系统中订单获取、订单管理、生产和执行的每一步都用来定义这个指标,它通常由一个指标值表示。

4. 退货授权

退货授权是对产品质量和产品是否符合客户要求的规格和要求的一种直接衡量指标。它们被触发的原因也是各种各样的,因此供应商需要每月进行帕累托分析,分析前 20% 的因素,这些因素造成了 80% 的退货。这样的指标可以使故障排除更有效,从而有可能针对问题找到永久性的解决方案。

反过来,这将帮助供应商获得更高的成本和运营效率,同时使品牌客户的满意度和忠诚度最大化。

5. 生产周期时间(合计)

该指标由实时监控和 MES 软件的组合产生,量化了从接到订单到产品生产并进入成品库存所花费的时间。周期时间因制造部门、工厂运营规模、全球位置和支持运营的供应链的相对稳定性而异。通过实时集成来了解流程瓶颈,并重新设计工厂系统,使其更加以客户为中心,可以显著改善生产周期。

6. 生产成品率

成品率反映了机器或工艺将原材料转化为成品的效率。作为衡量生产收益率的关键指标之一,它反映了整个代工操作的协调程度。制造商需要持续监控成品率,以确定他们的计划和目标进展如何。实时集成、更好的供应链质量和合规,以及改进的质量监控系统都会对产量产生积极影响。

7. 供应商质量水平

供应商需要衡量零部件和原材料供应商在满足高质量和准时交货方面的有效性。这是通过使用抽样统计和越来越多的先进材料的化学分析来实现的。每批货物的质量水平可能存在不同,因此供应商应该制作统计过程控制图,以量化的形式显示质量水平随时间的变化趋势。

资料来源:David Greenfield. 7 KPIs to Fix COVID-19 Supply Chain Problems[EB/OL]. https://www.automationworld.com/,2020.

问题与分析

1. 从案例中提到的 7 种供应链绩效指标中选择任意三点,并针对某一特定行业就其适用性进行分析。

2. 收集在问题 1 中所选择行业中一家行业领先企业的相关信息,根据其上下游供应链情况,运用在本章中学习过的知识和理论,制定一份可以帮助该企业改进供应链绩效的 KPI。

实践指导

尝试和你的团队成员一起进行如下实践活动：

1. 针对国内某知名白色家电厂商进行市场调研，结合在本章中所学到的绩效管理方法，为其设计一套能保障供应商权益且符合自身利益的供应商 KPI 体系，并解释其背后的原理和作用。

2. 在任务 1 的基础上，从服务水平协议的角度，为该白色家电厂商制定一份合适的 SLA。

3. 概述 KPI 和 SLA 对于家电企业的重要性和意义。

4. 将上述研究结果形成一份商业报告。

绩效管理为企业增加价值

增值（added value）表面的含义就是在原有的基础上实现财务的收益或者节约的增加值。但是，它并非仅仅是价格的或者表面成本的变动。早在 1985 年，迈克尔·波特（Michael Porter）在他的经典模型中就阐述了如今大家耳熟能详的价值链（value chain）原理。该模型显示了企业运营流程的基本活动与支持活动创造了产品的功能以及增加了产品价值时，利润是如何被创造的。利润作为一个结果，它是对基本活动和支持活动管理程度的反应。从绩效的角度看待价值链，可以将它定义为：价值链管理是创造并保持最佳绩效的有力工具。

运营当中每一个功能和活动都是企业管理的一部分，可以引起营业毛利的增加或减少。因此，企业管理团队的成员都有责任和义务实现企业利润。在价值链模型中，采购作为一个重要的支持活动，可以影响基本活动中各功能的增值，为主要增值过程提供服务并直接影响企业利润。

通过采购与供应绩效的改善获得的增值,需要量化地设定测量要求,获得测量数据,报告测量结果,并不断地修正测量的方法,这有助于采购职能提升它在组织中的战略地位。按照企业与采购职能部门的发展阶段,绩效测量的侧重点也有所不同:

(1)若一个组织处于发展的早期,最佳的绩效测量将取决于采购职能部门在组织发展中的地位及其供应商基础。

(2)若组织已经较发达,但是采购职能部门处于成立初期,绩效测量的重点是降低成本、合理化供应商基础和明确客户服务水平。

(3)当采购职能部门伴随企业的发展日趋成熟后,绩效测量的方法可以从较低层级的战术关注点,向采购组织与关键供应商之间的战略关系管理转移。

为了达成这个目标,采购绩效测量方法必须能够清晰明确地反映组织的目标。若测量指标不能与组织的广义目标相一致,那么采购职能部门所开发的测量方法是不会有任何价值的。

资料来源:曲沛力.采购与供应管理:有效执行五步法[M].机械工业出版社,2016.

思考与练习

一、名词解释

1. 供应商绩效管理
2. 关键绩效指标
3. 定性指标
4. 定量指标
5. 对标

二、选择题

1. 对采购组织使用 KPI 的优点包括(　　)。

　　A. 提高及改进关于绩效事宜的沟通

　　B. 激励实现或改善特定绩效水平

C. 可以进行直接的年度绩效比较，找出改善或恶化趋势

D. 聚焦关键结果区域(关键成功因素)

2. 对供应商使用 KPI 的优点包括( )。

A. 设定明确的绩效标准及期望值，激励完全实现目标并不断改进

B. 管理供应风险，控制质量、交付、资金价值等

C. 支持合同管理(确保获得协定的收益)

D. 通过整合的或双向的绩效测量，推动采购方和供应商的协作关系

3. 对标类型包括( )。

A. 内部比较　　　　　　　　B. 竞争对手比较

C. 职能部门比较　　　　　　D. 一般比较

4. 采购方希望在供应商绩效中进行测量的关键成功要素包括( )。

A. 总拥有成本　　　　　　　B. 交付绩效

C. 存货成本　　　　　　　　D. 技术能力

5. 服务水平协议的内容/基本组成要素包括( )。

A. 服务内容　　　　　　　　B. 服务的标准或水平

C. 活动、风险和成本的责任分配　　D. 退换货标准和流程

E. 如何监控和评审服务与服务水平

三、简答题

1. 什么是"对标"？

2. 列出一份 SLA 所包含的基本内容。

3. 什么是"服务质量差距"？

四、论述题

1. 组织进行供应商绩效管理的目的是什么？

2. 举例说明定量的和定性的供应商绩效测量指标的特征。

3. 试为某物流快递企业罗列关键绩效指标并分析原因。

4. 举例说明四种对标类型。

5. 举例说明旅游服务性组织的有效的 SLA。

第九章

合 同 管 理

- 了解合同的基本概念
- 熟悉各类合同条款和应用
- 理解涉外采购合同管理重点
- 掌握采购合同的管理重点和难点

合同;条款;担保;违约;MRO

第一节　合同与基本条款概述

合同通常指两方或多方之间签订的具有法律执行力的协议。

合同的标的必须是确定的、合法的、可能的。而且,标的名称一定要具体、明确。例如:品名为"玉米",就不够具体,应标明"河南焦作玉米",或其他产地的玉米。

合同的基本内容包括:数量及质量条款;价款与报酬条款;履行期限、地点和方式;担保或违约责任条款;风险转移条款;所有权保留条款;不可抗力条款;知识产权、保密协议条款以及生效条件约定等内容。

如果将以上内容按合同相关方的履行义务和能力、过错与否、履行与否等角度划分,则可以分为条件条款和保证条款。

一、条件条款

条件条款是合同的重要组成部分,是合同所有当事方必须履行的条件。在货物销售合同中,条件条款可以是规定货物必须在一定时间内交货的条款,否则即意味着违约。

如果合同中一方不满足某个条件条款,另一方就可以认为其已违约。例如,客户拿着维修质保期内的故障手机申请维修,那么合同可能有这样一个条件:该品牌手机公司被要求使用全新的部件来替换坏掉的部件。如果没有使用全新的部件,客户可以认为手机公司违约,并有权采取法律行动获得赔偿。

如果发生违反条件条款的情况,无辜或受损害的一方可以在以下两种行为中做出选择:

(1) 终止合同并要求赔偿损失;

(2) 通过履行合同赋予的义务来起诉损害赔偿,并寻求其他解决方案,如要求法院颁发临时性(销售)禁令。

二、保证条款

保证条款是作为承诺或保证写在合同中的条款,它是合同中的非关键条款,违背它不构成合同履行的根本性失败。

如果合同中的一方违反保证条款,无辜/受损害的一方可以要求赔偿损失,但不得要求终止合同或解除合同义务。如果无辜方终止合同,他们将面临因不正当终止合同而被起诉的风险。

需要注意的是,在一份合同中被视为保证条款的内容可能是另一份合同中的条件条款。这完全取决于这个术语对合同中当事方的重要性。常见的保证条款包括关于事实事项的声明,例如一方在保证条款中说明,它在合同开始时已经收到了所有必要的文件。

有些内容是以正式文字形式或以口头承诺形式出现在合同中,但也存在部分虽没有在合同中明确但却必须遵守的条款。据此可将合同条款分为明示条款和默示条款。

三、明示条款

商业合同中的明示条款是合同双方当事人明确约定的条款。许多企业主认为合同的明示条款必须是书面条款,但事实并非如此。在理想情况下,明确的条款应该写在双方之间的合同中,但如果合同是口头约定的,它们将是双方之间讨论和同意的条款。

合同中包含的明示条款的类型取决于商业合同的类型,常见的明示条款包括价格、期限、保证和赔偿。

四、默示条款

默示条款是指合同中没有明确包括的条款。这可能是因为当事各方没有考虑到这一点,不认为会产生这一问题,比如认为某些规则或内容属于约定俗成,或者干脆不包括这一术语。

一些企业可能担心与签约方所遇到的任何困难会以商业合同纠纷诉讼告终,因此企业的法务部门或者商业律师应该告知默示条款的存在。

默示条款虽然在合同中没有列明,但仍然可以被认为是有效的。明示条款和任何默示条款共同构成对双方具有法律约束力的义务。法院一般不会首先采用和查证合同中的默示条款,只有在特殊情况下才这样做。这就是为什么要讨论书面合同中应该包含哪些条款,以减少因合同含义和默示条款而引发商业合同诉讼的风险。

货物买卖合同中的默示条款示例如下:卖方有权出售货物;所售货物不存在未披露的担保利益;合同中规定供应的货物应合理地适用于买方向卖

方告知的任何目的;销售的非实物/样品展示的商品应具有符合其描述和实物/样品展示产品的相同的质量。

关于明示条款与默示条款的地位,一般来说,默示条款是第二位的,次于合同中明确表述的明示条款内容。

第二节 常见合同条款

一、数量及质量条款

1. 数量

商品的数量是经济贸易中不可缺少的主要条件之一。正确掌握成交数量,对促进交易的达成和争取有利的价格具有重要的作用。合同中的数量条款往往是仅次于质量条款的第二项条款,是买卖双方交接货物的依据,尤其在国际贸易交往中更是如此。当前,随着全球贸易一体化的发展,我国与其他各国的贸易日渐频繁,在签订合同时,引用国际惯例的合同原则也日益增多。因此,在磋商合同数量条款时,应牢记有关国际惯例对于数量条款的规定,避免因条款不严密而产生纠纷。

在外贸合同纠纷中,关于数量条款的违约案例是常见的。一般情况下,这类违约都是由于卖方交货不足所造成的。但是,在外贸合同纠纷中,超过合同数量同样违约。按照联合国《国际货物买卖合同公约》第三十五条中的规定:"按约定的数量交付货物是卖方的一项基本义务。如果卖方交付货物数量大于合同规定的数量,买方可以拒收多交的部分,也可以收取多交部分中的一部分或全部,但应按合同价款执行;如卖方交货数量少于合同规定,卖方应在规定的交货期内补交不足部分,但不得给买方造成不合理的不便或使买方承担不合理的开支,即便如此,买方也保留要求损害赔偿的权利。"例如,合同规定的交货数量为100吨,实际交付90吨,可以看作非根本违约或轻微违约;如果卖方只交付20吨,可以看作根本违约或重大违约。

但是，如果卖方所交付货物的数量超过合同规定的数量，也同样以违约论处，似乎就很难用常理解释了。若干年前，中国出口欧洲某国的番茄酱罐头合同就曾出现过类似问题。本来按合同规定是交付每听100克的罐头，但在交货时，由于每听100克的货物库存短缺，于是出口商就擅自决定以每听200克的同类罐头交货。虽然合同总重增加了，但卖方期望只要能顺利履约就达到目的。出乎卖方意料的是，货到目的港后，买方提出索赔，理由是交货数量与合同规定的数量不符。此种索赔虽然看上去有悖情理，但按国际惯例解释，卖方的行为实属违约。站在买方的立场上看，任何国家对进口货物都实行严格的监管，尤其对食品类货物进口大多实行许可证管理。如果进口商在海关申报的数量多于合同数量，轻则被海关认为是逃、漏进口关税，重则被认为是走私，会受到相应的处罚，进口商自然也会把自己的损失转嫁给出口商。

数量是买卖双方交接货物的依据。在大多数的合同中，数量是必备条款，没有数量，合同是不能成立的。许多合同，只要有了标的和数量，即使对其他内容没有规定，也不妨碍合同的成立与生效。订立合同时，对于有形财产，数量是对单位个数、体积、面积、长度、容积、重量等的计量；对于无形财产，数量是个数、件数、字数以及使用范围等多种量度方法；对于劳务，数量为劳动量；对于工作成果，数量是工作量及成果数量。

一般而言，合同的数量要准确，选择使用共同接受的计量单位、计量方法和计量工具。根据不同情况，要求不同的精确度，允许的尾差、磅差、超欠幅度、自然耗损率等。为使买卖双方责任分明，防止在履约时发生纠纷，在订立数量条款时，关于计量单位、计算方法以及机动幅度等内容的规定必须明确具体，应当避免使用含义笼统的字眼。在签约和谈判过程中要仔细斟酌，避免在实际交货时由于买方市场发生变化，招致买方的恶意索赔。

关于"数量"条款有以下一些注意事项。

（1）掌握成交数量：对出口数量的掌握，要注意国内、国外市场供求情况，价格变动情况，国外客户资信及经营能力等。对进口数量的掌握，要看国内实际需要、实际支付能力、市场行情变化。

(2)条款应当明确具体:如"中国开封产大米100吨、单层新麻袋装,以毛作净"。在合同中一般不宜采用"大约""近似""左右"等字样。《跟单信用证统一惯例》规定:对"约数"可解释为不超过10%的增减幅度。

(3)规定数量机动幅度:在粮食、矿砂、化肥和食糖等大宗商品的交易中,由于商品特性、货源变化、船舱容量、装载技术和包装等因素的影响,要求准确地按约定数量交货有时存在一定困难,可在合同中规定数量机动幅度条款,即数量增减条款或溢短装条款。

2. 质量

质量条款的重要性是无与伦比的,大量的合同纠纷由此引起。

在实践中,当事方在合同内如果没有约定质量标准,发生争议时容易出现"公说公有理、婆说婆有理"的情况,因此,双方应当在签订合同时就对质量标准做出明确约定。若是合同所涉金额较大或对合同标的物的质量要求很高,合同双方最好对标的物质量的检验标准、检验方法和检验机构进行明确约定。一份规范的合同,应当对质量问题规定得尽可能细致、准确和清楚。

品质条款代表了质量条款,是合同中的一项主要条款,它的基本内容是:商品的品质、规格、等级、标准和商标、牌号等。在凭样品买卖时,应列明样品的编号和寄送日期,有时还加列交货品质与样品一致或相符的说明。在进行标准买卖时,一般应列明所采用的标准及标准版本的年份。它是买卖双方对商品质量、规格、等级、标准、商标、牌号等的具体规定。卖方以约定品质交货,否则买方有权提出索赔或拒收货物,甚至撤销合同。合同中的品质条款也是商检机构进行品质检验、仲裁机构进行仲裁、法院解决品质纠纷案件的依据。

关于"质量"条款有以下一些注意事项。

(1)明确约定货物的质量标准。按照法律的规定,货物的质量标准以双方约定为准,只要该约定不违反法律和行政法规的强制性规定。约定不明确的,可以协议补充,双方无法达成补充协议的,可以按照买卖合同的有关条款或者交易习惯确定,仍然无法确定质量标准的,货物的质量标准按国家标准、行业标准执行,没有上述标准的,按通常标准或符合合同目的的特定标准。因此,合同中最好对质量标准进行明确的约定,尤其是买方对货物质量有特殊要求的,一定要明确约定,否则极易发生纠纷。另外,供应商做出质量说明的,货物质量应符合质量说明的标准。

(2) 货物质量瑕疵的表现及应承担的责任。货物的质量瑕疵一般表现为外观瑕疵、内在瑕疵和包装瑕疵等,双方应在合同中对出现上述瑕疵后的认定和相应责任进行明确的约定,以使合同具有更强的实际操作性,便于解决可能出现的问题。

(3) 明确约定货物质量检验期间、检验方式、检验地点等内容。货物交付后的质量检验环节至关重要,买卖合同中应当对质量检验的期间、地点、方式及人员等进行明确的约定,以便双方能够顺利进行货物的验收,并明确货物质量是否符合合同约定的标准,以尽量减少质量纠纷的发生。如果质量不合格,也可以及时提出质量异议,便于纠纷的解决。

(4) 质量异议条款必不可少。实践中,买方经常忽略货物的检验,认为只要不验收,相关责任即应由卖方承担。但按照法律规定,按约定时间和方式对货物进行检验既是买方的权利,也是买方的义务。若货物质量不合格,买方有在约定期间或合理期间内通知卖方的义务,怠于通知的,视为质量符合标准,对买方权利的保护非常不利。因此,质量异议条款的约定非常重要。

二、价款或报酬条款

价款或者报酬,是一方当事方向对方当事方所付代价的货币支付,简单地说,就是取得合同标的的当事方向交付合同标的的另一方当事方支付的货币。价款通常指买卖合同的货款、租赁合同的租金、借款合同中借款人向贷款人支付的本金和利息等。报酬一般是指对提供劳务或者工作成果的当事方支付的货币,如运输合同中的运费、保管合同与仓储合同中的保管费以及建设工程合同中的勘察费、设计费和工程款等。

价款与报酬条款对于合同双方均是核心条款。价款的数额大小是由双方的谈判实力与谈判技巧决定的。

一般来说，获得价款或者报酬是当事方订立合同的主要目的，所以在起草或审阅合同时对价款或者报酬条款要高度重视。在起草或审阅价款或者报酬条款时，合同中的约定重点在于价款的计算、付款时间、付款地点、付款方式。

1. 价款的计算

在合同中应当同时约定计价的单量与单价，如每吨××元。计价依据是依据验收单确定的数量，还是依据入门单据，抑或是依据装车量，应当尽可能地明确，否则难免不生疑义。

2. 付款时间

关于付款时间，有的明确约定付款时间，有的约定在进货量达到特定数量时付款，或约定按照工程进度达到特定阶段付款。根据付款时间的不同，可分为预付款、中间付款、尾款或定期分期付款。与付款时间直接相关的是迟延付款的违约责任。如约定了付款的时间或付款期间，而时间届至或期间届满，付款义务人没有付款的，即为迟延，依法应当承担迟延付款责任，支付迟延利息，造成其他损失的，应予赔偿。如未约定付款时间，则对方可在交付同时或之后的任何时间要求对方付款，但应给予一定的宽展期，若宽展期满仍未给付的，依法将应承担与前述相同的违约责任。对于当事方而言，对于这种情况最好是在合同订立时，利用自己的谈判优势，订立付款延期条款，确定可以延期的情形。

3. 付款地点

关于付款的地点，双方当事方可进行明确约定。对此条款发生争议较少。按照《民法典》的相关规定，如果双方对支付地点没有约定或者约定不明确，则采购方应当在供应商的营业地支付，但约定支付价款以交付标的物或者交付提取标的物单证为条件的，应在交付标的物或者交付提取标的物单证的所在地支付。

4. 付款方式

关于付款方式，普遍以现金和支票为多，一般少有争议。唯在付款之时，要将对方掌握的交货凭证缴收。

三、履行期限、地点和方式

1. 履行期限

履行期限是指合同中规定的当事方履行自己的义务如交付标的物、价款或者报酬,履行劳务、完成工作的时间界限。履行期限直接关系到合同义务完成的时间,涉及当事方的期限利益,也是确定合同是否按时履行或者迟延履行的客观依据。履行期限可以是即时履行的,也可以是定时履行的;可以是在一定期限内履行的,也可以是分期履行的。不同的合同,其履行期限的具体含义是不同的。买卖合同中供应商的履行期限是指交货的日期,采购方的履行期限是交款日期。

2. 履行地点

中国某公司曾与美国某客商签订了进口某货物的合同。合同规定在美国西部港口交货。中国公司开信用证时却写成了"美国港口交货",漏掉了"西部"两字,美方接到信用证后,通知中方在美国东部某港口接货,中方只好通知船方到该港接货,结果多承担了一笔运费支出。

合同的履行地点可以根据民事实体法与程序法中"合同履行地"的差异,在合同签订中分析判断选择合适的履行地点。按照通说理解,民法中的合同履行是指合同的双方当事方正确、适当地完成合同中规定的双方应当承担的义务行为,合同的履行地点即为债务人履行债务和债权人接受履行的地方。简单说就是指当事方履行合同义务和对方当事方接收履行的地点。但是一般而言,在实务审判中,一般遵循"特征履行地"为主、结合"实际履行地"的判断规则适用合同履行地。

不同的合同,履行地点有不同的特点。当事方在合同中明确约定履行地点时,从其约定。该约定既可以在合同订立当时确定,也可以在合同成立后履行债务前进行确定。

国际贸易中的运输方式有空运、陆运和海运,但最常见的运输方式是海运。在这种运输方式下,装运港问题主要应注意:

(1) 不能以内陆城市为装运港,否则合同无法履行。如己方公司位于南宁,采用海运方式时,装运港就不能写成南宁,因为南宁不是沿海港口。如写成南宁,由外方租船时(FOB条件),其船舶是无法开进南宁的;如由己方负责租船运输(CIF或CFR条件),己方不能取得以南宁为装运港的运输单据,从而也就无法议付货款。

(2)必须注意装运港的选择。合同中采用FOB条件时,由买方负责租船运输,装运港对双方来说都有十分重要的意义,合同中必须明确装运港口。在CIF或CFR等交货条件下,由卖方负责租船运输,买方对在哪个港口装运可能并不关心,合同中对装运港可以不做规定。按国际贸易的习惯做法,为便于卖方装运,装运港多由卖方提出,经买方确认后确定。

当有供应商方提出装运港时,采购方应考虑航线、航程、运输费用等多种因素决定是否接受。综合权衡后,如果于己方不利,应与卖方交涉,选择双方都能接受的装运港。

(3)信用证信息必须准确无误。采购方在开信用证时必须非常仔细,装运港的填写必须与合同确定的完全一致,以免卖方借机欺诈。在合同规定履行地点为目的港的情况下,实际业务中,目的港多是买方接收货物的地点,为便于买方接货及转运,习惯上多由买方提出目的港,由卖方进行确认。

3. 履行方式

履行方式是指合同双方当事方约定以何种形式来履行义务。简单地说,就是当事方履行合同义务的具体做法。合同的履行方式主要包括运输方式、交货方式、结算方式、标的物的交付方法,工作成果的完成方法等。履行方式由法律或者合同约定或者是合同性质来确定。

不同性质、内容的合同有不同的履行方式。根据合同履行的基本要求,在履行方式上,一般情况下,双方有约定时,按约定方式履行;没有约定时,法律、法规有规定的,从其规定。或者按照《民法典》第五百一十条规定,"合同生效后,当事人就质量、价款或者报酬、履行地点等内容没有约定或者约定不明确的,可以协议补充;不能达成补充协议的,按照合同相关条款或者交易习惯确定"。当上述规则均不能确定履行方式时,按照《民法典》第五百一十一条第(五)项"履行方式不明确的,按照有利于实现合同目的的方式履行"的规定执行。

四、担保及违约责任条款

1. 担保

在买卖、货物运输、加工承揽等经济活动中,当事方从事交易所需资金规模比较庞大,单凭本身财力可能难以保障,这就催生了担保的产生。在担保合同中,一方会承诺为另一方担保(或作为担保人)债务、错误或其他问题。这类合同必须是书面的,有担保人或其他相关授权人的签字。如果不是书面的,合同就不能强制执行,也就是不能对其采取任何法律手段。

2. 违约责任

违约是指违反有约束力的合同中商定的任何条款和条件。违约可以是任何形式,从延迟付款到更严重的违规行为,比如未能交付承诺的资产。

受法律保护和承认的合同是有约束力的,如果合同中的守约方可以证明违约方违反合同部分或全部内容和责任,常见的补救办法通常是给予守约方最初的合同承诺。

常见的合同违约类型可以分为以下几种。

(1) 轻微违约:发生在企业没有在截止日期前收到货物或服务。例如,供应商承诺10月31日前完成发货,但实际情况是,供应商在一天后即11月1日才将货物发出。

(2) 重大违约:指企业收到的货物与协议中规定的不同。例如,假设企业与一个供应商签订合同,为一个汽车展销会提供10辆不同的全新车型作为展品。但当这批货物到达会议现场时,却发现是去年的老旧车型。

此外,违约通常也可分为以下两类:

(1) 实际违约:一方拒绝完全履行合同条款。

(2) 预期违约:一方事先声明不会按照合同条款交货。

一般来说,法律的目标是确保处于没有违约的情况下的任何受到损害的人或组织处于应有的经济(保障)地位。违约通常不被认为是犯罪甚至侵权行为,而且很少会因未能履行承诺的义务而做出惩罚性赔偿,赔偿金额因此仅限于合同中列出的数字。通常情况下,守约方不能要求超过合同中规定的货物价值或等值货币。

然而,信赖损害原则(源于大陆法的损害赔偿制度和英美法的违约救济制度)在非常具体的情况下确实提供了一些例外,如果可以证明对合同履行的依赖引发了其他相关费用,则可判处额外的经济损害赔偿金。

假设供应商与A企业签订了供应1 000件定制衬衫的合同。A企业最终违反了合同,在最后一刻取消了订单。由于取消订单的时间太晚了,事实上,供应商已经投入了大量的时间、资金和精力采购制作衬衫的材料。这些费用(即与材料供应商谈判所花费的时间价值、所购买材料的价值等)必须考虑到信赖损害赔偿金。然而,(因出售衬衫)损失的潜在利润将无法收回,因为信赖损害不包括投机损失。

以上都是违约实际发生情况下的条款解读。接下来将主要分析那些即将发生的违约情况。

预期违约是指合同中的一方表示将不履行其合同义务。言语或行为都可以表明当事方没有履行合同中所承诺的那部分内容。在这种情况下,守约方可以要求损害赔偿,暂停履行部分合同,或要求保证履约。

当预期违约发生时,法律要求遵守合同的一方迅速采取行动,以避免因未能履行合同而可能发生的潜在损失、成本或开支。这也被称为减轻损害。

在这种情况下,守约方有权向法院寻求补救,补救措施包括以下几类。

(1)废除。第一种选择是解除或取消合同。协议/合同的解除即意味着终止了协议/合同下的所有义务,并使守约方能够要求获得已支付的任何款项的退款。采购方如果想避免旷日持久的诉讼,并且可以很容易地找到其他供应商提供其所需要的服务或产品,这会是一个很好的选择,而且几乎不需要额外成本。

(2)强制履行。强制履行即强迫合同毁约方履行其义务。在损害赔偿金可能不足以补偿的情况下,如涉及独特或稀有物品或价值难以衡量的情况下,这可能是一个合适的替代方案。

(3)预期损失。具体包括:①补偿性损害赔偿。补偿性或实际损害赔偿金是为赔偿守约方的经济或财产损失而支付的费用。具体数额取决于所遭受损失的类型和规模。②惩罚性损害赔偿。除实际损失外,还可给予惩罚性或惩戒性损害赔偿。如果对方有鲁莽或恶意行为,法院可以判处惩罚性赔偿。③减轻损失。大多数国家和地区的法院要求守约方迅速采取行动,以避免发生那些可避免的成本或费用,确保守约方不会坐以待毙,让情况恶化。例如,当供应商在交付前三周即明示或暗示将不予履行合同义务和责任,那么采购方企业应尝试寻找其他合适的供应商,减少甚至防止由于违约而可能遭受的任何损失。

五、风险转移条款

风险是指在合同履行过程中,由于不可归责于合同双方当事方的事由而使标的物遭受毁损灭失的情形发生时,损失由谁承担及要不要对待给付的问题。引致风险发生的事由包括不可抗力、意外事件以及当事方不能预见的第三人因素等。风险负担的适用条件是:必须是因不可归责于双方当事方的事由,若一方对标的物毁损灭失有过错的,不成立风险负担,而只能产生违约责任;必须是在合同生效以后履行过程中发生的,合同生效之前发生的风险不产生风险转移。因此,风险转移是指通过合同或非合同的方式将风险转嫁给另一个人或单位的一种风险处理方式。风险转移是对风险造成的损失的承担的转移,在国际货物买卖中具体是指原有卖方承担的货物的风险在某个时候改归买方承担。

一般说来,风险转移的方式可以分为非保险转移和保险转移。

非保险转移是指通过订立经济合同,将风险以及与风险有关的财务结果转移给别人。在经济生活中,常见的非保险风险转移有租赁、互助保证、基金制度等等。合同的争议多是发生在非保险转移的类型中。

保险转移是指通过订立保险合同,将风险转移给保险公司(保险人)。个体在面临风险的时候,可以向保险人交纳一定的保险费,将风险转移。一旦预期风险发生并且造成了损失,则保险人必须在合同规定的责任范围之内进行经济赔偿。

六、所有权保留条款

所有权保留,是指在买卖合同(尤其是分期付款买卖合同)中,采购方虽先占有、使用标的物,但在双方当事方约定的条件(通常是指价款的一部或全部)清偿成就前,供应商仍保留标的物所有权,待条件成就后,再将所有权移转给采购方的制度。所有权保留条款是一个与交付和验收条款密切相连的条款,它的作用是规定即使标的物已经实际转移给对方,供应商仍然可以声明保留所有权。《民法典》第六百四十一条规定:"当事人可以在买卖合同中约定买受人未履行支付价款或其他义务的,标的物的所有权属于出卖人。"

在实践当中,如果所有权保留条款运用得当,合同一方能够在货物已经交割完毕的情况下,仍然很好地保护自己的财产权益。

所有权保留条款分为简单保留条款和扩张保留条款两种。前者表现为,在采购方完全偿付价金之前,所有权不发生转移;后者表现为,如果采购方在完全偿付价金前已将货物在生产过程中消费掉,或已将其转卖,则供应商就其货物制造的最终产品或转卖货物的收益享有所有权,采购方只是作为供应商的受托人对最终产品或转卖收益进行占有。

所有权保留条款实质上是一种担保方式,但与其他担保方式不同,它不凭借任何外来的人或物对交易的安全进行保证,而将交易的安全建立在标的物的所有权的效力上,因而比其他担保方式少受限制,从而使它在国际贸易中更有意义。

买卖合同中双方约定的货物虽已交付采购方,但须支付所有欠款后标的物所有权方发生转移。凡属这类买卖,采购方在已接受货物的交付但未取得所有权期间,可将货物运用于生产过程,甚至可以将货物转卖,但此时采购方不是作为所有人,而是作为供应商的受托人对货物进行处分。在此期间,如采购方破产或发生其他变化,供应商可优先于采购方的债权人,以所有人的身份将货物或货物的价值收回。所有权保留条款的作用是利用物权优先于债权的法律原理,使供应商的利益处于更可靠的地位,从而使交易过程中的风险降低到最低限度。

七、分包条款

由于确保所制造商品或所提供服务的质量对采购方来说关系重大,因此一般来说采购方都不会愿意供应商将合同转包给第三方,或者至少在没有对分包商进行资格预审的情况下不会愿意。尽管分包后最初的供应商仍需承担第三方未按合同履行的所有责任,但这样的风险可能仍是采购方无法接受的。

一般来说,之所以会把合同签给某个供应商,是因为这个供应商证明了自己从各个方面来说都是合格的。也就是说,之所以选择这个供应商是因为其独特的资质(因此,把合同转包给第三方,往往有悖采购方的初衷)。

在合同中常会包含分包及指定委派条款,防止供应商在未获得书面同意的情况下将合同转包或分派出去。这种条款的典型格式如下:"未经采购方书面允许,供应商不得分派或转移部分或全部的合同,或者将任何与合同相关商品的生产或供应分包出去。"

八、不可抗力条款

不可抗力,是指不能预见、不能避免并不能克服的客观情况。不可抗力是一种法定解除权。它的产生源于《民法典》第五百六十三条第(一)项"因不可抗力致使不能实现合同目的",当事方可以解除合同;不可抗力是一项免责条款,是指买卖合同签订后,不是由于合同当事方的过失或疏忽,而是由于发生了合同当事方无法预见、无法预防、无法避免和无法控制的事件,以致不能履行或不能如期履行合同,发生意外事件的一方可以免除履行合同的责任或者推迟履行合同。

在不可抗力的适用上,以下问题值得注意:
(1) 合同中是否约定不可抗力条款,不影响直接援用法律规定。
(2) 不可抗力条款是法定免责条款,约定不可抗力条款如小于法定范围,当事方仍可援用法律规定主张免责;如大于法定范围,超出部分应视为另外成立了免责条款。

(3) 不可抗力作为免责条款具有强制性,当事方不得约定将不可抗力排除在免责事由之外。

九、知识产权、保密协议条款

知识产权,又称智力成果权,是指公民、法人对自己的创造性的智力活动成果依法享有的民事权利。从权利的内容上看,知识产权包括人身权利和财产权利。

按照智力活动成果的不同,知识产权可以分为著作权、商标权、专利权、发明权、发现权等。利用保密协议可以保护知识产权。世贸组织知识产权协议的第一部分明确规定了商业秘密是知识产权的客体,是一种财产权,明确了商业秘密的知识产权属性。

商业秘密和其他知识产权(专利权、商标权、著作权等)相比,有着以下特点:

第一,商业秘密的前提是不为公众所知悉,而其他知识产权都是公开的,对专利权甚至有公开到相当程度的要求。

第二,商业秘密是一项相对的权利。商业秘密的专有性不是绝对的,不具有排他性。

如果其他人以合法方式取得了同一内容的商业秘密,他们就和第一个人有着同样的地位。商业秘密的拥有者既不能阻止在他之前已经开发掌握该信息的人使用、转让该信息,也不能阻止在他之后开发掌握该信息的人使用、转让该信息。

第三,能使经营者获得利益,获得竞争优势,或具有潜在的商业利益。

第四,商业秘密的保护期不是法定的,取决于权利人的保密措施和其他人对此项秘密的公开。一项技术秘密可能由于权利人保密措施得力和技术本身的应用价值而延续很长时间,远远超过专利技术受保护的期限。

在中国,侵权一旦发生,就很难对商业秘密权利实施保护,而且实施保护的代价也很高。因此，企业应采取全面的措施事前来保护自己的商业秘密，力争把侵权风险降至最低。以下是一些可借鉴的对企业商业秘密的保密做法：

（1）商业秘密核查；

（2）公司商业秘密的发展和保护是一个动态过程，最好实行定期审核的办法，即筛选商业秘密计划，找出所有潜在的商业秘密信息，确保其处于受保护中；

（3）规定限制的访问区域、密码及所有秘密信息使用者的安全检查；

（4）对敏感资料加密并放置安全地方存储；

（5）如有可能，秘密信息的使用者只能有权使用信息的必要部分；

（6）采取分类办法，如在材料上加盖图章，标明"秘密"或"机密"等字样；

（7）与将要接触商业秘密的人订立保密协议和不得参与竞争协议；

（8）要求出示雇员身份证和来访者通行证；

（9）制定颁发雇员手册，对有关商业秘密、复印政策等做出规定；

（10）对管理人员、主要雇员以及将会经常使用接触秘密信息的人进行推荐和背景检查；

（11）与即将离职的雇员进行离职面谈，提醒他们仍有继续对公司秘密信息保密的义务；

（12）与雇员签订知识产权相关保密协议。

十、解决争议的方式条款

解决争议的方式指合同争议的解决途径，对合同条款发生争议时的解释以及法律适用等。解决争议的途径主要有：一是双方通过协商和解，二是由第三人进行调解，三是通过仲裁解决，四是通过诉讼解决。

当事方可以通过和解或者调解解决合同争议。当事方不愿和解、调解或者和解、调解不成的，可以根据仲裁协议向仲裁机构申请仲裁。涉外合同的当事方可以根据仲裁协议向中国仲裁机构或者其他仲裁机构申请仲裁。

当事方没有订立仲裁协议或者仲裁协议无效的,可以向人民法院起诉。当事方应当履行发生法律效力的判决、仲裁裁决、调解书;拒不履行的,对方可以请求人民法院执行。

当事方可以约定解决争议的方法,如果意图通过诉讼解决争议是不用进行约定的,通过其他途径解决都要事先或者事后约定。依照仲裁法的规定,如果选择适用仲裁解决争议,除非当事方的约定无效,即排除法院对其争议的管辖。但是,如果仲裁裁决有问题,可以依法申请法院撤销仲裁裁决或者申请法院不予执行。当事方选择和解、调解方式解决争议,都不能排除法院的管辖,当事方可以提起诉讼。

涉外合同的当事方约定采用仲裁方式解决争议的,可以选择中国的仲裁机构进行仲裁,也可以选择在外国进行仲裁。涉外合同的当事方还可以选择解决他们的争议所适用的法律,当事方可以选择选用中国的法律或者外国的法律。但法律对有些涉外合同法律的适用有限制性规定的,依照其规定。

解决争议的方法的选择对于纠纷发生后当事方利益的保护是非常重要的,应该慎重对待。

第三节　常见采购合同的管理重点及难点

一、关键材料/瓶颈材料的合同管理重点

材料按采购管理属性分为四类:战略类、杠杆类、常规类(非关键类)、瓶颈类。

实践中,公司在进行各种配套性检查时,往往存在公用瓶颈材料的分配问题。因为公用瓶颈材料在分配前,首先应根据该材料的采购计划提前满足货期要求的那一期计划量的比例确定初步分配方案。公用瓶颈材料的分配原则实际上就是资源分配的业务规则,这在公司项目中作为重点关注的

问题。业务规则将公司产品和区域按重要程度分为最小保护量、全力支持和平均分配三类,其中前两类将占可分配瓶颈资源的50%~60%。按业务规则分配资源的行为应尽可能提前,避免出现在订单履行时分配资源和在已装配订单中东挪西借的被动局面。

在管理合同中,针对关键材料/瓶颈材料,公司最好采用合同产品重要优先原则,根据材料所涉及合同产品的重要程度先满足重要合同产品的发货需求。即对公司重要合同、战略产品(含处于研发、试制状态的战略产品)优先保证,对影响新产品开发进度的研发实验、环境需求要视紧急、重要程度考虑是否优先。在合同中,对关键材料/瓶颈材料提出优先发货要求。针对产品的供货方、供货产地、产品质量、数量、规格、供货时间、验收标准、运费、保险、付款方式、双方违约责任等,应做出明确规定。

二、杠杆材料／常规材料的合同管理重点

常规材料是相对于关键材料和贵重材料的一种说法。企业在物资采购中主要是指以生产为目的的主要材料、辅助材料、工具等材料,这些材料相对于关键材料而言,是市场和本行业常用的材料,价格相对低廉。

企业在采购中的基本使命就是以尽可能便宜的价格,获得完全符合企业生产所需的这些物资。相对于关键性材料而言,关于常规材料签订的相关合同种类和数量更多。除着重注意关键材料/瓶颈材料的优先管理,常规材料/杠杆材料的合同管理要点基本与之相似。

1. 对采购合同应进行分类

这种分类可按采购货品类别划分,也可按交货时间划分,并对合同妥善保管。根据交货时间和数量,应定期与供应商进行联系,了解货品生产情况。必要时,采购员应去供应商现场,观察货品实际生产情况和质量情况。对供应商供货应做到心中有数。当供应商履约困难时,在可能的范围内应给予帮助配合,力争履行合同;当供应商失误违约时,要分析原因,尽力纠正,以便防止或减少损失。在执行合同中双方发生分歧,应从大局出发,协商解决,避免因分歧扩大而造成损失。

合同签订前，必须认真审查对方的真实身份和履约能力。审查身份就是查对方的经营主体资格是否合法和真实存在，尤其是审查签订合同人有无资格、有无授权等。审查履约能力就是要查清对方现有的、实际的、真实的经营情况。

2. 认真审查标的物的名称

标的物的名称可能有常用名、俗称、外语直译名等，必须用国家规定的标准用名。还要审查标的物的合法性，标的物违法则合同无效。

3. 注意合同价款的表述

价格一般是指标的物本身的价格，但是异地交货的大宗买卖尤其是涉外买卖，会产生运输费、保管费、装卸费、保险费、报关费等一系列的额外费用。在商业习惯中形成了各种不同的价格条款以备买卖当事人选择使用。这些价格条款也就是价格条件，是指将标的物的额外费用与标的物价格本身挂钩，又称为贸易条件，它解决了额外费用的负担问题。

4. 注意合同的质量条款

质量是指标的物内在素质和外观形态的综合反映，主要有五种含义：一是指标的物的物理、化学成分，以此确定标的物的品质；二是标的物的规格；三是标的物的性能；四是标的物的款式；五是标的物的感觉要素。根据通用的商业习惯和用语，经常使用的确定买卖标的物质量的方法主要有以下五种：一是以样品为标准确定标的物的质量；二是关键材料/瓶颈材料的合同管理重点以特定标准（国家标准、国际标准）确定标的物的质量；三是凭品牌、商标确定标的物的质量；四是以良好平均品质为依据确定标的物的质量；五是以说明书为根据确定标的物的质量。

三、涉外采购合同管理重点

1. 订立涉外采购合同应注意的问题

（1）首先要做好市场调查和了解对方的资信情况，进行广泛深入的调查了解，搜集多种必要的信息资料，这是签订涉外合同的基础和前提。

（2）订立涉外合同必须符合我国法律的规定，不损害国家和社会公共利益。

（3）涉外合同的条款必须齐备，文字表述必须准确。

（4）要注意订好担保条款。

（5）对于仲裁条款应明确地加以规定。

2. 涉外采购合同一般应具备条款注意事项

（1）合同当事人的名称或者姓名、国籍、主营业所或住所。

（2）合同签订的日期、地点。

（3）合同的类型和合同标的种类、范围。

（4）合同标的的技术条件、质量、标准、规格、数量。

（5）履行的期限、地点和方式。当事人有一个以上的营业所的，应以与合同有最密切关系的营业所为准；当事人没有营业所的，以其住所或者居所为准。

（6）价格条件、支付金额、支付方式和各种附带的费用。例如：一次性付款和分期付款。

（7）合同能否转让或者合同转让的条件。

（8）违反合同的赔偿和其他责任。

（9）合同发生争议时的解决方法和适用法律。我国缔结或者参加的有关国际条约，如果同涉外经济合同法或者我国其他与涉外经济合同有关的法律有不同规定的，适用国际条约的规定，但是我国声明保留的条款除外。

（10）合同使用的文字及其效力。

（11）涉外合同争议的解决。发生合同争议时，当事人应当尽可能通过协商或者第三者调解解决。当事人不愿协商、调解的，或者协商、调解不成的，可以依所签订合同中的仲裁条款或者事后达成的书面仲裁协议，提交中国仲裁机构或者其他仲裁机构仲裁。

（12）涉外合同的时效规定。《民法典》第五百九十四条规定："因国际货物买卖合同和技术进出口合同争议提起诉讼或者申请仲裁的时效期间为四年。"

四、MRO 采购合同管理重点

MRO 是英文 Maintenance, Repair & Operations 的缩写（Maintenance 维护，Repair 维修，Operation 运行），指工厂或企业对其生产和工作设施、设备进行保养、维修，保证其运行所需要的非生产性材料，这些物料可能是用于设备保养、维修的备品备件，也可能是保证企业正常运行的相关设备、耗材等物资。MRO 的范围包括实验室设备、仪器仪表、气动元件、气动元器件、液压元器件、液压工具等。

由于 MRO 类物资采购对生产和销售的影响不像原材料采购那么大，因此很多企业没有引起足够的重视，未将其纳入统一管理。又由于其较强的专业性，其采购职能往往分布于各个相关的用料部门，各个部门独立进行采购，一方面丧失了采购的专业优势和规模优势，降低了与供应商谈判的能力；另一方面不同部门都有自己的采购渠道，使得采购的透明度大大降低，不利于对采购环节的监管。因此，较为理想的模式是将分布于各部门的采购权收归到采购部门，实行一级核算、集中统一管理，负责全公司的 MRO 材料的采购。这样不仅精简了工作人员，可以让技术人员和采购人员充分发挥各自的专业优势，更重要的是实现了物流、信息流和资金流的高度统一，极大地优化了公司资源，强化了采购资金管理，提高了资金使用效率，有效地节省了采购时间。MRO 采购一般包括：跟踪所有间接采购活动，包括库存和非库存部件及外协服务；根据员工支出限额，利用电子流程进行申请审批；评估供应商的绩效；用电子邮件发送申请审批、到期日变更及采购订单的接收等通知；管理供应商的报价；监控预算执行情况。

由于 MRO 材料品种繁杂、分散和单项物料金额小的特点，其计划性往往很容易被忽视。在实际工作中经常可以看到这样的例子：某些时候，设备部门急着要用某个没有储备的备件，要求采购部门在极短的时间内采购到位，采购部门为了满足特殊的时间要求，就非常急迫地对外采购，往往很难兼顾采购成本。此时，采购价格和运输费用都会高很多，还不一定能保证赶得上排定的检修时间。而另一些时候，一次购买了大量的备品备件等材料，堆放在仓库中直到过了有效使用期或保修期后还是无人使用,影响生产的正常运行并且无端地增加了采购成本。这些都是缺乏计划性带来的恶果。对于 MRO 材料,采购总成本除了传统的购置价格、运输、仓储费用外,更有一个生命周期成本的概念,即在使用期限内履行相应功能所支出的总成本。

在实际操作中,公司可以利用最大量、最小量或者订购点来控制 MRO 的订购和管理。在合同管理中,由于 MRO 材料随处可寻,企业可以确定几家供货商长期供货。对于合同内容,只要明确每个 MRO 的品牌、规格、型号即可。如果材料质量不合要求或者出现其他瑕疵,公司可以终止或解除合同。因此,在 MRO 合同管理过程中,特别要注明材料的供货时间、合同终止时间等。

五、采购外包合同管理重点

采购外包就是企业在关注自身核心竞争力的同时,将全部或部分的采购业务活动外包给供应商,采购人员可以通过自身分析和了解供应市场相关的知识,来辅助管理人员进行决策。

在采购外包合同中,选择好的供应商至关重要。企业要将采购的产品种类、资格等目录作为合同附件。在合同中,要突出界定外包产品的范围、外包产品的种类、价格、验收标准等。尤其是验收标准,由于客户需求不同,供货产品必须满足不同产品的特殊品质要求,设置加强条款实物样品指标与货物质量说明的交货标准、明确的验收程序、双方之间外包合同标的保密、自方保留权利条款等。

案例分析

委托代理合同仲裁

2007 年 8 月 1 日,甲公司与乙公司签订委托代理合同一份,约定:乙公

采购运营策略

司提供其专利产品节能燃气灶给甲公司在江苏地区安装销售，价格为500元/套。甲公司向乙公司交纳5万元售后服务保证金，甲公司在江苏地区销售达100台后可抵续订货款。合同还约定，甲公司在江苏地区6个月内安装销售500台达标，双方另行签订正式委托代理合同，6个月后不签订正式合同，本合同自行终止。本合同自甲公司向乙公司支付售后服务保证金及订货款之日起生效。

合同签订后，甲公司于2007年8月10日在该合同中补充了：本合同试营，第一批订货50套，待5万元售后服务保证金交满后正式生效。2007年8月11日，甲公司向乙公司支付了5万元（含50套货款，余款为售后服务保证金）。2007年8月12日，乙公司向甲公司交付了50套节能灶，价款为2.5万元。2008年9月10日，乙公司又向甲公司交付了20套节能燃气灶，PDF显示错价款为1万元。同日，乙公司记账确认，甲公司余保证金1.5万元。

后因乙公司经营不善，产品屡屡出现质量问题，甲公司遂向某仲裁委员会申请仲裁，请求裁决乙公司返还剩余的1.5万元，并按银行同期贷款利息赔偿逾期返还剩余款项的损失。乙公司辩称：甲公司未能按照合同约定销售达100台，相关货款不能从售后服务保证金中抵充，故其不应当向甲公司返还剩余款项。裁决结果：仲裁庭认为，甲公司与乙公司签订的委托代理合同应认定为合法有效。直至2008年9月10日，双方仍在履行合同，应当认定双方变更了合同履行方式、生效条件、终止条件等内容。在双方履行合同过程中，甲公司支付给乙公司售后服务保证金5万元，乙公司先后向甲公司交付3.5万元的产品，在2008年9月10日以后，双方不再发生业务关系，乙公司应当按对账确认的金额向甲公司返还剩余款项1.5万元，故甲公司要求乙公司返还剩余款项的仲裁请求，本会予以支持。甲公司与乙公司在签订委托代理合同的6个月后，虽未签订新的合同，但双方的委托合同关系直至甲公司向本会申请仲裁之日，并未终止，乙公司不应承担逾期返还剩余款项的违约责任，故甲公司要求乙公司按银行同期贷款利率赔偿损失的仲裁请求，无事实依据，应不予支持。

资料来源：范彦彦.合同管理与合同风险规避[M].中国时代经济出版社,2011.

问题与分析

1. 结合本章所学内容,判断仲裁裁决依据和结果,并说明理由。
2. 根据问题 1 的结果,分析责任方今后应该如何避免出现类似问题。

 实践指导

尝试和你的团队成员一起进行如下实践活动:

你和你的团队正代表一家国内炼钢企业和澳大利亚某知名铁矿石企业谈判采购合同事宜,但由于内部管理漏洞,造成商业机密泄漏,导致己方在谈判过程中处于严重不利地位,这可能导致巨大利润损失。

1. 和你的团队就合同条款中的至少五个方面进行修改和调整,分析其在对应对和扭转局面上可以发挥的作用。
2. 为避免今后在涉外采购活动中出现类似的情况,分析该企业应在合同管理的哪些方面进行预防和改进。
3. 概述涉外采购合同管理不同于一般国内采购合同管理的至少五个方面,并阐述其各自的管理重点及难点。
4. 将上述研究结果形成一份商业报告。

 拓展阅读

关于采购方与供应商合作关系终止的思考

对双方长期合作紧密关系的终止过程管理中要注意的几个关键问题:
(1) 时机。无论何时,终止应当与目前的合同或协议期满相一致。对关系终止过早地提示，很可能会引起后续阶段的服务问题，而提示得过晚，又存在与采购职业道德和操守相违背的问题。

（2）关系。应当建设性地和专业地处理终止过程，以避免双方的敌对情绪和信誉损害，并且在适当的前提下为未来的业务留下再发展与重建的可能。

（3）法律。终止一份合同或协议可能会有财务方面的风险。围绕保密协议、退还资产或知识产权的保护等可能也会存在一系列必须解决的问题。

（4）补救。给双方足够的冷静时间和信息，或者改进目标和其他条款，希望能在新的平台上再次合作。至少要保证双方利益的满足，并持续开放双方保持商务关系的"大门"。

（5）转换。在终止与供应商关系之前，采购方应当采取合理的措施保证供应的连续性，包括提醒受供应商变化影响的职能部门、评估并引入新的供应商、对从终止的关系中获得的经验与教训进行反思以便改进未来的协议与关系。

即使关系终止后，也应当保持沟通渠道的畅通。即使在终止过程中出现了较为激烈的情况，采购方和供应商组织中市场营销职能在对待其供应与产品市场的态度方面必须表现出应有的专业化水准。完全关闭双方之间的对话渠道，将会丧失未来再次合作或其他方面的商业机会，也会造成在市场当中企业形象与品牌价值的损失。

一旦供应合同终止，组织可能仍然希望保持联络，或在机会得当的时候对未来的商业合作保持开放的态度。另外，采购方应当充分地从各种渠道了解供应市场的发展情况，与各方保持合作性沟通。交流越充分，采购方就越能了解最新的供应市场动态。

资料来源：曲沛力.采购与供应管理：有效执行五步法[M].机械工业出版社，2016.

思考与练习

一、名词解释

1. 合同

2. 条件条款

3. 保证条款

4. 明示条款

5. 默示条款

二、选择题

1. 形成合同默示条款的原因包括( )。

   A. 合同的性质(一般是服务业)　　B. 商业有效性的需要

   C. 成文法的规定　　　　　　　　D. 行业惯例

2. 关于"质量"条款,其中需要明确的内容包括( )。

   A. 约定货物的质量标准

   B. 质量瑕疵的表现及应承担的责任

   C. 约定货物质量检验期间、检验方式、检验地点等内容

   D. 质量异议条款

3. 预期违约包括( )。

   A. 损害赔偿金　　　　　　　　　B. 强制履行

   C. 按合理价格支付　　　　　　　D. 重新商定合同

4. 哪些情况下规定的违约赔偿金条款会被认定为惩罚条款?( )

   A. 规定的金额高得不合理

   B. 出现一种或多种违约现象,都用同一笔损害赔偿金来赔偿

   C. 规定的对未付款导致的违约进行赔偿的损害赔偿金金额大于需要支付的全部付款金额本身

   D. 规定的对未付款导致的违约进行赔偿的损害赔偿金金额超过组织实际资产总额

5. 对企业商业秘密的保密做法包括( )。

   A. 与将要接触商业秘密的人订立保密协议和不得参与竞争协议

   B. 要求出示雇员身份证和来访者通行证

   C. 制定颁发雇员手册,对有关商业秘密、复印政策等做出规定

   D. 对管理人员,主要雇员以及将会经常使用接触秘密信息的人进

行推荐和背景检查

E. 与雇员签订知识产权相关保密协议

三、简答题

1. 区分条件条款(condition)和保证条款(warranty)。
2. 采购人员应如何克服"条款之战"?
3. 区分规定的违约赔偿金及未经算定损害赔偿。

四、论述题

1. 举例说明合同默示条款的主要来源。
2. 描述哪些文件可能会导致"条款之战"。
3. 对比分析采购方合同与销售商合同中条款和条件可能会存在差异的一些方面。
4. 免责条款的实际应用会遇到哪些现实困境,又当如何避免和解决?
5. 举例说明对于服务类外包合同的管理重点应当放在哪些方面。

第十章

外 包

- 了解外包、内包与分包
- 熟悉自制与外购决策的联系与区别
- 理解外包退出计划
- 掌握各类外包风险和外包关系管理

外包；分包；内包；外包退出计划

第一节 外 包

一、什么是外包

外包指的是组织将大宗的非核心活动或职能以合同形式授权给专业的外部服务提供者，这可能是以长期的关系为基础。

在进行这种决策前，组织首先要做到清晰识别自身的核心能力，至少将核心能力保留在自己内部，非核心活动则可以考虑外包。

外包是采购者将供应链视作内部资源外延的最终表现形式,对此我们可以参照供应链管理的概念。原本在内部执行的职能被授予外部承包人,通常他们都与买方组织有着非常密切的合作关系。

当然,外包并不适合每一家企业,也不适合某一家企业的每一个流程,但管理者必须有意识地寻找外包的机会,并尽可能地利用它们。无论组织是否有正式的功能边界,它都有适合外包给第三方供应商的流程。外包主要是由大公司开创的,这些公司急于减少成本和员工人数。

今天,许多中小企业发现了外包的优势,使其能够与使用外包多年的大公司竞争。大型的跨国公司或组织都已经开始在后台流程中遇到与增长相关的挑战,而这些流程可能适合交给外包合作伙伴。

毫无疑问,任何组织实施外包解决方案的决定都会产生深远的影响。与此同时,这些影响不应导致决策过程的瘫痪。对于决策者来说,认识到实施外包是一项战略行动是很重要的。随着外包提供商的日益成熟,外包的决定不再仅仅是节省成本或裁员;它也是关键功能领域的性能增强之一。

你所在企业的技术支持团队是否被客户的询问淹没了？新产品开发周期太慢了吗？应收账款部门在追踪逾期付款人时是否拖延了？在不仅限于上述的例子中,选择采用外包解决方案是基于在该过程中提供改善企业业绩的可能性。在每一种情况下,提高业绩对企业的意义可能比简单地降低成本要大得多。

对于组织来说,至少调查外包机会的决定并不困难。与此同时,对外包的研究在短期内会对组织产生潜在的影响,必须加以考虑和处理。分析和选择外包机会的最有效方法是利用一个深思熟虑的、系统的方法,使每一步的风险最小化。

二、外包前的决策

在外包场景中的一个重要的权衡议题是,企业必须决定是自行生产(自制),还是选择从供应商处购买(外购)。例如,iPhone 的所有组件都是由苹果以外的公司制造的。福特从不同的供应商那里购买车身玻璃和汽车座椅,以及许多其他部件,然后在福特工厂进行组装。对于每个部件,福特必须决定是在内部生产还是从外部供应商那里购买。

这种类型的分析也与服务行业有关。例如,律师事务所可能决定聘请外部专家来完成某些研究活动,而不是让员工在公司内部完成这项工作。

与其他决策一样,自制或外购决策包括定量和定性分析。定量部分需要进行成本分析,以确定哪种方案更具成本效益。这种成本分析可以通过查看购买组件的成本和生产组件的成本来执行,这允许企业基于对不可避免成本的分析来做出决定。例如,生产成本将包括直接材料、直接人工、可变管理费用和固定管理费用。如果企业选择购买组件,那么可避免的成本将会消失,但不可避免的成本将会保留,并且需要被视为购买组件成本的一部分。

支持"自制"决定的主要因素包括:

(1) 成本问题。当从外部采购价格昂贵时,企业会选择内部生产。

(2) 希望专注于制造业。企业本身核心业务和能力集中于生产行为和管理。

(3) 没有合适的供应商。这在制造业中很常见。企业担忧外包合作伙伴的可靠性。这些疑虑导致了决定内部生产。

(4) 质量控制要求。当进行生产活动时,企业对产品质量有绝对控制。但当部分或全部外包生产时,会降低对产品质量的控制。

(5) 运输成本。有时,运输成本在"自制或外购"决策中起着关键作用。不稳定和高昂的运输成本会促使企业决定内部生产。

导致企业做出"自制"决定的其他因素包括:对知识产权的关注;较低的供应商风险;知识/信息/技能的保留;环境保护考虑;政治上的考虑。

支持"外购"决定的主要因素包括:

(1) 缺乏技能/知识。当企业缺乏制造产品的技能/知识时,外包是最好的选择。有专业知识的供应商可以提供更便宜的产品。

(2) 成本方面的考虑。当生产一种产品或提供一项服务成本过高时,企业就会转向外包。

(3) 缺乏设施。当企业缺乏设施或能力、设备、资源等时,外包是更好的选择。

（4）低需求数量。面对较少的数量需求，企业可以做出"外购"的决定。

（5）对核心业务不重要的产品或服务通常会被外包。外包可以释放企业资源，用于更需要的核心业务的发展和提高。

导致企业做出"外购"决定的其他因素包括：采购和库存考虑；对某些品牌/专利的偏好或需要。

三、识别外包机会

1. 分析和选择外包机会

分析企业的外包机会意味着识别核心能力，并确定支持这些活动中高性能的最有效方法。正如许多组织所发现的，支持核心竞争力的一种越来越有效的方式是将非核心业务外包给第三方供应商。以下是一个分析和选择外包机会的六步流程，流程中的每一步都是为了帮助组织将外包的决策与组织的总体战略联系起来：

第一步：建立外包分析团队；

第二步：进行当前状态分析；

第三步：确定核心和非核心活动；

第四步：识别外包的机会；

第五步：对外包项目建模；

第六步：开发并展示商业案例。

这六步流程并不是分析外包机会的唯一方法。然而，这个经过验证的流程可以增加成功的可能性，并将与外包计划相关的风险降至最低。

2. 识别并选择一个外包供应商

找到合适的外包供应商是一个组织外包计划的关键步骤，也是最难管理的步骤之一。外包的承诺总是被感知到的风险所削弱，这些风险与将内部业务流程的责任移交给其他公司有关。许多组织宁愿安全行事，维持现状。由于它对组织的长期战略方向的影响，基于外包生命周期的供应商识别和选择阶段当然必须被认真对待。当一个组织进入外包关系时，它将管理其部分业务的责任分配给第三方。当做出这样的决定时，组织显然是在承担额外的风险。供应商识别和选择过程有自己的生命周期，借助电子寻源和其他来源来识别潜在的供应商/合作伙伴，经过熟悉阶段、评估阶段，到最终确定选择。如果一切顺利，交付工作按计划进行，甚至可能在双方都满意的基础上超过原合同期限继续进行。如果进展不顺利，双方就会脱离合作关系，外包买方被迫重新寻找其他合适的供应商。

四、外包供应商筛选流程

在这里介绍的是一种识别和选择正确外包合作伙伴的系统方法。为了帮助组织筛选外包供应商的过程，将这一流程划分为以下八个关键步骤。

1. 任命供应商筛选小组

选择外包供应商远比选择新供应商重要。与买方供应商关系不同，外包中的买方与供应商关系涉及定制服务、服务水平的详细协议和面向战略的长期合同。一个稳固的外包关系本质上是战略性的，外包的买方和供应商必须在关键目标和价值观上有共同的利益。一般来说，外包中的买方与供应商关系的特点是定期召开高级管理会议，共享其他方面的机密信息。因此，各组织主导的管理风格之间的和谐是成功的关键先决条件。

供应商选择团队应该从外包项目将影响的业务领域中精选。团队的主要工作人员应包括以下几类：具有合同专业知识的高级管理人员、法律人员、技术人员和信息系统分析师、终端客户、财务人员。

咨询公司在某种程度上可以帮助筛选小组定义职位描述，评估内部需求，进行谈判，评估供应商绩效，并提供质量保证。尽管这些服务代表了额外的外包成本，但它们可以使组织减少外包风险，实现目标，并选择正确的外包合作伙伴。与组织内的任何正式特许团队一样，筛选小组应该建立一个定期的会议时间表，并设定明确的目标。

2. 建立资质

在这里必须确定外包供应商的最低资质。这些资质可能包括经验、价格和地点等。资质列表还可能包括更多的战略性项目，如供应商的组织文化、决策风格和声誉。

根据对外包买方需求的广泛调查,供应商最常要求的资质如下:质量、历史绩效、保证和索赔政策、设施和能力、地理位置和技术能力。

客户服务是组织可能需要考虑的另一个因素。如果供应商在如何提供优质的客户服务方面拥有良好而广泛的声誉和知识,就更容易管理。在外包生命周期的这一阶段,组织必须保持客户思维。只有在选择了供应商并签订合同之后,买方组织的合作伙伴思维才会出现。通过在供应商选择阶段保持客户思维,组织可以避免过早地放弃满足资质要求的潜在供应商。在外包伙伴关系的发展阶段,需要相互妥协和合作。在选择供应商阶段,买方希望从供应商那里获得尽可能多的增值,因此不应在项目所需的任何条款上做出让步。重要的是激励供应商努力工作来展示其满足项目需求的能力。

对于任何外包项目,核心专业知识和技能是另一个相关的考虑因素。外包项目离核心越远,顾虑就越少。接近外包组织核心能力的流程永远不应该外包给没有经验的供应商。

数据共享几乎是所有外包关系的一部分。鉴于各种商业数据库之间的数据共享可能很困难,供应商的技术平台应是资质要求之一。如果供应商没有一个系统可以很容易地与买方的现有系统兼容,那么就必须说明如何克服这个障碍。在选择合适的供应商时,了解供应商业务的重点或者是什么驱动了他们的收益是至关重要的。例如,大型供应商公司通常寻找非常大的合同。与大型供应商公司谈判的较小合同不太可能得到与较大合同同等的待遇。

3. 制定一个长候选清单

启动供应商搜索并试图确定合格的供应商时,建立明确界定的资质边界是极其重要的。组织内部必须达成共识,即寻找具有特定资质的供应商,而不是考虑所有供应商。筛选小组在这一步的目标是建立一个有 15~20 个(数量过少或过多都不利于形成有效候选基础)潜在外包供应商的合格名单。通过互联网等电子寻源方式来确定外包候选人是最常采用的选择之一。通过使用标准的互联网搜索引擎和关键字组合,供应商选择团队可以在供应商识别方面取得进展。

许多组织用来制定一份长候选清单的另一种技术是在现有的供应商中寻找,看看是否有合格的和愿意投标的外包项目。这种类型的关系被称为单源采购。

然而,单源采购可能会导致保留一个不完全有资质管理所考虑的业务流程的供应商。这也增加了商业风险。如果供应商遇到问题,更多的外包买方的流程将受到影响。通过寻找和评估多个供应商,外包买方将更好地了解卖方市场能够提供什么,更有可能找到满足其需求的最佳供应商,并将风险分散到多个合作伙伴。

一些外包买方可能会考虑聘请第三方顾问来帮助他们找到符合要求的供应商。这些公司的有偿服务是建立在已经具备一个可供选择的供应商池的基础上。尝试在长候选供应商列表中寻找有效选择的一个好方法是访问它们各自的 Web 站点。许多供应商在他们的网站上发布了大量的详细信息。在许多情况下,供应商会列出用于访问和评估的案例研究以及合作伙伴、客户和提供的服务等信息。这些信息无疑会对供应商产生积极的影响,以显示供应商是否符合供应商筛选小组提出的资质要求,以及是否与采购组织战略匹配。

供应商筛选小组的目标是将长名单精简为一个合格的供应商,组织将与之建立有效的长期合作关系。

4. 执行信息征询(request for information,RFI)

在收集了必要的数据以构建一个 15~20 家潜在供应商的列表之后,便可以着手从候选企业那里收集信息了。实现这一目标的常用技术是向长列表中的每个供应商发送工作范围大纲和信息征询(RFI)。工作范围应该包含外包建议的广泛意图和响应的时间框架。RFI 是一种问卷式的调查,目的是了解和建立供应商能力和参与兴趣的数据跟踪。组织应该将 RFI 发送到长名单供应商列表中,并跟踪每个供应商对项目的兴趣。

供应商应该被告知买方组织是否允许在 RFI 过程之前进行对话。供应商筛选小组应该为响应 RFI 设定一个明确的截止日期。截止日期过后,供应商筛选小组将安排并对可接受的受访供应商进行能力面谈,以确定他们满足项目目标的能力。

在能力评估期间,采购方应确定每个供应商是否拥有完成项目所需的技能、技术和人员。对供应商的现场拜访将有助于做出这一决定。如果有必要进行现场拜访,供应商筛选小组应该会见供应商管理团队和人员,评估他们的工作场所,并观察他们如何回应要求和问题。基于能力面试的结果,15~20个供应商的长名单应该会减少约一半,剩下7~10个供应商则进入下一个步骤。

5. 执行建议书征询(Request for proposal,RFP)

建议书征询(RFP)的目的是创建一个详细说明外包项目所需的服务、活动和性能目标的文档。除此之外,RFP也被认为是一份销售性文档,旨在吸引能够为外包买方组织增加价值的供应商。

RFP的格式因组织而异。至少,外包项目的要求应该清楚地传达给供应商。在此阶段对需求进行详细的沟通,确保最初的响应将提供供应商满足组织需求能力的完整而清晰的画面。RFP的要求部分必须反映供应商成功完成提案所需的综合能力和经验。

对于执行一个有效的RFP,有几个通用的指导方针。其中最重要的一点是清楚地了解预定外包的业务流程和供应商要求的工作范围。同时,RFP不应该太长、太烦琐,以至于一些合格的供应商选择不响应。

在任何RFP中都应该包括以下几个项目:

(1)管理:包括有关外包买方的公司、业务优先级、RFP的目的、响应期限、所需格式、评估标准和联系方式的信息。

(2)一般要求:详细介绍关于提供的服务、报告和信息共享、客户服务、索赔解决、合同实施、培训和费用基准的期望。

(3)定价的需求:概述预期的定价策略,包括净费率和批量折扣的目标。

(4)合同/法律:提供关于预期合同条款和条件、保证、救济和任何免责声明的详细信息。

一般来说,供应商筛选小组应该能够在审查投标后淘汰2~3家公司(因为他们的能力与外包项目的需求不匹配),在留下的5~8个供应商中评估成为买方的外包合作伙伴的潜力。

6. 评估建议书

采购组织从竞争供应商收到的建议将是非常全面的。对建议书的初步筛选可能会揭示有关供应商的有趣事实。例如,供应商筛选小组应该浏览每个提案,以确定它是否满足其组织的独特需求。通常,外包供应商会从另一个提案中照搬材料,然后简单地将其插入当前的提案中。虽然这种做法在某种程度上是可以理解和接受的,但过度重复的建议可能表明供应商没有花很多时间考虑买方的独特需求。供应商筛选小组应该仔细阅读建议书,并寻找使用通用模板的迹象。一个好的外包供应商必须以客户为导向。采购方应该警惕那些用样板文件和夸夸其谈填满提案的供应商,也应安排与已提出可接受的建议的供应商进行面谈,这种面谈一般持续一小时。供应商筛选小组可以安排与每一个供应商进行一次面对面的会议。但是,只有经过筛选的候选者才有机会与供应商筛选小组进行正式的谈判。

当然,供应商筛选小组必须确定提交投标的最后期限。有了供应商的建议和投标信息,便能够将长名单缩小到一个短名单。

7. 选择一个短候选清单

一旦第一轮提案评价完成,供应商筛选小组应该拥有选择 3~5 个最合格的供应商的必要信息。此时,外包买方应直接联系选定的供应商,并邀请其进行面对面的正式会晤或拜访。供应商拜访应安排得尽可能紧密,以便供应商筛选小组可以在对每个供应商都印象清晰和直观的时候进行比较和记录。一般来说,每次拜访都应在较短时间内完成,供应商筛选小组应该为会议设定议程,并提前与每个供应商分享。

8. 选择最终外包供应商

到这个阶段为止,通常都很清楚哪个供应商已经具备了最能满足买方短期和长期需求的方案。如果供应商筛选小组很早就确定了所需的供应商资质,适当地对其进行加权,并观察了每个供应商在定量和定性等方面的表现和能力,那么它应该能够就最终的选择达成共识,选择出最终外包供应商。

必须说明的是,供应商筛选小组最终可能会决定,没有一个供应商能够满足组织的需求。如果出现这种情况,组织就应该放弃外包项目。对于许多高管和经理来说,在投入了如此多的时间和其他资源后,决定放弃一个项目是极其困难的。然而,明智的商业决策有时需要公司止损并继续前进。在这种情况下,如果在遵循了这个流程之后,没有一个供应商能够满足组织的期望和需求的话,那么试图对标准和规范进行不公正的划分或允许供应商改变其出价以强制符合,都是不明智的。

第二节 外包、分包与内包

如上一节所提到的,通过外包组织将大宗的非核心活动或职能以合同形式授权给专业的外部服务提供者,可能是以长期的关系为基础。

外包的方式可以大致分为两类:

(1) 基于项目,如系统开发、产品设计、管理咨询、大型市场活动等。

(2) 基于长期、持续的方式,外包供应商被授予关于特定职能的全部职责,如安保、保洁、市场调研、包装、物流运输与仓储等。

一、外包与分包

外包主要是一种削减成本的措施,原先内部完成的任务现在由与企业无关的外部个人或企业完成。

另一方面,分包是指企业雇佣或委托另一个个人或企业来完成一项通常不能在内部完成的专门任务。分包并不包括在公司内永久性地分配整个工作或部门职能,而仅是在合同基础上商定的工作。

20世纪80年代末,外包首次被认为是一种商业战略,并在90年代成为国际商业经济学的一个组成部分。外包成为一种常见的企业行为,导致许多企业竞相效仿,由此也造成了什么是分包和什么是真正的外包之间的混淆。

外包和分包之间的区别是微妙的,但是当企业与利益相关方和客户打交道时,定义术语和职责划分是很重要的。

外包与分包的联系与区别如下：

（1）外包和分包都涉及在企业外部分配工作。

（2）外包是一种全面的成本削减战略,寻求将整个工作或部门长期性或永久性地分配或承包给外部企业。

（3）分包是指雇佣/委托外部企业或个人来完成内部无法完成的专门任务,通常是临时性的

（4）外包是长期的、战略性的,分包是短期的、战术性的。

外包的任务通常是可以由企业内部员工执行的过程。通过外包一些职能,企业可以将关键业务和核心资源保留在企业内部。

外包应该提供一个成本高效的解决方案,以保持工资、运营费用和管理费用较低。例如,企业可以与外部供应商签订合同来管理其行政工作,这样员工就可以继续专注于生产或销售。外包作为第三方独立工作,执行必要的任务,根据需要进行与雇主进行沟通协商。

分包指的是引入外部企业或个人来执行商业合同或项目的特定部分的做法。

在大多数情况下,一个企业分包给另一个企业去执行内部无法处理的任务。分包方和供应商在整个项目中密切合作,而雇佣方对过程有合理的控制。

举例来说,假设一家建筑商被雇用来建造一个模型样板房,建筑商的员工在施工的各个方面都是完全合格的。但对于这样一个样板房的室内设计,建筑商并不擅长。建筑商将室内装修分包出去以完成这项工作。

二、内包

与外包相对应的另一个商业行为是内包。

内包将一个项目分配给企业内部的个人或部门,而不是雇佣外部的个人或企业。它利用组织内已开发的资源来执行任务或实现目标。例如,一个企业可能会将新产品的技术支持外包给其他企业,因为该企业已经拥有

组织内另一个产品的现有技术支持。

此外,内包通常在企业内部就地实行新的操作流程。由于这个原因,内包对企业来说可能更昂贵。

内包的优点包括:

(1) 直接控制:内包交付的最大优势是快速改变和稳定操作流程的能力,因为员工能够快速了解环境,也因为他们熟悉组织的政策和流程。

(2) 对企业价值和目标的热情:承诺提供"更好"的服务。服务于企业的内部员工与企业愿景和发展通常更容易保持一致。这也是为什么员工愿意受雇于企业,并为之努力工作以实现个人价值与目标和企业价值与目标的原因。

(3) 创新:如果企业有能力、技能和资源进行内部创新,企业就能真正加速创意的形成和产生,以及为这些创新提供实验、试点和实施的土壤。如果企业的管理方式和模式保持正确和高效,内部团队能够快速理解各种职能运转和工作协调的流程,并且能够比在外包的情形下更容易、更快速地实现。

内包面临的挑战包括:

(1) 玉米片式管理——顾名思义,就是组织架构混乱,没有稳定的流程机制。内包服务提供的最大威胁之一是可能收到的临时更改请求或汇报机制模糊。不管这些任务或指令是来自直接的职能部门经理/主管还是项目团队的负责人,如果企业内部没有一个明确组织架构和汇报机制和工作优先级,持续不断的方向性变化和朝令夕改的要求指令会导致内包工作效率极其低下。

(2) 人员依赖:对于内部员工来说,如果内包工作没有一个严格的流程控制机制,比如没有创建或维护文档的正确过程,那么当员工离开(离职或调离工作岗位)时,企业可能就此失去相关的信息、知识和资源。

(3) 资源配置和角色安排:内包服务由于"取材"于企业内部,同时因为企业内部的职能划分和资源优先级设置,往往受制于匹配性资源(人员、技术、设备等)的安排和落实,随之而来的问题就是,无法将最需要的资源放置到最需要的岗位和流程中去,导致物无法尽其用,人亦无法尽其用,从而形成资源紧缺或浪费。

第三节 外包风险

一、外包风险的类别

在本节中,主要将探讨最常见的外包风险因素,并考虑通过有效的管理来降低这些风险。组织必须警惕以下六类风险。

1. 项目风险

项目风险被定义为外包计划可能无法提供预期的成本节约、战略优势或生产力改进的可能性。造成这种潜在风险的原因太多,无法一一列出。软件基础结构之间不可预料的不兼容性可能会导致延迟、成本超支和业务损失。组织间文化差异可能会带来难以克服的挑战,而这些挑战带来的麻烦超过了它们原本可以带来的价值。

为了降低项目风险,外包采购方应该首先评估其承接外包项目的准备情况。这包括评估组织适应变化的能力、内部外包倡导者的存在,以及将项目转变为全面运作模式所需的时间。在管理大规模变更方面有不良记录的组织比那些有成功变更管理记录的组织面临更高的项目失败风险。一个组织在该领域的成功记录表明了它的组织文化,并且很可能在外包倡议中保持一致。一个内部外包倡导者(特别是一个在组织内具有广泛影响力的人)的存在可以降低项目风险。

将流程从采购方内部过渡到外包供应商的时间也会影响项目的风险水平。一般来说,可用于过渡的时间越少,风险就越高。一次性将所有流程转移到离岸外包供应商通常是不切实际的。买方应该增加可用于实现外包转换的时间,并在此过程中获得成功。可以用来降低与项目时间安排相关的风险的技术是开发合理的价值视界。价值视界指的是组织期望在特定的时间内从外包项目中获得的价值。例如,一个期望在三个月内降低25%成本的组织可能由于项目实施成本的原因而无法实现这个目标。然而,在两年内节省25%的成本,通过努力和尝试,实现的可能性是明显存在的,并且也是一个适当的价值预期。

2. 知识产权风险

大多数企业都有大量的敏感信息,包括商业秘密、商业计划和专有业务知识。在任何国家和地区,保护关键的商业信息都是一个值得关注的问题。信息安全的威胁,如公司内部人员、前雇员和计算机黑客的盗窃,比比皆是。离岸外包带来的威胁与国内外包不同,在某些情况下甚至更严重。关于是否以及如何保护敏感信息的法律标准和商业惯例在世界各地各不相同。

一些行业组织,如银行和金融服务公司,已经制定了严格的指导方针,供组织遵循,以确保其专有信息的安全。

最有效的信息安全风险管理策略是采用和遵守最佳实践和标准。

为了管理信息安全风险,外包供应商组织应该采用并能够证明符合全球最佳实践标准。许多公司求助于托管安全提供商来帮助其管理这种风险。良好的安全提供商提供有价值的威胁事件分析和报告,补强内部安全人员的工作。他们通过筛选大量数据来实现这一目的,目的是发现、识别必须解决的安全漏洞,并确定其优先级。

使用第三方来管理信息安全有助于减轻组织对信息安全的担忧,但如果存在安全漏洞,这并不能免除责任,责任也不能转移给第三方。

3. 法律风险

与离岸外包相关的法律风险数不胜数,而由于相对缺乏法律先例,它们的威胁更加严重。例如,目前还没有明确的法律来规定在发生安全违规或其他严重渎职行为时,可以从外包供应商那里获得何种程度的补救。各国针对外国公司向私营企业寻求赔偿的法律各不相同。

如今,许多律师事务所和咨询公司专门帮助外包买方制定有利且可执行的合同条款。当然,每个合同都必须培养和促进外包关系。在一个离岸外包项目中,采购组织可能不得不让出一些管辖权给外包供应商母国。

也就是说,一般不再可能与离岸卖方起草合同时,要求所有法律冲突都在买方优先管辖范围内决定。另一种情况是,外包买方可能需要在不同的合同要素上做出一些让步,其中一些潜在的冲突将由国际仲裁机构裁决。

外包买方应该确保对竞争力有潜在最大影响的问题在他们首选的仲裁机构裁决。如果愿意把不那么重要的问题交由其他地方或机构裁决，这一点一般是可以实现的。

一种有效避免法律纠纷的方法是根据不同的可交付成果和服务水平协议（SLA）拆分外包合同。例如，许多公司将软件开发和 IT 管理外包给第三方供应商。买方学会明智地将软件开发合同与 IT 服务合同分开。IT 管理服务通常由需要定期支付费用的 SLA 管理。但是，软件开发费应在开发（里程碑）阶段支付，其中相当一部分费用保留到最终代码或程序被接受为止，从而将标准服务条款与软件开发区分开来，也降低了无法按照预期执行代码开发的融资开发风险。企业还应该小心地将持续服务或与交易相关的条款与那些涉及某些类型输出（如软件或知识是买方组织的财产）的条款分开。与交易相关的服务通常包括在 SLA 中，并定期支付。对于外包买方来说，在最终产品交付和测试之前保留相当一部分的开发合同费用是合理的。

4. 供应商组织风险

与外包供应商组织相关的风险可能是最难以接受的，因为它们不容易控制。当供应商在海外时，这种风险更会增加。与供应商组织相关的风险范围从业务实践到认证和引用声明的真实性。其中，供应商的业务实践在世界各地可以有很大的不同。

另一个风险是，供应商可能夸大他们的能力，夸大所拥有的业务和技术认证以及所服务的客户。这种风险可以通过全面的尽职调查来减轻，这些尽职调查坚持要求提供认证的客观证据，并允许与供应商客户名单上的代表进行交谈。对于拒绝分享认证证据或拒绝客户推荐的供应商，应谨慎对待。供应商组织风险还包括其人力资源实践。选择外包业务流程的组织应考虑供应商的劳动实践，并确定该类风险是否会损害其国内声誉和商誉。

5. 价值风险

无论理由是成本节约还是业务转型，外包项目的实施都是为了为买方组织创造价值。由于任何复杂的外包交易都存在无数的不确定性，过度透支预期价值可能是一个挑战。例如，如果外包交易有望在第一年为外包买方节省 100 万元，那么项目管理团队应该能够达到这个数字。随着项目难度的增加,增加额外的人员或雇佣咨询公司可能是一个诱惑。如果项目管理团队致力于实现为项目制定的成本节约目标,就可以抵制这种诱惑。另一种降低项目价值风险的技术是授权项目管理团队不断寻找机会扩大供应商能力和那些通过业务外包关系共同开发的能力的范围。例如,将薪酬管理业务外包的公司可能会发现,将其他后台职能转交给同一供应商可以获得额外的优势。

价值风险是任何项目中固有的,与国内供应商相比,与国际供应商合作存在更高的价值风险,因为潜在价值的程度往往被国外供应商夸大,可能需要比预期更长的时间来实现。这些风险的缓解主要集中在 SLA 协商、实现和管理的有效性上。项目管理计划也可以是减轻价值风险的重要工具,因为它指定了任务和责任方,这些责任方可以在一对一的基础上被问责。在没有解释和补救计划的情况下,不应该允许关键流程或业务长时间停滞不前,而又无计可施的局面出现。外包项目管理团队应该为在没有达到价值目标的情况下及时召开紧急会晤,以期做好万全准备和应对方案。

6. 不可抗力风险

不可抗力风险是最难量化和具体说明的。然而,这些风险可以通过制定和实施适当策略来缓解。与此同时,组织在制定不可抗力风险管理计划时,外包项目管理团队可以利用客观的信息来源来管理自身的责任风险。外包给海外公司应该为任何潜在的战争或冲突的可能性以及这种可能性对其业务的影响做好充分准备。应急计划应考虑最坏的情况,以解决以下问题:

(1) 组织将如何执行外包的职能;

(2) 组织将如何保护设施及其产品和知识产权;

(3) 组织将搬迁到哪里。

近年全球疫情的暴发说明了为不寻常和意外事件做好准备的重要性。组织需了解他们的业务流程,以及每个市场行为和运营决策都可能会受到不寻常事件的影响。对于还没有外包到海外的组织则需要制定灾难恢复和业务连续性计划。这些计划促使组织检查可能的风险,如果外包买方想要购买保险来覆盖财产、责任或业务中断风险,这些计划都是至关重要的。另外,在基础设施、业务伙伴或分销渠道出现问题时,最好同样做好备份和计划。

二、关于外包风险的总结

外包并不意味着消除业务风险;它只是意味着一些风险被转移到外包供应商。外包买方应该考虑,如果其他一切都失败了,他们是否可以回到原来的工作轨道。备用计划可能比开发成本更高,但如果一切都出了差错,它可以挽救企业。外包协议要求每个合作伙伴都能获得可观的利益,这意味着要分担风险和回报。要做到这一点,外包交易必须为必要的投资提供资金,并通过调整目标来激励每个合作伙伴兑现承诺。尽管传统外包安排的财务结构通常包括基于供应商实现最低服务水平的奖励和惩罚,但业务转型外包交易的重点反而是向上的目标。它们围绕市场份额和股本回报率等企业级结果调整激励措施。当考虑外包时,外包买方还必须考虑潜在的外包关系带来的风险。风险管理策略的一个很好的起点是对潜在的外包业务进行风险分析。在风险分析中需要考虑的问题包括外包成熟度、财务稳定性、运营能力、市场商誉和获得信贷的途径。与外包相关的风险管理相较于与任何其他业务项目相关的风险管理没有什么不同。组织必须在推进外包项目之前建立目标,然后管理这些目标。外包买方还必须意识到内部和供应商相关的人力资源和变更管理问题。外包买方需要时刻留意的是,务必确保在问题变得不可控之前得到解决,并且不断地兑现项目价值,为买方和供应商获取最大的利益。

第四节 管理外包关系

一、管理外包关系需要的技能

成功地管理外包关系对外包买方和外包供应商都是一个挑战。尽管外包的潜在好处已经在上文中详细阐述过,但外包协议的复杂性使其本身成为一个具有挑战性的关系管理问题。尽管关系管理是任何成功外包项目的关键组成部分,但它也是最常被忽视的一部分。

当组织开始传达外包的意图时,就奠定了外包关系的基础。外包关系的成功管理取决于如何定义需求、描述目标、选择供应商以及撰写合同。此外,选择管理关系的合适人选非常关键,因为管理外包关系需要多种技能。

(1)谈判技巧。在外包关系中,经常会有关乎组织利益的争论、让步和迁就。因此,外包项目管理团队拥有协商观点和以外包供应商可接受的方式表达观点的谈判技巧是很重要的。

(2)沟通技巧。外包项目管理团队是组织业务需求和外包供应商服务之间的黏合剂。有效的沟通技巧是必要的,以防止简单的问题复杂化。

(3)业务技能。理解不断变化的业务需求并使供应商的服务与外包买方的业务目标保持一致是很重要的。

二、外包关系的基本特征

1. 关系的深度

外包关系的深度取决于外包业务的关键程度。外包业务越接近买方的核心业务,外包关系需要的深度就越大。根据外包功能的重要性以及这些功能将如何变化或发展,产生的关系如下所示:

(1)合作纵深:主要是由成本或服务水平协议(SLA)驱动;

(2)沟通渠道:使双方之间的密切对话成为必要;

(3)买方组织的扩展:基于外包供应商对于项目成功的承诺和由此形成的依赖。

从经验来看,外包关系发展越深入,买方和供应商之间的紧密性也随之越深,潜在的协同效应也就越大。从操作的角度来看,紧密性是指两个企业之间信息和资源共享的程度和频率。深层的关系需要紧密的耦合,因为外包过程通常是接近买方的核心能力,具有高度不容错性。信息必须在双方之间自由流动,以确保外包过程按照规范执行,并确保任何变化都保持在可容忍的性能范围内。

深入的外包关系要求各方制定外包项目管理计划,以透明的方式规定定期进行的组织间沟通和信息共享。这应包括为日常联系以及紧急会议和为通信渠道提供经费。外包项目管理团队将需要根据其对这种关系特征的共同期望和信念来确定什么是适当的。

2. 关系的广度

外包关系的广度取决于买方是与独立的外包供应商合作完成各种外包功能,还是与一个或有限数量的供应商发展关系。与多个供应商合作以实现各种各样的业务职能,将需要相应更大规模或更多数量的项目管理团队。

单一外包供应商通常具有专业化水平和知识,能够提供世界级水平的服务。与之合作的缺点是,每项外包流程都需要了解和管理与之对应的单个新供应商。管理多个这样的单一供应商给外包买方带来了许多挑战与风险,并增加了外包的总体成本。

基于对买方的熟悉程度,多重服务供应商提供了提高战略收益的机会。买方组织和供应商之间共享的流程、信息和知识越多,洞察整体业务流程和战略的潜力就越大。新的想法和操作方式可以从这种工作关系中产生。由于与单一或有限数量的供应商合作的缺点是对业务管理有更大的风险,因此在决定是否继续将流程转移到多重服务供应商之前,熟悉程度和信任程度必然会降低这种风险。如果买方对供应商的执行能力缺乏信心,那么继续将流程转移给供应商将是鲁莽的。

如果使用多个供应商策略,项目管理计划可能需要多个内部外包项目倡导者和项目管理小组。在这种情况下,指导团队将需要集成各种内部资源,以实现跨职能的知识共享。这是指导团队必须执行的除监督角色之外的另一个角色,无论涉及外包的供应商数量如何。选择单一或有限数量供应商的组织可以将每个供应商分配给合适的项目管理小组。在这种情况下,指导团队的作用主要是监督。

3. 选择资产的使用

由于外包通常涉及将某些流程的控制和维护移交给第三方,因此出现了"谁的资产将用于执行交易"的问题,包括人员、基础设施和技术资产。这个问题没有简单的答案,但是通过关注特定业务,答案会变得更简单。例如,是买方还是卖方可以相对更容易地获得和管理所需的资产。另一个需要考虑的相关因素是,从规模和创新的角度看,哪一方更有能力投资于资产开发。

4. 组织文化的选择采用和开发

选择什么样的组织文化和运作方式应该是完全务实的。这在离岸业务外包中尤为重要,从工作时间长短到性别或社会经济阶层的不同待遇等文化问题最有可能出现。当然,在与离岸(或在岸)外包供应商合作时,外包关系中的任何一方都不应该违反法律或原有的道德标准。同时,在某些情况下,坚持把自己的文化和工作方式强加于对方会适得其反。

外包买方应该与供应商密切合作,解决文化问题。一个稳固的外包关系必须坦率地处理文化差异,必须关注业务流程的共同目标和有效绩效。当然,外包买方必须始终关注其在国内选择供应商的可能结果。

三、外包关系成功的因素

外包买方和供应商之间建立的项目计划与双方之间的合同密切相关,但并不仅仅限于合同。项目计划包括人与人之间、组织与组织之间相互作用的元素,这些元素不能简单地在合同中指定。例如,为了通过业务外包实现战略利益,双方必须建立对对方的理解、信任,并寻求提升彼此的核心业务竞争力。这意味着组织必须超越合同和服务水平协议中指定的可交付成果、时间表、处罚和补救措施。每一方都必须努力了解竞争条件和环境,也必须努力经营,保持盈利。这需要双方投入足够的时间和资源来建立信任。

如前所述,如果外包关系中的合作伙伴要实现超出合同所述的收益,信任是必不可少的。一个动态的业务流程外包关系将不断寻求方法来扩展和深化工作关系,以实现共同的战略收益。与传统的买方与供应商关系不同,这种关系必须从合作的第一天起就带着战略意图进行精心的计划和管理。也就是说,双方制定的项目管理计划应该是为了管理外包项目,实现外包项目的基本目标,同时为买方和供应商寻求战略收益。

以下是一份值得信任的外包关系的基本要素列表:

（1）共同的愿景和期望；

（2）行动的一致性；

（3）反应的可预测性；

（4）尊重保密问题；

（5）长期的、成熟的和持久的；

（6）一致的利益和目标；

（7）相互尊重和理解；

（8）主动和积极的沟通；

（9）集成的系统和流程；

（10）鼓励和参与；

（11）风险分担和回报；

（12）作为扩展的组织运作。

人们普遍认为,有效管理外包关系的策略和关系本身一样广泛。例如,管理侧重于IT职能的外包项目的策略与管理侧重于人力资源的外包项目策略不同。与此同时,无论外包关系的阶段性或最终目标是什么,都可以利用彼此之间某种程度上的重叠和相似之处和从任何适用的业务流程外包活动中学到的一些启迪和经验教训,比如通过研究了数百个业务流程外包案例,查阅大量学术文献,以在各种成功的业务流程外包关系中寻找符合自身情况的模式。虽然每一段关系都是独一无二的,至少有一些细微的差别,不能一言概之,但一段成功外包关系的几个要素经常被认为是必须的。基于信任的基础,成功的外包业务流程中的买方与供应商关系应包含以下六个要素：

1. 外包买方必须理解并尊重供应商盈利的需要

外包关系不能仅仅由降低成本驱动,虽然低成本运作是极具诱惑力的。为了继续激励供应商提供高质量的服务,在这种关系中必须有持续性的利润保证。

2. 合同中应有SLA重新调整的规定

随着业务条件的变化,原始的服务水平协议可能不符合行业实践,需要重新协商和调整。

3. 应明确说明买方的责任

许多外包合同清楚地阐明了供应商的责任,却忽视了买方的责任。

4. 外包计划应包括变更外包项目管理结构或成员的规定

虽然项目管理小组的结构和成员的变化不应该是松散的,但应该考虑到成员间的摩擦和轮换。

5. 应主动识别问题和解决问题

项目管理小组应该使用系统的、积极的方法,而不是被动地等待外包关系中出现问题。当然,这种方法必须以组织间的信任和诚实为基础。

6. 应发展人际关系规范

这些规范应该产生于项目管理小组内部,并且应该管理组员之间相互联系的方式与汇报机制。

第五节 外包退出计划

一、外包失败

退出外包会给外包关系中的各方带来不同的风险,特别是由于供应商违约或企业基于自身考量而选择终止外包后的退出。

作为客户,即外包买方,在退出外包合同后可能面临的常见风险包括:

(1) 对企业的产品/服务供应中断;

(2) 重大和计划外成本;

(3) 关键资产、软件、专有技术或其他知识产权的损失;

(4) 退出进程的延迟;

(5) 损害企业声誉;

(6) 未经授权披露企业机密或商业敏感信息或数据;

(7) 被锁定在具体但不灵活的退出安排中;

(8) 关键人员的流失;

（9）现有供应商提供的终止协助不足。

在可行的范围内，企业应该在外包的一开始就解决这些风险。退出计划不应该被留到合作即将终止的时候再行思考和制定，特别是当双方关系已经恶化时，因为供应商已经没有动力或愿望合作或者同意满足对于外包买方的有利条件。

二、外包退出计划

虽然全面的退出计划通常是在外包合同签订后制定的（因为在一开始就详细制定退出计划可能不现实），但计划的原则和内容应在外包合同中明确。

退出计划应包括：

（1）在终止通知期间或截止期限内继续提供服务，如有需要，在其后的一段过渡期内继续提供服务；

（2）如果外包服务将被带回企业内部，供应商有义务向外包买方的新供应商提供与服务相关的信息（知识转移）；

（3）现有供应商为向外包买方提供服务而使用的资产、软件、专有技术和其他知识产权转让或许可给新供应商的条款；

（4）现有供应商向外包买方或外包买方的新供应商转让与服务相关的记录或已收集的数据；

（5）相关的第三方合同的转让；

（6）现有供应商向外包买方提供在退出后就全部或部分服务的重新招标方面的合理协助。

退出计划应定期审查和更新，以真实反映外包合同期间发生的任何服务变更。

三、外包退出计划的安排

1. 现有供应商指定一名合格的"退出计划"经理

外包买方应要求供应商任命一名合适的"退出计划"经理，监督供应商遵守退出条款的情况,并在终止和退出期间担任买方的联络人。鉴于此角色的重要性,外包买方可能希望拥有批准该人事任命的权利。

2. 表示继续接受基础服务的权利

外包合同应包括在合同期满或终止后的一段合理时期内买方继续接受基础服务的明确权利。这将使企业能够继续接受服务,直至过渡到新供应商可以完全接管该业务。理想情况下,外包买方应要求供应商以外包合同所要求的同等质量水平(即服务水平)提供这些服务。

3. 维护全面和最新的资产登记册

虽然退出计划通常要求供应商转让一份商定的后者所拥有和用于服务的设备清单,但如果无法确定这些设备,转让就会出现问题。当要转移的设备与供应商保留的共享基础设施混合在一起时,这个问题可能更加复杂。为了减少这些风险,应要求供应商在外包合同期间保持全面和最新的资产登记。企业还应该仔细考虑,当外包合同终止时,如何处理这些共享基础设施,特别是与支持该基础设施的第三方合同有关的情况。

4. 转让第三方合同

供应商通常不会就服务的提供签订第三方合同。其中一些将是客户或其替代供应商退出后需要的。第三方合同的转让通常是有争议的,但通过彼此协商和沟通,许多可能出现的问题是可以避免的。

例如,企业应该做好以下安排和准备:与资产和设备一样,确保所有第三方联系人都可以很容易地识别,并在外包过程中建立和维护合同数据库;要求现有供应商在首次签订第三方合同时,确保这些合同的条款包括允许退出时转让的条款,并且没有与买方企业或新供应商转让有关的不合理条款;因为可能会有关于商业机密和保密的问题,买方企业应该主动与现有供应商合作,协调与第三方的沟通过程;在退出过程中留出足够的时间来获得相关第三方的同意,并实施相关第三方合同的转让。

5. 预先商定谁拥有已开发的知识产权

在退出过程中,供应商在提供服务过程中开发的知识产权的所有权和使用权也会是一个有争议的问题。谁应该拥有开发项目的知识产权、许可证的使用范围(例如许可证是永久的还是仅限于客户的内部业务用途、退出后是否需要支付任何许可证费用)都是可以协商的问题,这些事项应该事先商定,而不是留到退出后再讨论。

在退出过程中,通过有效的合同管理可以避免这个问题,特别是通过定义和记录供应商在提供服务的过程中创造了什么。

6. 退出成本

退出计划中最具争议的议题之一是成本。双方应确定不同类型的成本或费用,它们将在何时支付,以及是否计入商定的定价模式,以避免在外包终止时发生纠纷和意外。

外包可能是一项需要广泛协商的复杂性事务,面对不同的供应商很难照搬或套用退出方案或计划。然而,双方如果在合作的一开始就能预见到这些复杂性及其相关的风险,通过适当的合同管理在清晰且不引起歧义的合同条款去有效解决它们,就可以减少有争议的和无法管理的退出外包合同的情况和风险。

案例分析

罗尔斯·罗伊斯的外包管理

罗尔斯·罗伊斯是世界上最大的引擎制造商之一,服务航空、能源、国防等多个领域,生产和服务设施遍布全球50多个国家和地区,营业额为100多亿美元,全球雇员达38 000余人。它的引擎性能卓越,全球市场份额逐年上升,从20世纪80年代的百分之十几一路上升到2000年前后的30%左右。但是,低效的供应链却成为发展的瓶颈,体现为交货时间长、库存水平高、没法及时应对市场需求变化。例如生产一个引擎,从接单到交货,罗尔斯·罗伊斯平均需要260天,最长达一年半。罗尔斯·罗伊斯的库存一度接近30亿元人民币,库存周转率只有每年3.4次。相比之下,竞争对手通用电气的航天引擎部的库存周转率则是8次。仅库存一项,罗尔斯·罗伊斯就比通用电气多积压资金21亿元人民币,一年光利息就是2.5亿元人民币。

采购运营策略

2000年,罗尔斯·罗伊斯启动"40天引擎计划",即一个引擎从客户下单到拿到货,只要40天。从260天到40天是个大手术,没法单纯依靠压缩供应商的交货时间实现,因为很多零部件设计独特、工艺复杂,实际加工时间可能就是几个星期甚至几个月,即使把供应商的所有闲置等待时间都挤掉,还是没法实现这一目标。在产品流方面,罗尔斯·罗伊斯推行设计标准化和精益生产。例如在引擎设计方面,简化减少零件号、生产流程、直接供应商数量。这些都有助于集中式采购,提高供应商方面的规模效益,以取得更好的交货条件、价格和服务。在生产组装上,罗尔斯·罗伊斯原来采用加工车间方式,形不成流,不同加工中心之间联系甚微,零件堆得到处都是,光找到合适的零件就是个大挑战。例如在美国印第安纳的一个分厂,车间工人40%左右的时间花在找零件和向供应商催货上。

"40天引擎计划"推行精益生产,重新组织生产流程,并与采购、运输、系统集成、发货等部门协调合作。这样,装配线流动更通畅,等料、堆积现象减少,生产、调试周期大幅缩短,按时交货率提升。在信息流方面,罗尔斯·罗伊斯启动SAP作为供应链管理系统,让产、供、销各部门有了统一的信息平台,针对同一个计划工作,向同一个目标迈进。在与供应商的衔接上,罗尔斯·罗伊斯在互联网上建立订单管理中心,以便供应商输入交货日期、交货数量。这些信息都及时转入SAP,便于罗尔斯·罗伊斯在世界各地的生产组装线安排计划。根据供应商确认的交货日期,罗尔斯·罗伊斯统一安排到供应商处提货(很多大公司这么做,是因为大公司的规模效益,可以与运输公司谈判得到更好的价格和服务)。

以前,一旦零部件离开供应商,在抵达罗尔斯·罗伊斯之前就算失去了踪影:只知道零件在路上,但在哪里,什么时候能够到,只能凭经验。甚至出现这样的事:采购员在拼命催货,但零件已经到了仓库等待入库验收,只是大家不知道罢了。罗尔斯·罗伊斯的供应商遍及世界各地,运输时间动辄几天甚至几周,如果要把整个订单接收、零部件采购、生产组装、测试、发货周期限制在40天内,零件的运输这几天就很重要。为增加零件运输期间的透明度,在欧洲,罗尔斯·罗伊斯采用手提实时跟踪系统,即每个卡车配备一个手提GPS系统,从司机在供应商处收到零件起,零件的数量、位置等信息就实时传入罗尔斯·罗伊斯的信息系统,这样,采购、生产线就知道零件已经上了路。然后,借助全球定位系统,就能确定零件在何时处于何地。一旦零件到达总库,或者转上飞机送往工厂,工厂都能及时知道。该系统不但增加了物料流动的透明度,而且提高了文档、包装、标签的准确度,大幅降低了入库和付款过程中的错误。

遄达900引擎是空客A380飞机的启动引擎。研发始于2001年,是罗尔斯·罗伊斯迄今为止制造的最大的引擎,直径3米多,也是该公司雄厚的技术力量和协调一致的供应链执行的结晶。该引擎无论是在大的时间点还是成本上都按计划完成,堪称飞机引擎开发史一个非常成功的案例。它在2005年4月首次试飞空客A380,2008年3月28日完成从新加坡到伦敦的首次商业飞行。中国南方航空公司选择遄达900装备其采购的5架空客A380,引擎合同金额为6亿美元。罗尔斯·罗伊斯的遄达900引擎,在用于空客A380产品流和信息流的改进的同时,也改善了资金流。产品标准化减少料号,料号减少则降低库存,库存降低则腾出了更多现金。生产周期缩短不但大幅降低过程库存,而且更快交货,以更快从客户处收回货款,同样改善了现金流。信息流的改善提高了信息准确度,供应商的发货、收货、票据准确,减少了付款过程中的审核确认,向供应商付款更顺畅,不但减少了罗尔斯·罗伊斯的行政管理负担,而且提高了供应商的货款回收速度,实现了双赢。"40天引擎计划"实施了几年就取得显著成效。截至2003年,交货周期从260天降到80天,库存周转率从3.4次提升到6次,对客户的按时交货率从50%左右提升到100%,百万次品率降低过半,成本也累计降低达17个百分点。

这些都得益于缩短产品流的周期、提高供应链的透明度、增加信息流的时效性和准确度。不难看出,三条流互相影响,很难割裂开来。这个计划看上去是个项目,其实是一个长期举措。计划发起者来自福特汽车,也应验了供应链管理经验从大批量行业(例如汽车业、个人电脑)向小批量行业(例如设备制造)过渡的说法。就飞机制造行业而言,它在实施精益生产等先进供应链管理方法上,大致比汽车行业落后10~15年。最近几年欧美飞机制造行业大力推行的精益生产,汽车行业在一二十年前就开始采用了。

这是由所处的竞争环境所决定:欧美的汽车行业在20世纪80年代就遭到日本的强烈冲击,不得不革新求变,而同一时期,飞机制造等遭受的冲击小得多,直到2001年的"9·11"事件。这样庞大的计划,不可能只靠管理层或外来的咨询公司来完成。没有一线员工(搬运工、催货员、验货员、汽车司机、维修人员等)的参与和支持,宏图大略只能停留在纸上。罗尔斯·罗伊斯的管理者深入基层,一线工人积极参与,在现有流程基础上,群策群力,提出了改进方案。

资料来源:40 Day Engine-Turning vision into cash. http://www.dglr.de/,2004.

 问题与分析

1. 分析罗尔斯·罗伊斯的外包管理对它的"40天引擎计划"的贡献体现在哪些方面。

2. 结合本章理论,分析外包供应商是否与罗尔斯·罗伊斯实现了双赢,判断的依据是什么?

 实践指导

苹果公司的供应链

苹果公司每推出一款新产品都是全球新闻。他们吸引的关注和宣传只有最著名的名人才能匹敌。在运营管理领域也类似,苹果公司经常被誉为"世界上最好的供应链"。考虑到苹果产品的复杂性,以及该公司不断推出技术先进的新产品的策略,这个头衔尤其令人印象深刻。然而,苹果的产品与其供应链之间是有联系的。结合先进功能、快速提升的制造能力和对设计细节近乎痴迷的客户的创新产品,通常需要创新的方法来发展其供应链。它整合了所有的研发、营销、采购、外包制造和物流职能,促进了加速新产品

推出所需的详细提前规划,有时还从供应商那里获得独家权利,以确保获得具有战略意义的原材料和零部件。在公司成立之初,该公司就制定了一份对供应商的正式期望清单,并迅速制定了排他性协议,以换取产量保证。与供应商的关系至关重要。苹果可以利用自己的财务实力,通过向供应商下大量的预购订单来保证充足的供应能力,这也阻止了竞争对手获得同样的制造资源。苹果的供应链结构是为了让公司获得最大的可见度,从本质上说,是为了控制产品的设计和性质,甚至是最小的组件。当苹果开始改善与供应商的关系时,这种对控制的关注得到了加强。传统的外包通常期望外包商安排自己的供应(苹果的供应商)。但据密切关注苹果公司的《华尔街日报》(*Wall Street Journal*)报道,苹果在为供应商采购零部件方面拥有更大的控制权。为此,该公司为上海和台北的员工雇佣了数百名工程师和供应链经理,以帮助供应商。但是,除了优势之外,大规模的生产外包也并非没有风险。它使任何公司都有可能受到从自然灾害到国际贸易协定变化等各种因素的影响。此外还有声誉风险。这也解释了苹果公司为何会不遗余力地报告供应商的改进情况。他们每年都会发布一份进度报告,一些人将其视为其他公司的榜样。苹果公司说,我们对供应链进行深入审计,并要求我们的供应商遵守业内最严格的一些标准;事实上,我们对产品的制作方式和设计方式同样关心。苹果公司还因依赖相对较少的关键供应商而受到批评,这被称为"工业规模的供应链风险"。

资料来源:Nigel Slack, Alistair Brandon-Jones. Operations and Process Management[M]. Pearson Education Limited,2018.

尝试和你的团队成员一起进行如下实践活动:

1. 苹果公司的外包计划保证了其利润和供应链的竞争性。和你的团队针对国内某手机制造商进行调研,分析并判断其是否适合套用苹果公司的供应链外包策略,原因是什么。

2. 尝试结合本章所学,为该手机制造商制定一套合适的外包供应商筛选流程。

3. 和你的团队从外包管理中的至少五个方面,为该手机制造商进行外包风险预防和规避。

4. 面对可能发生的外包撤出情况，思考并制作一份符合实际情况的外包撤出计划。

5. 将上述研究结果形成一份商业报告。

日立的外包之路——从电视机到工程师

自1910年成立以来，日立的首要企业理念是通过先进的技术为社会做出贡献。然而，2009年该公司遭遇了日本制造商历史上最大的年度亏损。作为对85亿美元损失的回应，日立公司将其消费电子业务剥离为一家新公司，名为日立消费电子公司。数字产品部门的电视部门占了10亿美元损失的大部分。

因此，日立电视机的采购和制造方式正在发生巨大变化。这些举措将日立的供应经理置于战略的核心。该公司正将更多的制造业务外包，并向全球供应商采购关键部件。从历史上看，该公司通过内部生产和使用日立制造的组件来区分其产品。主要的变化是在完成外包目标的工作中。墨西哥两家主要的电视机组装厂正准备出售。这两家工厂都向美国市场供应了日立电视机。一家位于捷克的组装工厂将被租赁给一家电子公司，该工厂供应欧洲市场的大部分产品。显然，日立未来的战略将在更大程度上依赖合同制造商和零部件供应商，为其庞大的美国和欧洲市场提供最新的液晶电视机和等离子电视机。目前，该公司将继续全面生产并供应产品的唯一市场是日本本土市场。日立将外包视为在电视机行业重获盈利能力的一种途径。

虽然产品和客户服务活动是外包的最初目标，但创新和研究通常留在组织内部。一些公司正在挑战传统车型，并将研究转移到成本更低的地区。日产汽车（Nissan Motors）最近开始将越南视为一个大幅降低汽车开发成本的地点。虽然组装工厂在俄罗斯、土耳其和巴西等低成本国家并不少见，但设计和工程中心大多留在美国、德国和日本。随着汽车制造商在设计过程中寻求更低的成本,并更容易接受当地市场的偏好,设计中心正在向这些地区转移。通用汽车已经开始在中国为别克汽车设计内饰,并将在美国销售。此外,通用汽车研发总监陶博(Alan Taub)说,通过在中国设厂已经发现了当地人的偏好。

日产在河内有700名越南工程师,负责设计燃油管和喷嘴等基本汽车零部件,成本仅为其在日本主要工程工厂的十分之一。越南工程师的月薪约为200美元。其他开发项目也在印度进行,日产和雷诺正在建设一个工程中心,开发一种在发展中国家售价低于3 000美元的汽车。

日产总裁兼首席执行官卡洛斯·戈恩(Carlos Ghosn)认为,外包趋势不会导致日本和美国的工程岗位流失。他确实认为,在工业化国家,工程岗位的增长速度将比过去慢得多。设计外包的风险在于刚毕业的大学生缺乏经验。计算机辅助设计工具有一定的帮助,但知识差距可能会转化为生产车间的质量问题。缩小这一差距的一个策略是将设计中心设在一个已经拥有组装工厂的国家。外包设计是全球化趋势在世界范围内的另一个迹象。

资料来源:①Yamaguchi, Y. and Wakabayashi. D. Hitachi to Outsource TV Manufacture [N]. The Wall Street Journal. B3. 2009. ②Shirouzu, N. Engineering Jobs Become Car Makers New Export[M]. The Wall Street Journal. B1, B2. 2008.

三星——从分包中崛起的家电业巨头

尽管松下(Panasonic)和三洋(Sanyo)等日本家用电器制造商在20世纪80年代初主导了全球微波炉行业,但几乎在同一时期通用电气(GE)在美国市场上也取得了一定的成功,这得益于它在马里兰州有专门的微波炉工厂。然而,通用电气很快就面临来自日本竞争对手的价格压力。一个在当时被认为是显而易见的解决方案是,将利润相对较小的一些较基础车型的生产分包出去。通用电气曾考虑将这些型号分包给它的主要竞争对手松下,尽管这样做风险不小。

同时,通用电气还找到了一家在当时规模不大但很有进取心的韩国公司,这家韩国公司已经开始在美国销售一些非常简易且廉价型号的产品。

通用电气决定继续自己生产高端机型,将较便宜的机型分包给松下,但同时也向松下下了1.5万台较便宜机型的小订单,部分原因是为了评估他们能否完成这笔订单。通用电气派遣自己的工程师帮助这家韩国公司,确保质量标准得以维持。通用电气的工程师们发现,虽然韩国公司的相关专业知识略显欠缺,但他们非常愿意学习。最终,韩国的生产线开始生产一些质量靠谱的产品,而且重要的是价格仍然很低。

随着时间的推移,通用电气的订单越来越多,而且发现从韩国采购的产品比从马里兰州工厂生产的产品获得的利润更高。随着市场的不断成熟和成本压力的增加,这一点也越发变得重要。马里兰州的工厂试图削减自己的成本,但事实证明这非常困难,因为它的大部分产量现在都已分包给了这家韩国公司。最终,马里兰州的工厂被迫关闭,通用电气随后也完全退出了微波炉(实际上是整个家用电器)市场。那韩国公司呢?它在开始生产微波炉的10年内,成为世界上最大的微波炉制造商。这家韩国公司的名字就是——三星。

资料来源:Nigel Slack, Alistair Brandon-Jones. Operations and Process Management[M]. Pearson Education Limited, 2018.

思考与练习

一、名词解释

1. 外包

2. 分包

3. 内包

二、选择题

1. 组织的资源产生竞争优势的条件包括(　　)。

　　A. 价值高　　　　　　　　　B. 稀有且需求高

　　C. 竞争对手无法效仿或者很难模仿　D. 难以替代

2. 外包的相关成本指的是（　　）。
   A. 计划及采购成本　　　　　　B. 合同价格
   C. 失败成本　　　　　　　　　D. 执行成本
3. 进行外包决策时，需要考虑的备选方案包括（　　）。
   A. 自己生产商品或提供服务
   B. 将技术或设计以授予许可证的方式提供给外部生产商
   C. 向合格的外部供应商购买
   D. 与另一个组织联合开发一个项目
   E. 获得世界一流的供应商（后向整合）
4. 招标资料的标准文件可以包括（　　）。
   A. 规格　　　　　　　　　　　B. 服务水平协议草案
   C. 关键绩效指标　　　　　　　D. 合同
5. 外包撤出的可能原因有（　　）。
   A. 资金链压力　　　　　　　　B. 采购组织剥削
   C. 信息安全性　　　　　　　　D. 惩罚措施缺陷

三、简答题

1. 列出自制还是外购决策中需要考虑的因素。
2. 辨析外包和分包之间的区别。
3. 什么是"管理下的服务"？

四、论述题

1. 分析和比较采购职能部门在自制还是外购决策过程中需要考虑的利益相关方和原因。
2. 分析在全球化背景下制造业外包日益普遍和频繁的原因。
3. 解析组织在什么情况下适合将采购外包出去。
4. 如果外包合同失败，采购方可采取的补救措施有哪些？
5. 解析类似波音这样的大型飞机制造商考虑采用外包方式的原因。
6. 试着为一家大型外资汽车制造商规划合适的外包撤出计划。

第十一章

日常采购的方法与工具

学习目标

- 了解采购市场调研
- 熟悉平衡计分卡的特点和应用
- 理解价值分析和 ABC 分析法的特点和应用
- 掌握投资组合技术和价格结构分析的特点和应用

基本概念

采购市场调研；价值分析；平衡计分卡；ABC 分析法；投资组合技术；价格结构分析

第一节 采购市场调研

采购市场调研意指收集和整理与采购有关的市场情况的信息。采购市场调研的任务是调查与组织相关的采购市场，评估市场发展情况（包括特殊发展情况）以及市场结构、风险和潜力。鉴于拟采购的产品品类日益复杂和采购活动日益全球化，全面和有规划性的采购市场调研对于评估市场的风险和机会、以最优化的方式采购产品和服务是必不可少的。因此，采购市场调研是采购部门的一项重要任务。

一、采购市场调研的类型

从本质上讲,采购市场调研可以分为市场分析(与时间点有关)和市场调查(与时间和空间有关)。

采购市场分析关系到未来,并提供了各采购市场在某一时间点的基本结构的简要概况。具体调查内容包括:可以合并的供应商数量、材料的可获得性、能力、竞争情况等。

相比之下,采购市场调查的目的是通过长期观察市场趋势、价格波动或与市场相关的需求变化等因素,揭示市场的变化。

然而,这两种类型的采购市场调研不能分开,且相辅相成。一般来说,市场调查建立在市场分析的基础上,反之亦然。

从收集的数据中得出未来市场的发展趋势,此即市场预测。这种预测可用于组织战略和部门策略考虑,以制定长期采购决策。市场预测的可靠性取决于所收集数据的质量和各自采购市场的波动幅度。

二、过程

对采购市场进行一般性、广义的调查往往只是一个开端。因此,首先必须决定哪些产品类别需要进行特定的采购市场调研。进行有针对性的采购市场调研,除了要了解产品的计划使用情况外,还必须了解产品的基本构成和质量要求,以及现有的生产工艺和技术特性等关键技术数据。

下一步,必须根据各自的供应和需求情况仔细评估市场结构,包括在市场上提供的有关可用性、产能、质量和其他动态信息。当调查对象是"牛市"(即卖方市场,需求大于供给)时,买方的议价能力相对较弱。反之,买方市场的特点是供过于求,买方有很强的议价能力。一个给定的市场是买方市场还是牛市通常取决于各自行业的宏观经济形势,并可能因各自市场的波动而迅速变化。当然,一些常用的经济指标也可以用来作为提供关于未来市场发展信息的参考。

此外，必须调查有关产品的竞争情况。如果有大量的供应商存在，且产品的结构是同质的，那么采购方就可以自由地决定和选择供应商。因此，在这种市场中的买方有很强的谈判能力。然而，这种能力随着供应商数量的减少而下降，在只有少数供应商的寡头市场中可操作性会变得相当低。比如，垄断就是一个极端的例子，在这种情况下，只有一个供应商可以随意操纵价格，买方的谈判能力趋于零。然而，垄断者不会随意夸大定价，因为随着利润的增长，其他市场参与者的利益将被激发。

类似地，采购方需要进一步分析需求情况。本质上，这个问题是基于相互竞争的买方的需求对比。买方可以利用这一知识在市场上定位其需求。就各自需求的可取性而言，一个重要的区分彼此的关键点就是买方组织是一个规模性的买方，还是仅仅代表整个需求数量中较小的市场参与者。

此外，就需求情况而言，材料的可获得性也起着关键作用：谁是市场上的规模性买方？是否有独家协议？材料对组织的物资供应瓶颈的制约性是否存在？

在进行市场分析之后，必须对现有的供应商进行详细审查。为了将可能的供应源定位在最合适的供应商，必须汇编有关各自供应商的能力和潜力的各种相关资料。在这一点上，采购市场调研为供应商选择过程提供了关键信息。除了一般数据外，还可以收集关于供应商的当前生产计划、技术专利、质量水平和所使用的制造工艺的信息。

目前的市场价格水平是采购市场调研必须进一步和最终考虑的决定性因素。原则上，上述因素都会对市场价格产生影响。因此，采购方需要对供应商市场价格信息进行持续性的跟踪和更新。

价格分析的目的是服务于采购成本和优化。价格监测的目的包括调查可能对原材料价格产生直接影响的市场变化。相对应地，价格比较是用来比较全球或区域性的供应商的当前价格水平。

三、信息来源

如前所述，全面的采购市场调研必须收集大量的市场数据。为了获得这些数据，可以利用不同的信息来源。人们普遍接受的对这些资源的区别来自对初级和二级市场的研究。

初级市场研究包括直接收集与自己的采购市场研究相关的数据。关于采购惯例，这更具体地意味着：要求供应商进行自我评估，参加会议和贸易展览会，与卖方交谈，参观生产设施。根据所需信息的程度和复杂性，可委托市场研究机构收集数据。

相比之下，二级市场研究利用的是现有的信息，例如供应商的出版物、互联网展示、描述产品的宣传册或公司报告。为了进一步了解情况，专业期刊、行业名录、市场或证券交易所报告以及互联网研究都是很有帮助的。

然而，原则上企业应该永远记住，在研究上投入的努力不应超过它所带来的利益。产品组越相关、越复杂，收集信息的努力就可能越密集。此外，必须始终注意确保信息来源的客观性和可靠性。最后要记住的是，使用的数据应该尽可能新。如果市场情况迅速变化，就必须在适当的时间间隔内获取新的数据。

四、应用领域

市场分析和监测不可避免地成为采购日常工作的一部分。只有通过对市场状况的充分了解，采购方才能将内部要求与外部框架条件联系起来。采购市场调研在供应商识别和选择范围内尤为必要。只有在采购市场分析的基础上，研究采购员才能获得所需的信息，从众多的供应商中选择最适合自己需求的最可靠的供应商。

在采购谈判的背景下，对采购市场进行调研是必要准备工作的组成部分。市场数据的提供有助于提升采购方在谈判中的杠杆优势。此外，采购市场调研可以通过识别竞争对手提供更多的行动选择，这在谈判中同样可以发挥作用。

经过整理和归档的市场调研结果,可以供组织内的各部门广泛参考和使用。这些数据不仅可以为采购部门提供决策帮助,还可以为其他部门(如销售、开发或生产部门)的计划制定提供有价值的提示和参考。

第二节 价值分析

价值分析可以理解为一种系统性的程序,用于检测和减少产品或流程中的成本密集型浪费,而不会对与客户有关的特性(如使用、寿命、质量或销售能力)产生负面影响。

价值分析从一个系统性和功能性导向的观点出发,将研究对象的功能或目的从实际产品中分离出来并加以分析。通过询问客户愿意为之买单的功能(群),采购方所在的组织可以感知到实现功能的新方法。价值分析总是由不同部门的成员组成的团队进行,以便在审查中整合不同的观点,并达到构思想法的最佳条件。采购是团队中的积极成员,当涉及与价值分析相关的考虑,以优化产品和过程的经济效率时,采购又可以扮演驱动者的角色。采购的另一项任务是让供应商参与价值分析过程,即通过早期供应商参与(ESI)的方式,利用供应商的专门知识。

价值分析的基本方法是分别评估所采购产品及其功能。其中,功能被视为目的,而产品是实现功能的方式。功能和产品的分离仅限于最原始的客户利益,例如,用圆珠笔划线或书写,或在物流过程中从A点到B点运输货物。

识别对象原始功能的常见问题包括:

(1) 该对象做什么,出于什么原因?

(2) 需要这个对象的目的是什么?

(3) 这个对象本质上是关于什么的?

在此基础上,对给定产品的功能就其必要性进行分析。举例来说,圆珠笔书写时字迹不会模糊也不会漏油,而且可能具有高品质的握感设计。

然后,必须检查这些功能与客户利益的相关性。如果各自的功能对于产生客户利益是必需的,它就被归类为主要功能(在这种情况下,即书写字迹不模糊)。如果该功能有助于产生客户利益,则将其归类为辅助功能范畴。不符合这两类的功能是不符合市场需求的非必要功能。这些非必要的功能会产生成本,而这些成本不会得到市场的回报。因此,应在开展采购活动的过程中消除这些问题,并应制订其他解决办法。

第三节 平衡计分卡

平衡计分卡(见图11-1)是在20世纪90年代初由哈佛商学院的罗伯特·卡普兰(Robert Kaplan)和大卫·诺顿(David Norton)开发的。他们描述平衡计分卡的创新如下:平衡计分卡方法打破了传统的只注重财务指标的业绩管理方法。在信息社会里,传统的业绩管理方法并不全面,组织必须通过在客户、供应商、员工、组织流程、技术和革新等方面的投资,获得持续发展的动力。

图11-1 平衡计分卡

平衡计分卡不仅是一个测量系统,而且是一个框架,使组织能够明确其愿景和策略,并将其转化为行动。平衡计分卡方法表明,企业可以从四个角度来观察组织——客户层面、财务分析、内部运营以及学习成长。对于这些观点,平衡计分卡表明组织应该开发指标并收集和分析数据。

这是一种组合了"财务视点"(过去)、"客户视点"(外部)、"内部运营视点"(内部)及"学习成长视点"(将来)的企业经营评价体系。

首先,依照组织战略(战略是既定的),将有此四个视点的活动项目相互关联起来(制作战略地图)。其次,设定每个数值目标和评价目标,检测各项目标并促进公司内部流程改善和个人能力提高,从而推进企业变革。

从以上角度来看,平衡计分卡既是一种管理手段,也体现了一种管理思想:只有量化的指标才是可以考核的;组织愿景的达成要考核多方面的指标,不仅是财务,还应包括客户、业务流程(如采购流程的设计、管理和优化)、学习与成长。

自平衡计分卡方法提出之后,其对企业全方位的考核及关注企业长远发展的观点受到学术界与企业界的充分重视,许多企业尝试引入平衡计分卡作为企业管理的工具。

平衡计分卡的优点包括:克服财务评估方法的短期行为;使整个组织行动一致,服务于组织战略目标;能有效地将组织的战略转化为采购部门的绩效指标和行动;有助于各级员工对组织目标和战略的沟通和理解;有利于组织和员工的学习成长和核心能力的培养;实现组织长远发展;提高组织整体管理水平。

平衡计分卡是对传统绩效评价方法的一种突破,但是也不可避免地存在自身的一些缺点。平衡计分卡并不能在以下两个重要方面发挥推动企业进步的作用:第一,它不适用于战略制定。卡普兰和诺顿曾特别指出,运用这一方法的前提是,企业应当已经确立了一致认同的战略。第二,它并非是流程改进的方法。平衡计分卡并不告诉人们如何去做,它只是以定量的方式表明做得怎样。

采购部门在使用平衡计分卡对绩效进行考核时,需要认识到:平衡计分卡是对传统绩效评估方法的一种突破,但是也不可避免地存在自身的一些缺点,须结合组织和部门实际情况做出调整。

第四节　ABC 分析法

采购部门在组织中承担了许多任务,其中一部分可能还是全新的任务。为了避免高度重复非必要的工作,在维护资源管理的有效性上,建议使用 ABC 分析法,将重要的事情与不重要的事情分开。

ABC 分析法是一种微观经济分析方法,根据给定的对象数量的量值比对其进行分类。该原理描述了一个统计事实,即价值池中少量的高值对其总价值的贡献大于大量的低值。这一方法根据特定的标准和经济重要性对其在价值池中的位置进行分类,并对价值池中的单独值进行排序。

ABC 分析法最初是在物料管理中用于评估特定种类存货的价值。在其他应用中,ABC 分析通常可以用于区分重要值和不重要值。因此,活动可以集中在经济意义高的小区域。通过有针对性地使用 ABC 分析法,可以提高管理措施的效率。

为了详细理解 ABC 分析法,下面将展示在最终产品的部件采购中,如何根据它们的采购价值进行分类,目的是根据这些分类得出相应的行动方案。为了进行 ABC 分析,建议使用电子表格程序(MS Excel)给出类似图 11-2 的图表。

首先,在部件清单中列出单个部件及其采购价格。随后,该清单将对购买的部件进行筛选,并将最终产品中所包含的各部件的数量乘以其购买价格。这样,每一笔买卖都有一个货币价值。这些货币值按降序排序,从而对单个部件进行基于价值的排序。在另一列中,这些价值正在累积,从而得到最低部分的总和。

在下一阶段,将单个购入部件的价值份额作为百分比进行评估。分摊百分比在另一栏中累积。然后,对单个购入零件的各自数量重复这一程序,得出分布图。

显示累计值百分比和累计数量百分比的列对于进一步分析是至关重要

的。在这里，所有部件被分为 A、B 和 C 三部分。这种分离的界限应该合理划定，并可能因情况而异。作为粗略的指导，可以将边界设置为累积值百分比的 80% 和 95%。将结果制成图表形式（见图 11-2）可以提供更清晰的理解。图形表示可以以如下方式呈现：

A：包括 12% 的部件，价值份额略低于 80%。

B：包括 13% 的部件，价值份额约为 15%。

C：包括最后 75% 的部件，代表 5% 的价值份额。

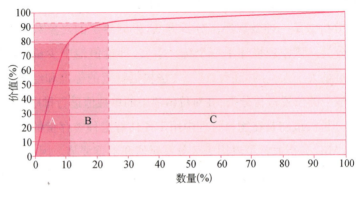

图 11-2　基于一般产品的 ABC 分布图

从已完成的分析中，现在可以得出行动建议，例如，针对已确定的 A 类部件的全面采购市场调研、监测和分析措施。寄售仓库或准时交货计划的实施可能会使这些部件的库存价值大幅度减少。此外，一个部件可能为削减成本计划提供起点，或成为价值分析调查的对象。因此，通过关注关键部件，可以采取有效的管理措施。然而，B 类和 C 类部件绝不能被完全忽视。在这方面，有必要通过标准化和自动化来使管理工作最小化，例如通过标准化采购市场调研、自动化订购流程安排。C 类部件的管理则可以逐渐发展成为一种采购纪律，即为低价值百分比的部件采购提供一种标准化的程序。

通过以上的举例，我们可以得出，ABC 分析法的过程侧重于对净值的定量评估，以便集中于关键部分（如 A 类部件）。然而，我们必须始终记住，对于在某些情况下被划分为 B 或 C 类部分的部件，由于定性标准（例如风险、复杂性),某些管理工作可能是必要的。然而,ABC分析法为有意识地管理采购和实现采购活动的更大效率提供了一种方法。

第五节 投资组合技术

投资组合技术起源于财务管理,在后者的帮助下,根据收益和风险因素来表示投资组合的组成。如今,这一技术以改进的形式应用于企业管理的各个领域,并已成为策略管理中应用最广泛的工具之一。

投资组合技术可以应用于采购领域的分析。当一个或多个对象与两个标准相关时,应用它总是明智的。

关于策略考虑方面,通常组织标准(内部)将被挑选出来作为关键因素。这两个标准构成了二维坐标的两个轴。然后将坐标系划分为四个区域,并为每个区域定义通用和标准策略。这样,就创建了一个通用的行动范围。

在下一阶段,将根据这两项标准对要检查的对象进行分析和评价。通过求值来确定对象在坐标系内的位置;所有对象最终都将在四个已定义区域中的一个中找到。最后,所选的通用和标准策略可以详细说明和阐述。因此,投资组合技术提供了针对一个复杂环境的清晰而简单的可视化可能性,从中可以推断出具体的行动过程。

为了更好地理解投资组合技术,下面给出了在采购中使用投资组合技术的两个常见例子。

一、大宗商品投资组合

建立商品投资组合是投资组合技术在采购中的常见应用。根据采购量和供应风险的标准对商品分类进行分析。一方面,采购量是组织标准,可以等同于商品组对组织的相关性。另一方面,供应风险是环境标准,代表材料的可获得性和采购的复杂性。

在矩阵图的帮助下,根据标准对商品组进行评估。采用固定的分类方案来保障商品组的目标定位。然后可以将这些组按划分出的四个类型来分类(见图11-3),由此形成基于卡拉吉克矩阵的投资组合变形。

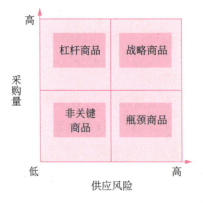

图11-3 采购产品投资组合矩阵

关于杠杆商品,建议利用现有的市场力量,例如在成本最低的国家和地区采购,以实现长期(成本)节约。战略商品以供应商发展为重点,与供应商密切合作。非关键商品以捆绑、标准化、自动化为重点。关于瓶颈商品,则要求特别进行风险管理和材料替代。

二、供应商投资组合

供应商投资组合(图11-3)代表了一种通过比较供应商的供应能力和组织的需求能力来明确不同市场势力坐标的方法。

根据各自的市场势力坐标,单个供应商在供应商组合中用圆圈来定位。各自的采购量大小可以用各自圆的直径表示,圆越大表示采购量越高。因此,该图表不仅显示了与单个供应商有关的势力,而且还显示了它们所代表的采购量。

在这四类中,买方或采购组织应该基于自身势力和对供应商势力的对比分析来确定战略措施的基本方向:

A:供应商对买方有很大的影响力。在这种情况下,对于买方来说,摆脱供应商对于自己的影响将是最重要的战略目标之一,对供应商的依赖应通过有针对性的内部和外部措施来减少;材料应尽可能进行替代;更好地利用自己作为客户的吸引力。

B:供应商和买方都有很强的势力地位。两者彼此依赖,都有许多机会向对方施加影响。在这个势力象限中,建议进行密切的伙伴式合作,以维护双方的利益。

C:两个弱小而无足轻重的市场参与者相遇了。双方可能都不太需要对方,通常他们的业务关系是松散的。买方从战略性角度考虑,只会有选择性地挑选该类供应商,而且这类供应商可以随时更换。

D:与买方相比,供应商的势力相对较弱。在这个象限中,战略考虑将集中于实现机会。这样的机会可能包括节省开支,但也包括开发适合自己需要的供应商。这一市场组合尤其有利于实现这一目标,因为这些供应商由于处于弱势地位,很容易受到影响。

正如图11-4所示,如果复杂的情况需要以清晰的形式呈现出来,那么投资组合技术可以被以不同方式采纳和应用。买方根据自身的战略定位和市场势力的具体情况做出最符合组织利益的可持续性合作选择,这将是需要重点考量和评估的。

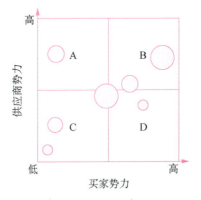

图11-4 基于市场定位的供应商坐标图

第六节 价格结构分析

一、了解价格结构分析

价格结构分析工具可以用来跟踪供应商的定价。为了确定供应商的谈判范围和优化潜力,产品的价格被分解成单独的成本和收益部分。在这个过程中,首先需要确定和评价产品/项目的有关费用的组成。这是价格结构分析中最困难的任务。通过将各个成本组成部分相加,就可以建立一个近似的单位成本值。

二、价格结构分析的应用方法

单个成本是可以直接归属于成本对象的可衡量成本范畴,这类成本中最重要的组成部分是物料和人工成本。采购部门应能够比较准确地测算生产材料的成本;只有要投入使用的物料的类型和数量必须事先确定。这些成本可以通过将产品分解为单独的部件来确定。这一过程将产生一份部件清单,其中根据物料类型列出各个部件。其中可以包含对单个部件的称重、测量和计数,同时也必须考虑废料和次品的百分比。为了计算商品价值,采购部门手中关于价格的历史数据和经验可以作为参考。如果没有参考价格,则必须通过对供应商自己供货的市场进行研究来评估,例如通过次级供应商的具体报价要求,或通过分析市场报告和价格统计数据。在评估材料成本时,建议估计中等价格,以便将价格波动因素考虑在内。

在下一阶段,评估直接劳动力成本。在这里,工作时间和小时工资这两个因素必须考虑在内。对惯常的工资比率进行的评估,可以使用来自人力资源部门的自有数据或特定行业的普遍工资标准和水平。然而,工作时间较难估计;为此,必须详细了解生产过程。为了将生产过程分解成单独的步骤或环节并分配时间,生产、开发或工艺计划等部门的支持可能是必要的。

如果内部没有生产过程的相关线索,访问供应商的工厂可能有助于了解生产过程的细节。由此产生的制造成本即来自(小时)工资和工作时间的乘积。

在进一步的分析中,必须确定除物料成本和制造成本外,是否还有其他成本可以直接归属于产品。这类生产成本包括特殊工具、型号或生产产品所需的特殊设备的成本。由于这些费用往往在各自的报价中分别列示,一般来说,评估这些费用不会有问题。然而,更困难的是对供应商研发成本的估计。唯一比较容易得到的数据就是根据产品的复杂性、新颖性和特殊性而估算出的开发时间。通常情况下,采购方会依赖供应商提供此类信息。

与单个成本相比,间接成本不能直接归属于成本对象。在组织成本会计中,这些成本要借助制造费用比率进行细分。制造费用比率根据组织的结构不同而有很大的差别。物料间接费用包括所有因物料的采购、检验、运输和储存而产生的费用。由于很难准确评估这些成本,一般情况下,估算的附加费为直接材料成本的5%~10%。

生产管理费用则是一个更大的成本池。这包括所有与生产有关的成本(估算折旧、占用和能源成本、工资等)。这些成本只能粗略估计,关于管理和销售费用的估计取决于管理机构的规模和分摊这些成本的不同产品的数量。

由于以上所给出的原因,评估间接费用是困难的,在许多国家通常使用来自国家统计局的成本统计。该机构通过评估并公布制造业组织的成本结构,按行业和组织规模分类,并在年度报告中提供线索和支持,以帮助各行业和企业了解间接费用率。

虽然评估得出的原始成本永远不会完全符合供应商的实际成本,但价格结构分析为价格谈判提供了高度的透明度。单个成本组成部分的细分提供了可供讨论的事实和数据,在这些数据中可以确定和优化成本。然而,关键因素是供应商报价中的具体价格构成和信息。如果评估的计算不符合实际成本,供应商将不得不证明这种差异,从而进一步披露更有价值的信息(如果供应商势力过于强大,这种情况比较难以实现),特别是间接费用的结构。这些信息可以用于未来的供应商价格结构分析。因此,价格结构分析的准确性可以成为与供应商进行价格谈判的非常有价值的参考。

案例分析

内部客户对供应商打分

某公司有一个供应商,提供某种测试服务,服务对象是采购方的工程师、采购员、质量管理人员等,服务面广,服务内容繁杂(因为不同的人有不同的测试需求)。最近几个季度,公司与该供应商之间的业务越来越多,采购经理不时听到内部客户的抱怨,于是他就制定了一个调查问卷,问卷包括很简单的几个问题,让内部客户对该供应商打分,大致需要2分钟来完成。调查结果如图1所示。

	打分:1~5 5—非常赞成;1—非常不赞成
该供应商对我的需求响应速度快(例如及时回复,跟踪订单)	
该供应商有健全的流程来确保服务质量	
该供应商灵活度高,愿意根据我的需求变化而变化(例如赶工)	
该供应商的交货周期合理	
当我有紧急需要的时候,该供应商愿意帮我	
该供应商的赶工费合理	
总的来说,我对该供应商的服务满意	

图1 供应商满意度调查表

图2显示了两次调查的统计结果,采购经理在季度会议上汇报给供应商和采购方高层主管。这给供应商诸多信号。

信号1:什么对采购方重要。响应速度、交货周期重要,因为工程师在开发新产品,需要很快得到测试结果;质量人员为判断产品质量,也同样需要

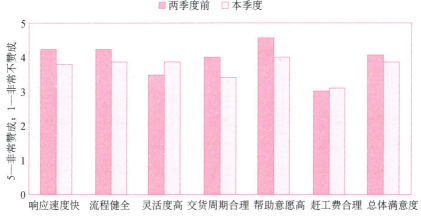

图2 供应商表现的满意程度调查结果

尽快拿到测试结果。他们抱怨较多的便是给供应商发电子邮件,得等半天或者一天才能得到回复;打电话,老是忙音。灵活度要高,因为采购方的测试需求变动大,今天决定测这个,明天情况变了,决定测另一个。本来说3天交货,但最终客户的要求变了,希望第二天就交货。所以,供应商要能够及时应变,愿意根据需求变化而变化,而且赶工费也不要收太多。要保证做到这些,供应商只依赖几个关键员工可不行,得有健全的内部流程,不管是接单、测试、交单,还是售后服务。不幸的是,流程健全往往是小供应商不具备的。

信号2:采购方在打分。这就如打篮球,如果不计分,两个队只是随便打打,懒懒散散;一旦开始记分,大家就认真起来。打分就得有标准,才能引导供应商向标准迈进。例如,采购方希望供应商接到信息后两小时内回复,由专人负责跟踪订单,交货时间不得超过3天,如果要提前一天,赶工费不得超过20%等。最后是总分,就是对供应商服务的总体满意度,以引导供应商不要只做这几个指标要求的,而要以总体满意度为最终目标。

信号3:每一个内部客户都很重要。调查问卷是发给跟供应商打交道的每一个人,总共几十个。大家的打分平均计算,得出总分。这样可引导供应商不要厚此薄彼,避免采购选定的供应商只听采购的话,设计部门选定的只听工程师的安排。就这个案例而言,该供应商属高科技类,竞争对手较少,工程师们不同意,采购也不能说换就换。供应商自然也知道这一点,所以在价格、赶工费、交货期上一直不够灵活。连续两次的问卷调查显示,主要用户工程师们的满意度在下降。他们不满意,供应商的压力就很大,不能再有恃无恐。对采购而言,也不再是单兵作战,而是真正代表公司所有用户的意见,所以跟供应商说话的分量就更重。当然,问卷调查不可能面面俱到,调查数据总会有缺陷。就拿上面案例来说,响应速度、流程健全、帮助意愿等指标下降,也跟生意量的大幅增加有关。增长过快,该供应商一直在积极配合,雇人、增加产能、增购设备等。所以,也不能因为这些指标下降而否定供应商所做的努力。相反,以前抱怨最多的灵活度差、赶工费太高等问题得到了一定程度的解决,应该肯定。说明上次的高层会议是成功的,因为那次会议上,只有这两点平均分低于4分,是采购经理敦促供应商改进的重点。赶工费的评分为3分,表明采购方用户既不赞成也不反对,说明赶工费还是比较合理。灵活度上则实现了较高的长进,但结果是交货周期受影响,因为供应商为方便采购方,赶工多,一些活儿的交期更灵活,势必影响到别的活儿。这看上去有点按下了葫芦浮起了瓢,其实也有指标的副作用:你抓什么指标,就会提高什么;但在供应商整体实力没提高,或者提高速度赶不上生意发展速度的情况下,往往会以牺牲其他指标为代价。

资料来源:刘宝红. 采购与供应链管理:一个实践者的角度[M]. 机械工业出版社,2012.

问题与分析

1. 以上述案例为例,你认为该公司可以采取哪些办法来避免和改善调查数据的缺陷、公平性和综合性等问题。

2. 从技术指标,资产管理(如库存周转率、现金流)、员工与流程(如教育与专业培训、工作经历、岗位轮换)等角度思考采购组织如何分类化地、全面地进行日常采购与指标体系建设。

 实践指导

尝试和你的团队成员一起进行如下实践活动：

1. 针对国内某新成立的新能源汽车公司进行调研，为其旗舰产品进行价值分析。

2. 在任务1的基础上，基于该旗舰产品进行 ABC 分析法管理。

3. 根据图11-3，为该公司制定合适的投资组合矩阵，解释其背后的原理和风险及应对方法。

4. 将上述研究结果形成一份商业报告。

 拓展阅读

Accent Industries 的日常化采购和供应链评测系统

Accent Industries 是一家总部设在美国的消费品公司，生产的产品直接运送到世界各地的零售商。该公司的战略是通过成为价格、服务和便利性的行业领导者，在服务的各个运营方面都表现出色。

Accent 已经开发了一套组织目标，它认为这是全球成功的关键。这些目标包括成为低成本生产商，为客户提供最优质的服务，并提供业内最好的客户服务、交付和响应能力。该公司还开发了一套采购和供应链绩效指标，它认为这些指标直接支持其组织指令。

在实施其日常化的采购和供应链评测系统时，Accent 遵循了一系列确定的步骤：

第一步：进行跨职能的讨论和基准制定，以建立度量、度量目标和绩效目标。

第二步：将度量目标正式化为书面的策略和程序。

第三步：与供应基础正式沟通度量和目标。

第四步：接收供应商的反馈。

第五步：如果有必要，修改绩效指标和他们的目标。

第六步：实现测量目标和过程的最终分布。

第七步：收集和维护性能数据。

此外，供应商质量表现是在供应商现场访问和统计推断中确定的。计算的频率随每个供应商当前的质量水平而变化。有已知质量问题或更高水平缺陷的供应商将被更频繁地进行测量。

公司使用这套日常化的体系来建立和传达绩效目标，跟踪进度，并促进供应链持续改进。

每个供应商都有明确、全面的目标和及时的反馈。对有效度量至关重要的因素包括建立积极但可实现的目标的过程，供应商对目标可实现的共识，高级管理人员的支持，以及定期反馈的准确度量。

资料来源：Robert M. Monczka et al. Purchasing and Supply Chain Management［M］. Cengage Learning,2016.

思考与练习

一、名词解释

  1. 供应商投资组合

  2. 大宗商品投资组合

  3. 价值分析

  4. 平衡计分卡

  5. ABC 分析法

二、选择题

  1. 平衡计分卡的优点包括(　　)。

    A. 克服财务评估方法的短期行为

    B. 能有效地将组织的策略转化为组织各层级的绩效指标和行动

C. 有助于各级员工对组织目标和策略的沟通和理解

D. 实现组织长远发展

2. 平衡计分卡的缺点包括( )。

A. 它不适用于策略制定

B. 它并非是流程改进的方法

C. 在作为唯一的业绩考核标准和方式时不具备行业特殊性

D. 仅适用于制造类企业

3. 当物资属性对于采购组织属于战略商品组,其应当归属于ABC分布图中的哪个位置? ( )

A. A类物资　　　　　　　　B. B类物资

C. C类物资　　　　　　　　D. 根据采购主管经验而定

4. 通过价格结构分析,可以帮助组织在哪些方面得到改善? ( )

A. 跟踪供应商的定价　　　　B. 计算可衡量成本

C. 精确计算生产成本　　　　D. 评估间接费用

5. 内部凝聚力在平衡计分卡中需要以下哪项来负责思考和应对? ( )

A. 财务分析　　　　　　　　B. 学习成长

C. 内部运营　　　　　　　　D. 客户层面

三、简答题

1. ABC分析法的使用意义是什么?
2. 组织在价格结构分析中需要考虑哪些因素?
3. 市场分析和监测为什么应当成为策略购买者日常工作的一部分?

四、论述题

1. 为什么说采购市场调研的两种类型是不可分割且相辅相成的?
2. 价值分析对采购的意义是什么?
3. 分析大宗商品投资组合技术的应用。
4. 分析供应商投资组合技术的应用。
5. 举例解释平衡计分卡的现实应用。

第十二章

全 球 采 购

- 了解全球采购的目标、策略和风险
- 熟悉全球采购活动的四个阶段
- 理解如何实施全球采购
- 掌握合规和知识保护的意义和应用

全球采购；合规；知识保护

第一节 全球采购原则

识别和开发新的采购市场是采购的核心职能。在这种背景下,"全球采购"成为这个时代的重要口号之一。一般来说,全球采购指的是一种与国际接轨的采购策略,然后是一种全球优化的产品和服务供应。在全球经济日益互相联系和竞争加剧的背景下,企业往往别无选择,只能寻找最好的合作伙伴,以满足其全球需求,因为在大多数情况下,最好的供应商不易在自己的家门口找到。由于工资水平较高,许多发达国家市场往往不再具有竞争力,特别是在劳动密集型和标准化产品领域。但是,即使是以高质量为代表的高科技类产品,如今也能在全球市场以合理的价格采购到。由于材料成本占组织总成本的相当大一部分,面向全球的采购活动形成了优化成本结构的必要杠杆。

组织不能再只专注于国内市场,这不仅是出于成本原因,从技术角度来看也是如此。在一些行业,随着时间的推移,区域核心竞争力已经形成。例如,与德国市场相比,亚洲采购市场在电子和计算机行业的知识方面已经呈现出巨大优势。为了采购这一领域的创新型产品,甚至为了参与发展伙伴关系,除了开发全球采购市场外,没有替代方案。

因此,采购职能的系统性和全球性设计可以被视为组织自身的主要竞争优势。全球采购在无论是大型跨国企业还是在一些名不见经传的中小型企业中的广泛流行,其背后都面临一个现实议题,即机遇大于风险,关键问题应该是采购商如何以及在哪里进行全球采购。即使在今天,人们也能在总拥有成本(total cost of ownership,TCO)方面实现节约;例如,在模具行业节省60%的成本并不少见,更不用说极短的交付时间了。因此,有时在全球范围内采购标准的原型模具是有意义的,而且开发第二个供应源也更容易。甚至对有高质量要求的部件的直接节省也是日常费用管理的一部分。另一个原因可能是对于先进技术的渴望程度,尤其是当该技术在当地不具备或不再具备传统竞争力的前提下。对这种本地区之外的潜力或资源开发的愿景也帮助促进了全球采购基础的加速形成。

一、全球采购目标

采购的基本目的——确保以优化的总成本供应必要的产品和服务——并不因采购活动的国际取向而改变。改变的是实现这一目标的框架条件。在这方面,以下目标超越了最初的采购目的。

1. 全球竞争

一方面,全球采购追求的目标是通过利用全球竞争潜力来节约成本,这可能对采购价格产生积极影响,因为在一些国外市场,工资、能源或控制成本等要素成本较低。另一方面,通过全球价格基准,实现了更高程度的市场透明度,这将促使国内供应商依势执行降价。在这方面,全球采购也间接有助于降低成本。

2. 有能力的供应商

最好的供应商并不总是能在本地区内找到。对国外采购市场的分析势必涉及更多的供应商选择和合作发展机遇,海外新供应商的整体水平和能力可能高于国内供应商。因此,全球采购的目标是寻找和利用全球最好的供应商。

3. 创新技术

如今,供应商的技术能力和创新水平取决于他们所在的区域位置。有些地区的创新技术比国内市场发展得更快。有些技术随着市场发展和成熟在地方一级还不存在或不再存在。因此,全球采购的另一个目标是为组织提供发展所需的技术和创新能力。

4. 为生产设施建设提供基础

如果在国外市场建立生产设施是在面向国际的商业战略布局内计划的,则事先确定适当的供应商并使其参与是有益的(如 ESI)。通过这种方式,可以创建一个供应商网络,为生产设施提供服务。

5. 市场研究

在开发新的采购市场的背景下进行的采购市场研究与销售市场研究是同源的,因此会产生协同效应。收集到的关于市场、供应商、道德观念和文化特性的数据可以为开发新的销售市场提供帮助。因此,开拓新的销售市场可以被视为全球采购的进一步目标。

6. 汇率风险

外币总是面临波动风险,可能对业务结果产生正面或负面影响。如果一个组织在不同的货币(使用)地区销售其产品,它同样可能有理由和可能会在这些地区进行采购。因此,销售中出现的汇率波动风险和压力可能会转嫁给供应商。

7. 利用政府补贴

在一些国家,例如墨西哥,航空航天工业的组织因设立任务中心而获得财政补贴。因此,这些潜在的供应商可以提供远低于市场价格水平的服务。另一个例子是对乌克兰钢铁生产的补贴。在附加值占比显著的情况下,组织可以在那里买到更理想的钢部件价格。

二、全球采购策略与表现

根据组织战略制定的采购目标是有系统地确定和发展全球采购市场的基础。在这方面,关键采购策略的动机是:成本结构的长期改善;增加产品创新;在本国或内部制造方面缺乏替代品。

通过选择合适的商品品类、采购市场和供应商,在采购策略中确立决定性因素,确定采购的国际方向。适合全球采购的零部件的范围被选择为商品组战略的一部分。通常,劳动密集型和全球标准化的产品——其需求是可预测的——也是最有希望的候选产品。然而,产品的复杂性和采购风险越高,就越需要彻底评估全球采购的充分性。在这种情况下,还必须考虑选定的部件/物料对最终产品功能的影响以及这些部件/物料对专有技术的重要性。

同时,组织需要对可以从哪些国家采购这些物品进行评估。在简单和标准化产品的情况下,重点将放在低工资水平国家,目标将是实现成本优势。但不要忘记,这里要考虑的不是净采购价格,而是总成本。但是,在选择高质量、复杂或创新产品时,区域技术能力将决定采购国的最终选择。多年来,某些地区经历并完成了技术专业化的进程,从而获得了相对于其他地区的明显竞争优势。

在这种情况下,供应商的类型和数量必须作为供应商策略的一部分来确定。进入一个新的采购市场往往是一件具有危险性的事情,因此建议首先在双重供应源或多重供应源策略中开发潜在的供应商,然后在供应商管理的背景下建立长期的合作伙伴关系。

根据所追求的目标,制定若干执行全球采购策略的办法。例如,"低成本国家采购"的概念旨在在低成本国家采购较高份额的外部附加值,以便实现尽可能高的成本节省。在这个意义上,低成本国家的工资水平与国内采购市场相比极低。

"最佳成本国家采购"的概念则更进一步,因为这里考虑的是总成本。除了价格和工资水平,材料和运输成本以及质量和风险方面的评估也包括在考虑范畴之内。

全球采购的另一种表现形式是"离岸",这意味着业务职能或流程被转移到另一个地区。这可以通过在组织内部搬迁或将这些活动转移到国外独立的外部组织来实现。

三、国际层面的新风险

面向国际的采购活动为企业优化其产品和服务供应提供了巨大的机会。然而,也有一些必须考虑到的风险——这些风险在国内采购市场几乎还不重要或完全不为人知。

具体来说,例如语言障碍、进口关税和汇率波动等问题对决策过程的框架条件有重大影响。由于采购市场的空间距离和文化、法律和政治的多样性,采购过程变得比以前复杂得多。但是,通过对采购市场的全面调研,可以在很大程度上识别和控制以下风险。

1. 文化风险

当采购和国内市场在文化层面上存在较大差异时,就会出现这些风险。这些风险包括可能妨碍供应商和客户之间沟通和理解的所有因素,如语言、心理或法律理解。

2. 政治风险

采购国的政治框架条件最终可能构成风险,特别是当发生了很大程度上不可预测的事件,并可能限制贸易活动时。这些风险包括进出口管制、税率波动以及安全条例或环境标准等法规和条例。

另一方面,罢工、社会动荡或战争等事件将极大地危及采购与供应安全。

3. 经济风险

这些风险是由宏观经济过程造成的。在这方面特别重要的是周期性波动、财政汇率波动、原材料价格波动和高额公共债务。

4. 自然灾害风险

从宏观经济的角度来看,自然灾害的影响越来越超过上述风险。地震、洪水或风暴等灾害造成的损失显示出明显的上升趋势。特别是在人口密集的地区,由于全球供应链相互关联,这些事件可能会产生巨大的影响,可能会在全世界各地都感受到。

为了以专业的方式处理这些特定地区的风险,应该使用来自商业和评级机构的信息。在国别风险报告中,这些机构通报了各国在投资方面的吸引力以及在信贷分配方面的风险。在这些报告中,汇编了关于可用于发展新采购市场的国家的经济和政治稳定的资料。

除了这种一般特定国家的风险外,也有特定供应商的风险,这些风险可细分为由其业绩和行为准则造成的风险。

5. 绩效风险

包括所有可能由于供应商的表现而导致不利结果的方面,特别是价格、质量和期限风险。

6. 行为风险

由于供应商的行为,特别是在国际领域的行为,组织往往难以预先评价供应商的行为,因为可靠的资料和经验通常是不够的。例如,在试运行/合作之前,某些组织可能会做出承诺和担保,但这些承诺和担保后来被证明是不现实也无法实现的。

为了仔细评估这两个风险领域,应收集关于潜在供应商的进一步资料。有几种方法适合于这一目的,如获取供应商自我评估或审查组织报告。

第二节　在新兴经济体进行全球采购

一、全球采购的背景和机遇

新兴经济体市场指的是经济蓬勃发展的新兴的经济实体所在市场,据英国《经济学家》杂志的定义，可将新兴经济体分成两个梯队。

第一梯队为中国、巴西、印度和俄罗斯、南非,也称"金砖国家";第二梯队包括墨西哥、菲律宾、土耳其、印度尼西亚、埃及、阿根廷、波兰、匈牙利、马来西亚等"新钻"国家。

普遍来说,新兴经济体市场的成型与发展对任何组织的采购都构成了相当大的挑战,因为这些市场比其他任何市场都更具变化性和活力,而且具有极大吸引力的是,这些市场往往富含独特的、储存量巨大的资源优势(如不可再生资源、人力资源、购买力等)。另外的问题是这些市场的快速发展和壮大引起了相关的全球买方势力普遍看重的关于市场透明度,以及对质量标准的不同理解。因此,这样的全球采购可能是一个相当耗时的过程,需要一个系统化的策略来支撑。

新兴经济体市场规模庞大,为跨国组织提供了大量机会。由于强劲的增长力,即使是很小的细分市场也能达到极高的销量。因此,将新兴经济体市场作为目标销售市场和生产/加工/装配基地,已经成为全球竞争的重要趋势。

总的来说,这些市场为全球采购提供了以下机会:日益发展和多元化的供应商数量和基础,在某些领域还高度发达地集中了互补供应商;低成本、训练有素的劳动力可能为生产和研发带来优势;节约成本的生产设施和设备;中央政府和地方政府的众多激励措施。

然而,尽管有这些积极的进展和吸引力,也存在许多风险:标准和相关法规的制定还不够完善,质量管理体系在企业中的应用还处于发展状态,比如汽车排放、TQM 等。

此外,文化特殊性的考虑也是至关重要的。采购组织在任何情况下,都应注意并清楚了解以下风险:商业生活中的文化差异和规范差异性;供应市场透明度;国际版权、专利和财产权的执行;超越区域和功能的复杂的供应商激励机制;与供应链延伸相关的管理风险。

二、全球采购活动的四个阶段

在新兴市场实现成功和持久的采购是一个长期的过程,需要一个系统的、结构化的行动过程。那些只想赚快钱的组织将不可避免地失败。根据与这些市场的供应商合作的成熟度,相关采购活动可细分为四个阶段:

第一阶段:测试
- 在新兴市场设立采购办事处
- 试点计划
- 发展内部和外部流程
- 获得结果(阶段性/里程碑)
- 采购量不断增加

第二阶段:早期参与
- 多源采购的扩展
- 掌握供应商市场动态
- 流程微调
- 能力扩展(如供应商资质和发展)
- 解决工业产权问题

第三阶段:整合
- 将新兴市场整合到全球采购计划中
- 将供应商(市场)纳入设计阶段
- 将供应商研发人员纳入设计阶段
- 将供应商(市场)纳入全球供应链的扩展整合

第四阶段:以新兴市场为中心
- 了解新兴市场作为重要的供应基地的重要性和意义
- 将部分采购职能转移到新兴市场
- 使(供应商)市场成为组织(产品/服务)战略的关键组成部分

第三节　实施全球采购

从全球采购策略开始,高层管理人员的全力支持以及跨部门团队的部署是全球采购活动成功的关键因素。

一、识别合适的产品

在需求分析的框架内,进行结构化检查,确定适合在全球采购的采购项目范围。特别是在开始阶段,重点应该放在高价值产品上,以便通过潜在的成本节省来证明相关人员和财务投入的合理性。只要具备适当的市场知识,往往可以预估可能节省的费用。为了对合格材料进行有效的可行性研究,同时必须明确风险。高复杂性的部分则需要高层级的供应商发展策略,因此不适合放在全球采购活动的初始阶段。但是,即使是这样,也必须在需求计划和产品发布之间设置一定的时间跨度。因此,使用生命周期较长的产品是首选。

二、可行性研究和市场测试

一旦选择了合适的新兴市场作为采购对象,下一步将是评估供应商市场和采购可能性。应按时间顺序采取以下步骤,以确定具有良好业绩和高节省潜力的供应商。

1. 识别本地供应商

互联网上的许多供应商名录有助于在全球范围内识别供应商;难点在于要筛选出少数几个满足全部技术要求的供应商。

2. 检查供应商背景

除了技术能力外,供应商的背景也应该被检查,例如通过信用机构报告推荐客户,或进行供应商拜访。

3. 理解需求并确保相互理解

与供应商交流和互动所需的所有文件(如投标表格、商务条款和条件、图纸、规格和标准)应始终提供完美的、易于理解的版本。需要注意的是,所有的参与者都是开放的,愿意与不同文化的供应商接触,这是绝对必要的。

4. 发送和跟踪询盘

为了吸引潜在的新兴经济体供应商的兴趣,有吸引力的订单量或一个能激发他们想象力的品牌名称将是必要的加分项。由于这些地区的供应商可能每天都被来自欧洲和美国的公司询盘,组织必须想办法脱颖而出。一个很好的出发点便是一份包括当地语言版本的(询价)文件,然后是配备相关语言能力的(客服)工作人员。接下来需要做的是评估数据的合理性,并与供应商进行讨论报价并开启谈判过程。

5. 根据价格或(其他)标准选择供应商

为了选择最优供应商,可以使用效益分析来加权和评价少数几家候选供应商所能达到的能力和程度。

6. 统计可能的节省空间

为了计算可能的节省,必须审查和评估总成本。除报价外,还必须考虑运输费用和进口税等额外费用。在达到双方都能接受的价格水平后,组织的最高管理层应该及早进行拜访和会晤活动。在这个过程中,为了克服潜在的合作障碍,建立信任和弹性的个人和商业关系是很重要的。

三、供应商评估

供应商评估的目的是识别和评估在结构和过程中可能出现的问题。在这种情况下,组织的注意力应该集中在生产过程、质量标准和上游供应链上,其成熟度水平可以通过以下一般行动过程来确定:

(1) 评估优缺点和风险:过程分析和过程失效模式影响分析(PFMEA)。

(2) 评估过程:将实际的过程与采购方所在国常见的和最优的行动路线进行比较;确定供应商支持的水平。

(3) 优先考虑事项:哪些问题对产品质量和供应可靠性至关重要。

(4) 定义项目:为每个问题/问题组指定项目(目标、截止日期、相关各方的职能等)。

四、供应商发展

供应商发展的目的是实现所需的质量和物流目标,开始系列化生产,随后优化成本和绩效。在此背景下,当地供应商应得到支持和积极鼓励。在这样做时,必须执行和管理一些要求很高的任务。例如,全面的技术知识是解决新出现问题的先决条件。实施和管理可以发生在几个层次上:

技术规划:适应材料规格,确定替代原材料;
采购:评估供应商(甚至可能包括二级/三级供应商),建立供应池;
生产:为工艺优化和设备选择提供支持;
质量:质量报告的执行;支持质量保障体系的引入;
物流:开发新的物流流程(如绿色包装概念的发展)。

五、内部阻力

组织要想在新兴市场(以及其他所有采购地区)成功地采购,有许多障碍必须克服。第一个也是决定性的任务是在内部找到克服内部阻力的方法。买方最终必须相信当地市场的报价是有效的,而要做到这一点,就需要一些独创性。由内部阻力引起的典型问题有:

(1) 适合性:在当地采购是否合适的问题(与组织目标一致性、成本效益等);

(2) 授权:没有明确的职权范围和授权;

(3) 供应商来源:新兴市场的供应商的表现应该和原供应商一样好;

(4) 供应商资质认定:没有相关资源/资质可供参考;

(5) 样品鉴定:资源不可获得,沟通不畅,鉴定过程漫长;

(6) 合同:原有合同的绑定和(不同法律体系下的)合同拟定与争议;

(7) 部门主义:其他部门不配合,库存增加,资源分配。

第四节 合规与知识保护

一、合规

"合规"一词是指符合法律和条例以及遵守道德标准。在当今全球化日益普遍的商业环境中,组织在合规方面的正确行为正变得越来越重要。如果组织存在行为不端,涉案人员可能会面临严厉的指控和处罚,组织的形象可能会受到严重损害。因此,关于腐败、童工、歧视和职业健康与安全的合规规则往往是在组织范围内确定的。

在这种情况下,采购方的风险尤其大,因为他们承担了大部分的运营费用,在面向国际的采购活动中,这种危险更加复杂,因为世界上其他地区关于数据隐私、腐败或刑事犯罪适当程序的条例可能各不相同。在某些文化中,个人关系是成功交易的重要组成部分。因此,组织在面对礼物馈赠、昂贵的娱乐/餐饮消费邀请,或其他方面的"恩惠"时,需要严格遵守组织在合规性、职业道德操守、采购行为准则等方面的规则并受其约束。在了解当地文化的基础上,制定明确的行为指导方针是区分和判断什么行为是道德的和正当的,什么行为却不属于合规范畴的一种方法。

二、知识保护

除了合规问题,在全球采购的背景下,对知识的保护也正成为一个主要议题。在知识转移之前,必须遵守一些基本规则:

(1)文件应始终予以不同机密等级来标识和区分;
(2)不应该交出完整的计划;
(3)当地采购订单应分配给几家供应商而不是一家;
(4)聘用翻译人员或翻译机构时须谨慎选择;
(5)应签订保密协议;

(6) 应对相关员工进行培训和提高认识；

(7) 商标和工业产权应始终在采购产品的国家/地区注册，即使并无在那里销售这些产品的计划；

(8) 如果需要进行全面的技术转让，应尽可能明确费用和使用领域及期限等。

组织如果要完整、合规地保护知识产权，必须全面了解当地供应商（市场）的情况。经验表明，商标盗版和仿冒者在任何国家和地区都会存在，这需要严厉的法律法规。

第五节 前 景

据预测，未来的3~5年内，鉴于劳动力成本显著上升、资源过度开发和环境影响、替代资源的发现与产业化等因素，届时一些主要的新兴国家和地区作为全球采购的关键地区的固有优势将被稀释和淡化。

关于全球化的未来前景，以下这些趋势将变得更加明显：

(1) 在产品开发过程中，应该更早地将供应商纳入其中，而全球合作伙伴也应如此。

(2) 在未来的3~5年里，跨地区的全球采购总量将会呈现几何式的增长趋势。

(3) 因为持续性地破坏环境，部分国家和地区发生环境灾害的可能性将明显增加。

(4) 对新兴经济体的采购、投资与开发会从廉价劳动力阶段进阶到替代能源和材料、安全和环保技术，以及大规模飞机/轮船/汽车制造、高科技网络通信和数字技术等领域的发展。

公司A面临的选择

为降低成本,总部在北美的公司A决定实行全球采购,开发亚太地区的供应商B。但是,由于产品技术要求高,供应商B需依赖北美供应商C提供核心部件,然后深度加工完成劳动密集型部分,交给公司A,由A卖给客户。

对于管理供应链的责任,供应商C不愿意承担,一方面因为供应商B是他们的竞争对手,另一方面也因为没有管理境外供应商的经验;供应商B愿意从C处买来中间产品,再卖给公司A在亚太区的分公司,但是A对B的管理能力却不放心。如果A自己来管的话,即向C买来中间产品,运到亚太分公司,卖给B,最后由B完工,但成本太高,因为A规模大、间接成本高。更麻烦的是,供应商C几年前被A买下来,是公司A的一部分,搞不好会出现以前安然公司虚报营收的问题。负责供应链设计的是产品寻源经理。一方面客户整天催着要货,另一方面供应链中各方关系摆不平。他接连抛出三个供应链设计方案,却全被高级管理层打回,弄得他一筹莫展。

三种方案

方案一就是让供应商B将产品卖给C,再由C卖给公司A的亚洲分公司。这从供应链角度看最简洁(见图1)。

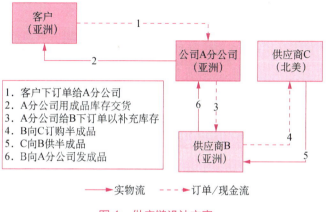

图1 供应链设计方案一

问题有两个。其一是供应商B的管理能力。供应商B采取的是粗放型经营,以价取胜,以量取胜。表面上看B要管理的是C,但实际上还得直接或间接地管理货代、航运、报关、本地运输等多个供应商,即从C到B的一整条供应链。从北美到亚洲,涉及层层报关、空运、陆运,供应商B没有国际运作的经历,从业人员的英语沟通能力欠佳,的确是个问题。此外,产品的主要增值部分在北美供应商C,生产周期也长。如果由B来做主供应商,A的预测信息等就只交给B,B能否有效转达给C,以规划C的产能、进度等,还是个未知数;A可以敦促供应商B提高管理水平,但这不是一夕一刻能做到的,或许永远也达不到想要的水平;A自己插手,那则是在做供应商的事,负担很大。

其二是营收虚报的问题。C在卖给B时算一次收入,比如一年100万美元;A在卖给客户时又算一次收入,比如一年130万美元。因为供应商C是公司A的一部分,那么A的账面总收入就是230万美元,但实际总收入只应是130万美元,因为这100万美元算了两次。这正是当年安然公司的卖出买进、虚增营收的路子,为财务法规所不允许。营收虚报问题本可以人工调整,但由于北美与亚洲的时区、财务规则、A与C的账务差异等原因,调整过程复杂,尤其是进入量产后,产品进出频繁、交易很多的时候。调整不准确,过不了审计,弄不好就变成丑闻,这对上市公司A来说,就是致命的事。

寻源经理是工科出身,没想到财务在供应链设计中竟然这么难对付。他也领悟到,以前读过的一个全球采购案例中,英特尔公司的采购为什么得与财务关系紧密了。

为避免财务风险,寻源经理推出第二套设计方案,即由供应商C卖半成品给公司A在北美的总部,总部再通过内部转移到亚洲的分公司,由亚洲分公司送到供应商B,完成深加工,最后发给客户。

这样做财务风险没有了,因为C与A之间算内部转移,不算营业收入。但问题是A的总部从产品流的角度讲不增加任何价值,却增加了不少交易成本。例如从C运到A,每件半成品运费好几美元;收入A的仓库,仓库外包公司收费几美元;发出总部仓库时,又得收费几美元;从北美到亚洲,运费变成十美元；等到了亚洲分公司，一进一出，仓库手续费又是好几美元。这都是付给第三方的成本，一年就得数万美元。公司内部，采购、计划是两套班子，总部的计划负责总库，计划半成品的采购进度，由总部采购员执行；亚洲分部重复同样的事，只不过计划与采购的对象是成品。从供应商管理角度讲，这个方案要管理两个供应商，意味着价格谈判、产能规划、绩效管理等都得做两遍。

相比方案一，方案二(见图2)对公司A的工作量来说至少翻倍，造成成本更高，因为增加的工作量是在北美，而北美的人工成本更高。

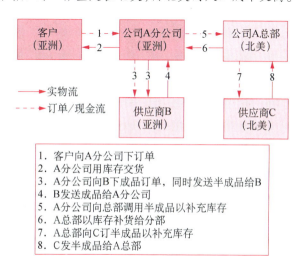

图2 供应链设计方案二

此外，方案二虽避免了财务上的人工调整工作，却带来计划上的问题。原来公司A的计划是基于销售数据的，半成品没有销售给客户，在计划系统里就没有销售数据，所以计划系统就没法自动、系统地规划半成品的采购进度。成品的销售历史倒是有，但没法在系统里自动转化为半成品的计划。这就意味着人工调整。如此一来，潜在的风险要么是半成品积压过多，要么是断货，这些都是典型的计划问题。

当然，有人会问，为什么供应商C不把半成品直接卖给A的亚洲分公司呢？原因是国际贸易中的税收因素在作怪。如果分公司直接买，就得多交税。公司A的年销售额达二三十亿美元，这么大的规模没法有效解决看上去很基本的财务与税收问题,让工程背景的寻源经理叹息,但又不得不承认现状,并另想高招。

方案三(见图3)就着重解决计划问题,有点"头痛医头,脚痛医脚"的味道。为了让计划系统有半成品的销售数据,方案三把供应商B当作客户,先把半成品卖给B,再把成品以另一个零件号买回来。补丁打得越多,漏洞往往也越多。这里已经隐约有虚报营收的影子,因为半成品卖给B与成品卖给客户的过程中,半成品的成本两次计入营收。而且与B的买卖过程中,B得下订单给A,A又得下订单给B,围绕这两个订单又增加了不少工作量。产品寻源经理看到过一篇文章,说围绕一个订单的管理成本是100美元,他认为那有点太高,不实际;但就算是10~20美元的话,一年光这一点就得上万美元,再加上方案二中的成本,供应商C的价格优势也就所剩无几了。

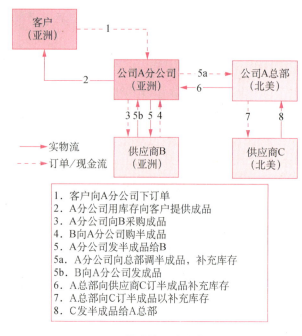

图3　供应链设计方案三

独特案例背后的共性

这个案例有点独特,不是每一个供应链都有这么多的特殊性,尤其是营收虚报方面。但是,它反映出的共性是如何优化产品流、信息流和资金流。这三条流的设计是供应链设计的核心。

产品流就是产品的具体流动,例如案例中的半成品是否得通过总部,是否在亚洲分部与供应商 B 之间倒手。产品的移动、存储意味着成本。移动距离越远,中断点越多,存储时间越长,意味着运输、仓储、库存的成本也越高。方案三毫无疑问成本最高,就是因为供应链的中间环节太多;方案一的物流成本最低,因为供应链最简洁。

但是,方案三却解决了方案二中的信息流问题。方案二中的计划部分不能自动化,因为成品的销售数据不能自动为半成品的计划所用,信息流在这里中断。方案三增加了一道手续,即把供应商 B 当作半成品的客户来处理,以自动产生半成品的销售数据,使计划需要的信息流通畅。但是,代价是增加产品流成本并带来资金流问题。另外,从信息流的角度讲,方案二和方案三中的两个供应商都能直接跟公司 A 接触,离最终客户的距离都较近,所以信息流通更通畅,"牛鞭效应"相对小于方案一。

财务、外贸、税收问题属于资金流范畴。虚报营收是重复计算资金流入,双重关税降低利润,而 A 的亚洲分公司不能直接向 C 下订单则对资金流意味着"此路不通"。国际供应链管理中,资金流带来的问题不见得比产品流小。欧盟、北美自由贸易区的建立,在打通产品流的同时也打通了资金流。假如这个案例放在欧盟,很多问题就不成问题,供应链也就更简单。此外,在这个案例中,方案一对供应商 B 的资金流潜在影响最大。公司 A 的标准付款周期是 45~60 天,而 C 的标准收款周期是 30 天,这就意味着 B 需垫资 15~30 天。对一个小公司来说,这样的资金积压可能影响现金流。但有趣的是,供应商 B 还是愿意承担这个责任,因为这样做他们的账面营业额更大:假定 A 付给 C 1 000 美元,给 B 200 美元,方案一中,B 的账面营收是 1 200 美元(尽管 1 000 美元转手给了 C),而其余两个方案则是 200 美元。当然,方案一也降低了 B 的账面利润率,但对一个处于快速增长阶段的公司来说,营业额比利润率更重要。这也说明在供应链中,各方的利益诉求并不一定相同。有些看上去不合理的东西,往往有其存在的原因。供应链经理的任务就是理解并巧妙地满足这些需求,同时兼顾供应链的效率与公平。

产品、资金、信息流都达到最优很难实现,有时候根本不可能。例如方案一要求财务部门每月人工调整营收,采购部门得花大力气管理、帮助供应商B,增加了他们的工作量;方案二解决了财务问题,却增加了采购、计划和物流部门的工作量;方案三解决了计划问题,但采购、计划的工作量没减轻,却又带来财务问题,因而最不可行。那么,三条流之间就得寻求妥协方案。于是供应链设计就成了部门之间、公司之间的角力场。

在全球采购这个特殊背景下,什么样的供应链设计最好呢?那就是三条流整合中,综合成本最低、综合效率最高的方案。很多时候很难确定是否成本最低、效率最高,那就得广泛参考各方意见,尽量权衡各方利益,凭经验选定方案。

资料来源:刘宝红.采购与供应链管理:一个实践者的角度[M].机械工业出版社,2012.

问题与分析

结合案例与本章理论,你认为哪种方案在目前状态下最符合公司A的战略发展和全球采购要求,原因是什么。

实践指导

尝试和你的团队成员一起进行如下实践活动:

随着中国政府越来越重视环境保护问题,外资企业在中国进行全球采购过程中势必需要严格遵守相关法律法规的要求、标准以保证合规性。

1. 试以美国汽车企业特斯拉为例进行市场调研,分析特斯拉在新兴经济体进行采购活动的动机或原因。

2. 从合规角度出发为特斯拉制定一份详尽的(在中国市场的)全球采购计划。

3. 从知识产权角度分析特斯拉在新兴经济体的采购和投产须考虑的问题。

4. 将上述研究结果形成一份商业报告。

拓展阅读

霍尼韦尔:使全球采购具有成本效益和响应性

达林·哈维(Darin Harvey)是霍尼韦尔过程解决方案全球采购副总裁,霍尼韦尔过程解决方案是霍尼韦尔国际位于得克萨斯州休斯敦的一个业务部门。这位佛罗里达州立大学供应链专业毕业生曾在非常不同的环境中担任过许多供应管理工作:从担任一家生产高质量手工工具的大批量生产商的供应管理总监,到一家大型资本工业项目的领先工程和建筑公司的采购总监,到现在指导霍尼韦尔的自动化控制系统的"小批量、高变动性"业务。在他目前的职位上,达林负责监督所有直接用于制造或支持霍尼韦尔流程解决方案的项目的采购,这些项目在全球范围内开展业务。

全球化的性质延伸到买卖双方的业务。由于霍尼韦尔自动化控制系统的广泛应用,哈维的任务变得更加复杂。他指出:"我们的业务中有三种采购功能:(1)特定项目的第三方采购;(2)间接购买;(3)直接的工厂材料。这使我们成为霍尼韦尔更复杂的供应链之一。"

全球项目采购是指为炼油厂、化工厂、上游/中游油气、纸浆和造纸厂等的过程和自动化解决方案采购第三方材料和服务。"我们为这些项目采购,以支持项目运营人员,然后在项目完成后处理服务协议。"哈维说。许多这些采购在项目执行的国家有"本地内容"的要求。哈维表示:"在我们参与的许多国家,有无数的本地采购规则。这些规则要求采购团队找到符合这些本地内容规则的高质量本地来源。"有时候,项目团队会考虑在霍尼韦尔内部协商的本地、区域或全球类别协议,以获得这些项目的价格、拥有成本和/或交付优势。

采购运营策略

间接采购包括支持业务单位内部项目和工厂的所有必要支出。这些包括从维修到顾问到公司员工的旅行和住宿的各种采购。哈维表示："全球在这些类别上的支出因所购买商品或服务的种类而有很大差异。"其中许多项目是某些国家或地区独有的，而其他项目（如旅行）可以更容易地在全球基础上加以利用。

工厂开支是第三类，也是最适合全球采购战略的一类。哈维将霍尼韦尔的全球采购方法描述为一种"协作跨职能"的方法，其中心是为全球20个制造地点实现"最低的总拥有成本"。工厂开支合同可以在当地、地区或全球范围内进行谈判。全球大宗商品经营者通常位于以下三个地区之一：(1) 美洲；(2) 亚太地区；(3) 欧洲和中东。他们在各自的地区寻找最好的资源，然后将他们的发现呈现给哈维的跨职能团队，该团队由他本人和他的领导、集成供应链副总裁、质量副总裁、各工厂利益相关者和商业领袖组成。这些讨论的结果是一个采购战略，以支持世界各地的工厂广泛使用的商品，如电路板、冲压件、铸件、锻件、计算机硬件和软件等等。

全球采购经理分布在三个主要地区，他们的位置使他们能够很好地定位和筛选新资源。"没有什么比派驻实地的人员更能确保我们从一个有能力的供应商那里采购，并拥有健全的质量控制流程，以确保缺陷是有限的，不会从供应商的设施中流出。"哈维表示："鉴于对新兴地区质量的担忧，我们有一个供应商资质和开发团队，对现有和潜在供应商进行全面评估和开发。"

全球采购的变化是高度响应。霍尼韦尔在全球采购方面的理念已经从关注"低价"转变为"总拥有成本"，再到现在评估"营收或业务利润率"的影响。"我想说的是，一开始我们专注于获得最低的价格，然后我们进展到更深入地关注库存、物流、劣质成本和客户的意见。现在，我们在评估中纳入了反应时间和供应商灵活性。"哈维说。

这种从以成本为中心到以收入为中心的转变涉及考虑采购决策对业务损失/利润减少的影响。哈维说："如果我们因为供应商反应不够快而无法发货，或者因为我们提出的交货期较长而失去了客户业务，那么低成本对我们没有帮助。"霍尼韦尔在全球采购方面面临的最大挑战之一是需求规划。为了解决这个问题,霍尼韦尔采用了一种新的需求流程,专注于更快、更准确地从客户向供应商提供信息。哈维说:"当我们在市场上开展订购业务时,这个软件给我们提供了类似于沃尔玛在零售方面的信息可见性。"

为了支持这一战略,全球采购的绩效指标和评估也在发生变化。目前全球采购评估主要分为四大类,包括:(1)生产力/成本节约;(2)营运资金;(3)交货时间,包括对霍尼韦尔要求的响应;(4)以百万分之一(PPM)为基础的质量标准。虽然成本节约仍然是评估中最重要的因素,但变化是明显的。哈维表示:"许多供应商认为,他们是因为价格低才获得了这项业务,所以对提升人才或增加人手来改善精益实践和改善业务所需的流程感到犹豫。"他说:"在我们的全球供应基地教育和实施这些增值实践方面,我们有很多工作要做。"霍尼韦尔的目标是继续发展一个具有成本竞争力和反应迅速的全球供应基地。追求这个目标让哈维的日子充满了有趣和激动人心的挑战。"我经常出国旅行,拜访我们的供应基地和内部客户,所以当我度假的时候,我喜欢离家近一点!"他说。

资料来源:Robert M. Monczka et al. Purchasing and Supply Chain Management[M]. Cengage Learning,2016.

 思考与练习

一、名词解释

1. 全球采购
2. 汇率风险
3. 绩效风险
4. 新兴经济体
5. 合规

二、选择题

1. 全球采购的作用包括（　　）。
   A. 促进全球竞争　　　　　　　B. 寻找有能力的供应商
   C. 创新技术　　　　　　　　　D. 抵御外部风险

2. 可以作为全球采购动因的因素包括（　　）。
   A. 原料成本
   B. 原料多样性
   C. 劳动力成本
   D. 在本国或内部制造缺乏替代品

3. 新兴经济体作为采购来源的可能风险包括（　　）。
   A. 法律　　　B. 政治　　　C. 经济　　　D. 文化
   E. 环境

4. 专有技术的保护必须遵守哪些基本规则？（　　）
   A. 不应该交出完整的计划
   B. 当地采购应分配给几个供应商
   C. 聘用翻译人员或翻译机构时要小心
   D. 应签订保密协议
   E. 应培训人员并使其保持敏感

5. 新兴经济体因全球采购而带来的影响或变化有（　　）。
   A. 劳动力成本显著上升　　　　B. 资源过度开发和环境影响
   C. 替代资源的发现与产业化　　D. 安全和环保技术的开发

三、简答题

1. 列出全球采购的动因。
2. 因全球采购伴随而来的风险类别有哪些？
3. 简述合规性在全球采购中的作用。

四、论述题

1. 分析全球采购策略的动机和不同表现。

2. 中国为全球采购提供了哪些机会?
3. 合规行为的重要性在哪里,组织面临的相应风险又是什么?
4. 在全球采购的背景下,组织在知识转移之前,必须遵守哪些基本规则?
5. 基于本章已学过的知识,尝试展望未来全球采购的格局及其原因。

第十三章

采购风险管理

学习目标

- 了解采购风险管理的基本概念
- 熟悉采购风险管理流程
- 理解供应商组合分析
- 掌握主动性和反应性风险管理

基本概念

采购风险管理；采购风险管理流程；反应性风险管理；主动性风险管理

第一节 采购风险管理原则

在充满活力的商业环境和激烈的国际竞争中，中小企业要站稳脚跟，面临着巨大的挑战。随着全球化环境的日益复杂和信息技术的迅速发展，这些企业获得了巨大的机遇，但也不断面临新的风险。

在这种情况下，采购具有特殊而重要的作用。由于更短的产品生命周期、不断增长的价格压力、不断增强的买方力量和全球化趋势，传统的订单处理已经被管理外部附加值的业务功能所取代。

由于其新颖性、难以预测性和日益增加的相关性,风险管理作为采购任务的一部分将在本章中详细讨论。

一、风险的定义

直到今天,一个被普遍接受的关于风险概念的定义在商业研究中还没有形成。通常,与原因有关的风险不同于与后果有关的风险;这两种对风险概念的理解是相辅相成的。与原因相关的风险被定义为基于关于未来的不完全信息而做出的商业决策。目标的实现可能会因不可预见的发展或事件而受到影响。偏离目标(负)的可能性构成了第二种后果相关风险定义的核心。从这两部分中,出现了一个与参考参数负偏差的可能性相关的共识。

因此,风险可以理解为可能发生的事件,该事件将对在不完全预期的基础上确定的目标的实现产生负面影响。

在这里,风险管理是指以降低风险为目的的企业管理方法。目标不是要完全规避风险,而是要有效地控制和管理风险。因此,风险管理包括所有用于识别和评估潜在风险的措施,以及在适当的策略和方法的帮助下,用于控制已识别风险的所有措施。综上所述,风险管理的主要任务包括及时识别风险,深入了解风险发生后的后果,限制可能危及成功的风险,以及有效地处理风险。

二、法律和财务框架条件

长期以来,风险管理问题一直被立法所忽视,但在当前的讨论中却越来越受到重视。有关风险管理的法律要求仅限于少数几部法律。举例来说,德国的法律依据是1998年的《企业部门监督与透明度法》(KonTraG),可以看作对德国公司法的补充。在这种情况下,组织的管理机构需要采取适当的措施,以便及早发现可能危及组织继续生存的发展,特别是通过建立一个控制系统。此外,还需要建立股份制企业的风险管理制度,以保证对风险的早期识别,这关系到组织的生存。这些注意义务同样适用于其他法律形式的组织(如有限公司)的管理。KonTraG旨在确保影响组织生存的风险能够在早期被发现并避免。然而,对于如何实施这种控制,并没有具体的指导方针。

除了法律要求外,风险管理体系也越来越受到金融框架条件的影响,例如巴塞尔银行监管委员会(BCBS)制定的《新巴塞尔股权资本协议》(Basel Ⅱ),该协议旨在保障国际金融体系的安全性和稳定性。巴塞尔框架协议的要点是要求银行必须拥有一定数量的权益资本,这取决于通过多种复杂方法衡量的相对风险。

这些风险主要是由信贷风险、市场风险和操作风险构成的。为了优化股本需求,银行利用评级程序来评估客户的信用价值。

若组织有运作风险管理制度,则贷款银行视其为抵押品,因而对组织的信贷信誉有正面影响,并直接影响组织的借贷成本。

自2013年以来,《巴塞尔协议Ⅲ》(Basel Ⅲ)改革方案逐步生效,这一改革方案是针对2008年全球金融和经济危机暴露出的迄今为止银行控制体系的弱点而形成的。它还包括提高银行的核心资本配额,进一步改善了风险管理系统的质量。

三、风险的经济重要性

风险管理在其组织中的重要性的增加,除了体现在法律要求中之外,还表现在人们对风险管理的兴趣日益增长。其背后的原因主要来自经济方面。这种发展是由经济、技术、政治、法律或社会框架条件的不断变化所引发的。此外,利益相关方、员工和公众对组织的期望越来越高,对组织效率的要求也越来越高。

风险管理可以是一个决定性的竞争因素,特别是对出口导向型组织而言。原材料和货币市场的波动会在很大程度上影响组织的计算。此外,自然灾害往往在全球范围内更频繁地发生。在经济结构发生变化的情况下,自然灾害的影响不再局限于直接受其影响的地区。由于全球金融的相互依赖性和供应链的存在,自然灾害的影响在全世界范围内都能感受到。

因此，企业往往别无选择，只能非常认真地对待风险管理。此外，有效的风险管理系统为实现真正的结果改进提供了机会，前提是有意识地做出应采取哪些针对风险以及如何限制和控制现有风险的决策。

四、采购风险管理

在传统意义上，采购职能包括与原材料、产品或设备供应有关的所有策略和经营活动。

采购职能策略定位的趋势是基于采购所负责的采购量的增加。由于这些增量，组织的结果依赖于采购部门的能力不断增长的程度。此外，采购还受到外包、集中于核心竞争力或内部生产深度减少所造成的采购领域日益复杂的策略影响。特别是通过资源的集中，许多组织高度依赖他们的供应商。如果这些供应商突然退出，成本密集的供应瓶颈只是冰山一角，因为必须进行额外的计划外投资，以便随后确定新的合作伙伴。此外，进度延迟可能会危及计划中的项目和新产品的市场推出。

在采购方面，风险管理必须处理那些可能使采购的基本目标面临风险的点。在这种情况下的采购风险取决于许多因素，如组织本身、拟采购的产品、采购市场或相关产品的采购国。因此，采购风险应被视为跨组织风险管理的一个方面。

在全球化市场背景下，典型的采购风险（如短缺、质量差异或价格波动）变得更加复杂，因为风险往往发生在本土组织和供应商之间。

风险管理部门在采购方面所采取的具体措施，除以上之外，还包括有系统地选择、开发和监督供应商，以及针对可能出现的风险情况制定行动方针。

第二节　采购风险管理流程

风险管理的一个关键成功因素是由最高管理层在组织策略范围内定义

的风险政策。除了风险管理系统的正式构成外,作为框架条件定义的风险政策也起着关键作用。这类政策表明组织愿意进行一定程度的冒险和尝试。由于风险可以从不同的角度来看待,一个与组织管理的规范要素相协调的综合风险政策方法是组织风险管理的基础。

指导组织所有员工以相同方式处理风险的行为准则是该方法的一部分。这种指导方针的作用是鼓励建立风险意识和发展风险文化的持久过程。这一持久的过程可以通过风险管理控制机制来进行标准风险的管理,包括风险管理的基本过程步骤:风险的识别、评估、管理和控制。

一、 识别采购风险

风险识别是风险管理流程的起点,往往被认为是流程中最重要的阶段。只有已识别的风险才能包含在此流程中并加以管理。将风险识别的任务集中交给负责控制风险的管理经理是一种已被证明是成功的措施。

在先前定义的风险领域的基础上,风险经理定期与各自的部门负责人进行面谈和交流,这些部门负责人也被视为各自领域内明确的风险责任人。

因此,采购主管对其采购部门的风险管理负有全面责任。在此背景下的主要任务必须是以满足需求的方式设计和使用风险管理系统。只有得到各利益相关方的持久和一贯的支持,风险管理进程才能获得必要的动力和稳定性。

有关风险的面谈可以在核对表的帮助下进行。

为了识别风险,**FMEA** 分析也可以用来检测组织或系统中的弱点。这种方法经常用于质量保障部门,通过这种方法,除了缺陷,还可以识别和评估其原因和影响。

下一步,应在组织或行业内部广泛审查编制的风险目录。通过对汇编风险的严格审查,参与者可以识别相关的潜在威胁。

这些风险通常可分为以下五类:

(1)供应商风险包括因供应商未能履行交货义务而产生的所有风险,例如:由于供应商破产或材料瓶颈,短期内材料供应失败;发生与交货日期、质量或数量有关的偏差;组织高度依赖供应商。

（2）产品风险包括与质量和技术有关的一切风险。这些风险发生在以下情况:材料没有按要求的质量或数量交付;与供应商共同开发技术(专有知识保护);购买技术(黑匣子情况)。

（3）物流风险包括所有与运输有关的风险以及由于供应链失效而产生的风险。此组风险发生在以下情况:供应链的全球化、复杂性和分散性;频繁的路线更换或更改降低可预测的准确性;货物在运输过程中丢失或损坏;需求量受到外界因素的不利影响。

（4）市场和国家风险包括采购市场的风险。这些风险发生在以下情况:由于寡头或垄断竞争情况,替代可能性缺失;在采购材料的国家发生经济、政治、社会、法律或生态变化;资源瓶颈或证券交易的投机导致高价格波动或产品瓶颈;货币波动导致成本上升。

（5）过程风险是与过程或人员相关的风险。这包括:职责界定含糊不清;不符合进度时间表;各部门的目标和职责没有得到最佳协调;主数据没有正确输入;不规范购买(绕过采购的采购活动)发生;合规指南没有明确定义和沟通。

随后,可以将这五个风险组归档到一个集中的、基于软件的风险管理系统中,以便在跨部门的业务规划中引入。

二、采购风险评估

为了采取适当的控制措施,必须对风险进行量化。为了做到这一点,采购风险是根据其损害和发生的概率来评估的。损失情况根据实际数字进行评估,其形式为可能与操作结果的偏差,以人民币或美元(跨境贸易)计算。一般情况下,限额以股权资本为基础,由行政管理部门每年调整。

借助于相关类别的划分,可以对风险的发生概率进行评估,分为四个评价度:

（1）低风险,非常不可能发生;

（2）中间风险,不太可能发生;

(3) 高风险,可能发生;

(4) 极高风险,发生率极高。

除了对未来的期望,过去的经验也可以包括在评估中。因此,建议将结果记录在风险矩阵中。

由此产生的相关性能够简化许多风险方面的聚合,因此适合于减少复杂性。相关性随后充当了一个过滤器,以区分重要风险和不相关风险。这反过来又成为选择有关风险政策的行动备选方案的先决条件。

三、管理采购风险

在风险评估之后,风险管理的组织任务从风险控制的子流程开始。风险控制的功能是定义适合已被识别和评估的风险的策略,并得出应对这些风险的措施。风险控制的首要目标是降低采购风险。控制风险的策略主要包括四个方面。

1. 风险规避

通常发生在组织由于被认为风险太高而避免某些活动时,也是最纯粹的风险应对形式。其将风险的发生概率降到零,完全防止了风险的发生。然而,组织同时放弃了与风险相关的机会,例如:与供应商的业务关系中断或由于政治不稳定而完全回避采购市场。

2. 减少风险

就其原因而言,风险事件的发生概率降低到可接受的水平,但并没有完全消除。然而,就其效果而言,也可以通过减少损害程度来降低风险。降低相关风险的首要目的是提高决策者的信息水平,以及对潜在威胁的及时掌握。这可以通过及时的早期预警信号,识别并应对风险。例如,如果供应商具有潜在高风险,应尽早开发第二供应来源,或建立培训计划。

3. 转移风险

由于风险持续存在,组织可以尝试通过使用预防措施转移给第三方。在这种情况下,投保是最常用的控制手段,在存在风险威胁的情况下享有最高的优先权。在这种情况下的例子是赔偿或业务中断保险。风险转移措施也可包括将风险转移给供应商,例如通过供应或质量保证协议,寄售仓库形式的供应商管理库存(SMI),或是外包特定业务任务。

4. 接受风险

组织可以接受和承担损害金额小、发生概率低的风险。在这种情况下,建议采取措施,以限制风险事件的经济后果。此外,应该通过拨备准备金来应对可能出现的财政紧张。

为了控制采购部门中已识别和评估的风险组,需要混合使用所有这些策略,因为不是所有的风险都可以用同一种方法来处理。因此,下一步将对现有的和新的风险处理措施和思路进行整理,以应对已识别的风险。然后将编制的措施和风险转化为具体措施,并确定每个行动的开始和结束日期,并指定责任人。在流程的下一个步骤——风险控制中,将跟踪这些措施的实施情况。

四、风险控制

由于随着时间的推移情况会不断发生变化,人们不能假设在变化的前提下,最初选择的风险政策措施仍然是最佳的解决方案。风险控制的任务是不断跟踪风险的发展,并评估实施的措施和工具是否仍然符合当初定义的目标。此外,风险控制必须检查是否出现了新的风险,以及是否有必要由于单个风险的变化而调整措施的组合。在这一点上,风险识别与之有很强的联系,这清楚地表明了风险管理流程的周期性。

文件是风险控制的基础。这可以在风险管理系统(RMS)的帮助下实现。因此,RMS 是采购部门和整个组织风险管理之间的接口。所有识别和评估的风险和相应的措施都记录在 RMS 中,并定期更新。因此,所有被监控的风险都可以被观察到。相关的任务由不同的组织级别(风险管理、风险类别、风险测量)构成,具体的职责和期限都被分配到位。通过一个综合的升级和降级机制,RMS 将通知下一个更高的责任级别在实施措施方面的偏差。

风险控制决定了风险管理的组织框架,并辅以风险沟通。在这方面必须注意以下几点:

（1）当 RMS 变得更有效时,不仅是董事会,而且是员工永久地参与其中,应促使组织所有员工负责地处理风险。为了实现这一目标,组织内部的沟通,即使是跨层级的沟通,也必须顺利进行。通过以提高风险意识为目标的流程管理,可以查明风险并有系统地加以注意。

（2）风险管理流程必须细分为职责和任务。此外,必须建立内部指导方针,让组织管理层以下的员工知道他们必须做的具体工作,避免使组织处于危险之中。

（3）控制周期必须以统一的方式定义。讨论风险的时间间隔将取决于各自风险的类型和重要性。

（4）必须构建一个沟通渠道(告知意外风险)。从一个确定的时间点开始,风险报告系统正式生效。必须确定报告渠道、日期和负责报告的人员。

第三节　针对供应商风险的特殊保护

通过增加对选定的战略合作伙伴的集中,可能会产生强烈的依赖性,在这些供应商发生破产的情况下,可能会对企业的生产造成严重影响。根据穆迪评级机构的违约报告,预计未来 3 年内约 6% 的供应商将因资不抵债而破产,但该报告还显示,如果采购方组织聚焦于投资评级为正的供应商,因后者破产导致的平均失败率可以从约 5% 大幅降低至约 1%。

在高度采用单一供应源策略的情况下,单一供应商的失败可能会导致痛苦的生产损失。为了防止自己的客户供应不足,采购组织往往被迫采取昂贵的措施,如流动资金信贷或提高价格。供应商的失败可能导致技术或专利专有知识的损失,情况会更加恶化。由于需要再次提供这种技术,组织自身的开发性能可能会受到巨大的损害。此外,可能从担保案件中提出的索赔不能再转移,这将导致进一步的费用。

在此背景下,供应商风险管理的首要任务是建立一个平衡的供应商组合,减少对特定供应商的依赖。

一、供应商组合分析

为了更彻底地审查供应商的风险，建议首先根据各自的竞争情况和现有的依赖关系分析供应商组合，并根据两项标准对供应商进行分组。

1. 寻源策略

关于哪个采购策略适用于各自的供应商，分类标准是供应商目前是否为单一来源（这意味着某些购买的部件仅从该供应商采购），或采购需求目前是否因多来源策略而在多个供应商之间划分。单一供应源可能会涉及生产设备或固定资产的提供，委托第二个供应来源也往往没有经济意义。另一个例子是高度复杂的技术，由于巨大的开发成本，单源策略是必要的。因此，完整的供应商组合被区分为两类：单一或多个来源。

2. 依赖性

对相应供应商的直接依赖可以通过计算重新组织安排供应（即供应重组）的时间来评估。对于从供应商采购的部件，则要评估如果原供应商出现问题后，从其他来源采购这些部件所需的时间。

在这种情况下，替代供应商和内部制造需要被纳入考虑范围。

例如，组织可按照如表13-1所示的方案进行分类。

表13-1 供应商组合内部的风险

		依赖性			
		低（3个月）	中（6个月）	高（12月）	合计
单一供应源	否	140	56	3	199
	是	19	15	40	74
	合计	159	71	43	273

表格中关于依赖性的"低""中""高"的具体含义如下：

"低"：可能在短期内进行供应重组，为期3个月；

"中"：可能在中期进行供应重组，为期3至6个月；

"高"：可能在中期进行供应重组，为期大于12个月。

对于短期内无法取代的单一供应源,风险尤其高。为了说明依赖性的破坏性,评估可以转移到具有战略重要性的产品上。这将显示如果供应商出现问题,产品将在多久之内无法使用,并将有助于提高组织内部的风险意识。

二、反应性风险管理

反应性风险管理一直是企业管理的一个隐性部分,往往只有在企业已经面临严重困难时,才会采取应对措施。

在供应商资不抵债或危机迫在眉睫时,明智的做法是尽快与之(特别是当组织对供应商的依赖程度很高)找到一个共同的解决方案,使供应商能够维持运营,从而保证产品的供应。根据不同的情况,组织可以采取一些适当的安排和计划,例如提供材料、减少付款目标、预付款、人员或其他支持以完成所需的任务。

然而,组织必须始终记住,尽管采取了所有这些措施,供应商可能会破产。同时,必须采取措施减少对单一供应商的依赖。这些措施可能包括询问竞争对手,但也包括可能有能力执行特定生产步骤的分包供应商。

另外一个重要的因素是在以前的供应合同中保留特定的权利。因此,涉及生产设备或固定资产的合同应明确规定相关的所有权应属于采购方(客户),而非转让给供应商。所有权必须做相应标记。由于必须向破产管理人提出各自的申索,例如,关于归还生产设备或固定资产的申索,应存在完整的最新清单,说明哪些文件、机器、工具等属于客户,目前由供应商拥有。这些清单将帮助加速退还过程,从而促进在短期内完成原(问题)供应商的替换。为了有针对性地管理已经发生的损害,建议采购组织实施一个明确定义职责和信息流的系统流程,从而具备一个面向目标的行动框架,从而能规定有条不紊的行动方针,避免恐慌性和仓促性行动。

三、主动性风险管理

主动性风险管理包括为规避和预防风险而采取的一切措施。

主动性风险管理的目的是通过收集相关证据,在可能发生危机之前接收供应商方面的信息,以便提供尽可能长的应对期。在设计和计划这种风险管理时,核心问题始终是如何及早发现即将到来的供应商破产。供应商破产不是突然发生的,而是由一个缓慢的过程积累而成,可能会延续几年。市场份额的丧失或关键数据的恶化可能是第一个警告信号。必须及时发现并正确解读这些可能导致供应商过度负债和偿债能力下降的症状。预警系统应用来帮助采购方及早识别外部发展或衍生出的不良发展,从而及早了解组织内部发展问题,减少响应时间。预警信号是防范风险的基础;根据在时间推进上的特征,它们可以根据信息的弹性分为三个时期。

1. 第一个时期:基于关键数据的早期预警

根据会计人员编制确定的关键数据或从公司的年度财务报表中获取的早期预警。这些数据的"含金量"很高;然而,它们通常会在较晚的时间节点才能获得。特别是当涉及尽早识别供应商潜在风险的目标时,仅依靠这类关键数据将不足以为组织提供足够的时间来制定和实施对策。

2. 第二个时期:基于指标的早期预警

这些早期预警不是基于确定的、财务或会计领域内的关键数据,而是基于大量相互关联的信息。比如过往的行业从业经验有助于形成识别该类信息的基础,而这些信息将作为组织判断的基础。例如,发展中国家对石油的需求大幅增加,有可能引发油价上涨。如果这一假设成立,有关这些国家的建筑业或基建产业发展的预测数据将成为预示价格上涨的信号。基于指标的早期预警超出了第一个时期中关键数据的范围,因为这些预警可以整合许多分析领域,不依赖与过去有关的数据材料。

3. 第三个时期:基于微弱信号的早期预警

在这里提到的"微弱信号"通过非结构化数据拓展了上述两种预警方法。这一概念的前提是,将会发生指标无法覆盖的不连续现象。因此,为了识别可能不连续的指示信号,非定向搜索将是必要的。

就这一点而言,微弱信号并不是决定性的证据,在特定情况下,将需要相当多的时间资源以及相关人员的准备和能力来实施这一概念。

微弱信号往往会在指标发挥作用或关键数据揭示风险之前就揭示风

险。风险距离未来发生的时间越长，指向该风险的信号就越缺乏结构性和确定性。即使在与供应商的日常接触中也可能出现某些"微弱信号"，例如难以联系到对方的项目/产品经理或联络人，或供应商员工有不满意的迹象，这可能是即将发生风险的第一个暗示。

如果这些迹象伴随着价格上涨或付款条件转变为现货现金，这可能是供应商出现危机的第一个证据。以延迟交货或质量缺陷形式出现的绩效恶化应被解释为明确的危险信号。因此，主动性风险管理所需的大部分信息已由内部系统提供，必须由外部信息提供方提供的客观数据加以补充。

公司评级作为商业伙伴经济状况的外部信息来源尤其引起人们越来越多的兴趣。在新巴塞尔协议（Basel Ⅱ）出台后，商业银行被迫更加重视借款人的偿付能力和风险状况。因此，评级价值对未来的财务利润率具有决定性作用，因此对企业的未来至关重要。因此，该类评级对于评估供应商的风险也非常重要。然而，缺点是评级是为了保护投资者，而不是为了评估公司。此外，对于较小型的公司，评级不一定是可用的，而且评级往往会过时。因此，如果涉及关键的供应商或产品领域，评级应辅以采购组织的评估。

四、长期措施

从长远来看，有几种方法可以减少由于依赖于供应商而造成的采购风险。

一方面，供应商的处置保证金可以受到直接持有股权的限制。

另一方面，不仅有必要审查采购市场的现有潜力，而且也有必要评估新供应商的开发以及内包的可能性。同时，当涉及关键战略物资时，在组织内部进行相关供应能力的开发可能是合适和必要的，而且这种方式可以使损害组织竞争能力的风险降低。

此外，旨在提升自身买方势力的措施可以提高买方在供应商眼中的重要性，从而改变结构性依赖。为了实现这一目标，增加采购订单量不是唯一的方法，其他诸如关于原材料采购合作的协议可能也会起到作用。

案例分析

供应商降价带来的风险

一位供应商管理人员刚接管一家供应商,就收到来自产品开发部的要求:为达到产品的"目标成本",该供应商生产的零件必须降价20%。而实际上,该零件投入量产快两年了,已经经历了两次降价,降价幅度分别为30%和9%。第一次降价是产品投入量产时,价格由小批量采购价格转变为大批量采购价格;第二次是支持上一轮的新产品目标成本,通过将这个零件与其他几个零件共同采购,供应商可以实现一起生产,提高了原材料的利用率,因此实现了一定程度的降价。该供应商的零件已经进行了两次降价,再进一步降价的空间不大。而且,从供应商单方面来看,实施降价也存在难度。这几年,多种金属材料的价格连续上涨,其中镍的价格上升幅度高达40%,而镍占到该零件总成本的33%。供应商规模小,采购量低,没有实力与金属生产厂家讨价还价。尽管采用了大批量采购和签订长期价格合同等策略,但还是挡不住原材料价格的飞涨,该供应商已多次向公司要求涨价。内部客户要求降价,而供应商希望涨价,这位供应商管理人员该如何解决这个问题呢?

有一个供应商的部件没法找别的供应商做,因为对最终产品的功能影响很大,更换供应商风险大,需要重新认证和资格化,而产品设计部门不愿花费时间、承担风险。那怎么办?该经理让供应商不管怎么样,都必须降价15%。怎么降,那是供应商的事。供应商没法在人工上节省,那就只得在材料上下功夫。但是,主要原材料镍的价格在一年内翻了两倍(见图1),该供应商已经多次提出涨价,都被驳回。材料利用率上也已无潜力可挖,因为供应商已经是多个零件一起加工,边角料的浪费降到最低。于是,找便宜材料成了唯一出路。问题就出在这里。

原来用的镍合金产自德国,价格高,但质量好。法国产的同类镍合金价格低,但技术性能与德国产的不一样。供应商为达到这15%的降价目标,就

图1　镍的价格走势图（2008年8月30日—2011年8月30日）

（资料来源：www.InfoMine.com）

采购法国产的镍合金。等零件安装到最终设备上,客户反映设备性能与以前的同类设备不一致。这意味着新的生产线与旧的生产线性能不一致。在"严格拷贝"的半导体生产行业,这是一个大问题,客户得重新调整生产线,耽误了工时,损失也颇大。产品部兴师问罪,该经理没辙。几百台设备已经发到全世界各地,要是更换零件,仅零件成本就是几十万美元。客户的信任危机、以后的新生意损失,代价无法估量。值得一提的是,该经理觉得他上一年省了那么多钱,应该得到晋升才对。至于这么大的质量事故,他觉得跟自己无关。

这问题表面上是质量事故,其实是个采购问题。

采购的失职在于三个方面：

第一,制定15%的降价指标欠斟酌。采购不会不知道供应商的大致利润率,尤其是在主要原材料价格翻倍的情况下。该供应商虽然是独家供货,但价格已经是最低了。当年发标,多家供应商竞标,找不到比这家供应商更低的价格。

第二,如此大幅度的降价,意味着很大的风险。采购需要分析风险,让公司当事人理解这些潜在风险,督促把关质量。采购为达到自己晋升的目标出此险招,又假定别的部门都知道是错上加错。

第三,最关键的是,采购没有试图与供应商合作来解决问题,而是把问题推给供应商。他的问题解决了,这家供应商的问题就来了,最后还是由采购方来买单。采购经理制造的问题多于解决的问题,这正是采购经理失职的地方。降低成本是供应商管理的一大任务,但大公司对小供应商,降价就像挤海绵里的水,要挤往往都能挤出来,但是挤到极点,风险就会接踵而至。强势推行不是共同解决问题的方法,而是把问题推给了对方。偶然用之尚可,但系统地用,偶然性就成了必然性,供应商出问题也是迟早的事。

资料来源:刘宝红.采购与供应链管理:一个实践者的角度[M].机械工业出版社,2012.

问题与分析

1. 案例中采购要求的供应商降价,带来了哪些问题,伴随的风险又有哪些?

2. 结合案例与本章理论,你认为采购方的失职可以采用哪些办法来改变和避免,原因是什么?

实践指导

"黎明前的黑暗"

硅谷的一家高科技生产企业耗费几千万美元,实施一套新的 ERP 软件。实施的前几个月只能用一个词来形容:灾难。物料准确性更差:系统明明显示有货,但物料管理人员总是找不着,客户服务人员也没法发货给客户;生产计划更不可预测：明明按计划可按时发的货就是没法准时完成；数据录入准确性也下降：客户的订单接收错了，订单物料清单不准确，甚至货发给错误的客户。套用墨菲定律：凡是可能发生的都会发生（而且确实发生了）。

但是几个月过后，员工对系统逐渐熟悉，系统的威力开始显现：库存下降超过10%，按时发货率超过95%，订单履行准确率接近100%。从采购到生产再到销售，大家都在使用同一套数据，"信息孤岛"现象不再普遍。员工士气也由原来的怀疑、抱怨转为接受、拥护。黎明前的黑暗终于离去，光明就在眼前。

其实这种"黎明前的黑暗"非常普遍。例如公司设施合并，所有的生产工序都归到一个屋顶下，但刚开始协调反倒更困难，生产效率不升反降；为了提高质量，公司采用新的生产工艺，但采用之初，次品率反倒上升；为了增加产能，公司雇了很多新员工，但刚开始几个星期甚至几个月，整体产出增加甚少，甚至出现下降。这些问题在建立新系统、采纳新流程、培训新人员时普遍存在。作为管理层，不能因为一时的表现就否定整个项目，甚至推倒重来。要有耐心，给新生事物机会。这要求管理者有透过现象看本质的洞察力。

但是，在任何项目实施之前，一定要意识到"黎明前的黑暗"，并制订应急计划。不打没准备的仗，只承担计算过的风险（calculated risk）。目的有两个：(1)促使员工认识到所有可能发生的风险，做好心理准备，消除不切实际的想法；(2)万一产生风险，公司也有相应的应急方案。当然有人会说，计划赶不上变化。这没错，但并不是说我们就不做计划，听天由命。讲一个二战期间的故事。有一个著名的美国将军，每次战役都要求预测战役期间的气象，按当时的水平，预测几个月后的天气无异于投硬币，但将军还是乐此不疲。其实他的真正目的不是去知道天气的好坏，而是促使团队分析、认识各种风险，做好应对准备。将军胜多败少自不待言，想说的是希望大家改变对计划、风险分析的认识。

作为一个公司，凡事规划，做好风险分析至关重要。积极规划也成为美国企业管理的重要一环，无论是邓明的PDCA（plan，计划；do，执行；control，控制；act，纠偏），还是六西格玛的DMAIC（design，设计；measure，搜集数据；analyze，衡量现状；improve，提高；control，控制）。规划是如此深入美国的企业管理文化,甚至有这么一句经典名言:If you fail to plan,you plan to fail(如果你疏于计划,你在计划失败)。这和"预则立,不预则废"异曲同工。

资料来源:刘宝红.采购与供应链管理:一个实践者的角度[M].机械工业出版社,2012.

尝试和你的团队成员一起进行如下实践活动:

1. 试以国内某家具企业为例进行市场调研,了解并分析其风险管理的一般流程。

2. 结合本章提到的针对供应商风险的特殊保护,辨析该企业属于主动性还是反应性风险管理。

3. 参考上文,为该企业设计一份应急计划以应对风险管理。

4. 将上述研究结果形成一份商业报告。

拓展阅读

风险管控在采购计划中的应用

很多案例表明,以风险分析、风险规避以及风险缓解策略为核心的风险战略,在一些企业中往往被推迟建立或者边缘化,忽略它的一个原因就是对短期的工作和项目看不到明显的推进作用。通常都是在困难与灾难出现时,一个组织由于没有成熟的风险应对措施来解决或者减轻这些困难,导致即使很小的问题也可能酿成重大危机。

(1) 通常一个组织导入的风险管理系统(risk management system)与其他例如营销体系、生产体系、采购体系相比,并不能体现出直接的增值,但是它可以防止价值遭到破坏。这就需要做出成本-效益决策,对某些费用的发生与潜在的损失进行权衡。

(2) 风险缓解(risk mitigation)可以降低风险发生的概率或影响。它也存在成本-效益决策,不同的缓解计划降低的风险量是不同的。风险管理和缓解需要进行风险评估(risk assessment)分类,将重点针对那些影响最大的风险;不太重要的风险应该得到适当的关注与投入。

（3）风险管理具有一个共同的阈值(thresholds)特征，超过该阈值将被认定是难以接受的。阈值可以通过许多不同的方式进行定量设置，如延迟天数、零件缺陷程度、生命濒危等级、财产损失数额等。超出这些阈值时，风险缓解或应急计划将开始发挥作用。风险水平(risk levels)通常是通过观察发生的概率和风险可能造成的影响来进行测量。

（4）大部分企业的非采购职能管理者对采购与供应会发生的风险往往知之甚少，通常仅仅了解"断货"风险。因此，采购职能还担负着一项重要任务：向利益相关方明确地解释采购与供应过程中将会发生哪些风险以及风险一旦发生后果如何。因此之前谈到过的风险分类系统可以作为一个有用的信息，通过它可以快速沟通风险和分配优先级别。

（5）风险管理是一项专业技能。采购职能的从业者需要熟悉它，但可能不足以做到像风险专家那样进行风险分析。同时，一个成熟的组织还希望在风险评估过程中多一些怀疑精神和独立性要素。采购职能要做的是配合风险专业部门建立并完善采购与供应风险体系建设，在风险发生之前及早做出正确的判断与反应，从而使风险总是能得到及时有效的规避和减弱。

（6）应急计划(contingency plans，有些资料也称为应急预案)的内容包含了一个组织在风险突发情况下应该做哪些事。顾名思义，它不能降低风险发生的机会，因为该计划只有在发生风险时才能得到使用。但是它能减少风险发生所带来的影响。应急计划也需要资源投入的权衡。应急计划可以针对企业核心目标、关键的领域和活动设立。在采购职能中，通常也称为业务连续性计划(business continuity planning)。

（7）接受风险(take risk)。显然有些风险是可以接受的，它或许是微小和罕见的，由于权衡的决策，可能没有办法对所有风险都做出缓解计划或应急计划，因此接受风险也是一种风险管理决策。但是这类小微风险一旦发生，也还是可能遭到利益相关者的质询与挑战，所以采购职能应当对关于这类风险的决策过程进行证明和记录。风险监控对于组织识别风险临界点非常重要，通过对各项活动不断的检查与复核，可以有效改变风险发生的性质、可能性和严重性。

资料来源：曲沛力.采购与供应管理：有效执行五步法[M].机械工业出版社，2016.

思考与练习

一、名词解释

1. 风险
2. 风险规避
3. 风险转移
4. 风险控制
5. 过程风险

二、选择题

1. 供应商风险包括因供应商未能履行交货义务而产生的所有风险,例如(   )。

    A. 由于供应商破产或材料瓶颈,短期内材料供应失败

    B. 发生与交货日期、质量或数量有关的偏差

    C. 组织高度依赖供应商

    D. 与供应商共同开发技术(专有知识保护)

2. 产品风险包括与质量和技术有关的一切风险。这些风险发生在以下情况:(   )

    A. 材料没有按要求的质量或数量交付

    B. 与供应商共同开发技术(专有知识保护)

    C. 购买技术(黑匣子情况)

    D. 发生与交货日期、质量或数量有关的偏差

3. 物流风险包括所有与运输有关的风险以及由于供应链失效而产生的风险。此组风险发生在以下情况:(   )

    A. 供应链是全球化的、复杂的和分支的

    B. 货物在运输过程中丢失或损坏

    C. 需求量受到不利影响

D. 货币波动导致成本上升

4. 市场和国家风险包括采购市场的风险。这些风险发生在以下情况：（　　）

   A. 由于寡头或垄断竞争情况,替代可能性缺失
   B. 资源瓶颈或股票交易的投机导致高价格波动或产品瓶颈
   C. 长时间的替换会降低可预测性
   D. 货币波动导致成本上升

5. 过程风险是与过程或人员相关的风险。这包括发生在:（　　）

   A. 职责的界定含糊不清
   B. 在采购材料的国家发生经济、政治、社会、法律或生态变化
   C. 各部门的目标和职责没有得到最佳协调
   D. 主数据没有正确输入

三、简答题

1. 组织进行风险管理的根本目的是什么？
2. 在欧洲,风险管理的适用法律有哪些？风险管理体系是否受到金融框架条件的影响,原因是什么？
3. 风险管理的基本过程步骤是什么？

四、论述题

1. 风险控制决定了风险管理的组织框架,在风险沟通上必须注意哪些方面？
2. 举例说明控制风险的策略四个方面的选择和考量。
3. 采购部门在处理采购风险过程中,是否需要在组织内部进行协作和共享,原因是什么？
4. 举例说明采购组织在风险识别阶段可以使用的方法或措施,并比较优劣。
5. 对于全球采购背景下的物流风险,采购组织应如何应对和处理？

参考文献

1. 范彦彦.合同管理与合同风险规避[M].中国时代经济出版社,2011.
2. 宫迅伟.如何专业做采购[M].机械工业出版社,2015.
3. 肯尼斯·莱桑斯,布莱恩·法林顿.采购与供应链管理(第8版)[M].莫佳忆,曹煜辉,马宁译.电子工业出版社,2014.
4. 刘宝红.采购与供应链管理:一个实践者的角度[M].机械工业出版社,2012.
5. 刘宏艳.新制度经济学视角下的我国药品集中采购政策分析[J].中国产经,2021(4):31-32.
6. 曲沛力.采购与供应管理:有效执行五步法[M].机械工业出版社,2016.
7. 宋雅琴.漫谈政府采购的技术规格[J].中国政府采购,2015(1):78-80.
8. 滕宝红.从零开始学做采购经理[M].人民邮电出版社,2016.
9. 杨雄文.同等品制度:中国政府知识产权产品采购的新思路.[J]华南师范大学学报(社会科学版),2017(1):142-149.
10. 英国皇家采购与供应学会.采购与供应策略[M].北京中交协物流人力资源培训中心组织翻译.机械工业出版社,2014.
11. 张嬛阁.浅析当前光伏组件市场下的采购策略[J].能源,2021(5):70-74.
12. 祝继高.定价权博弈:中国企业的路在何方?[M].中国人民大学出版社,2012.
13. Baily, Peter J. H. Procurement Principles and Management[M]. Pearson Education Limited, 2015.
14. Bonnie Keith, et al. Strategic Sourcing in the New Economy Harnessing the Potential of Sourcing：Business Models for Modern Procurement [M].

Palgrave Macmillan, 2016.

15. Christopher Barrat, Mark Whitehead. Buying for Business Insights in Purchasing and Supply Management[M]. John Wiley & Sons Ltd., 2004.

16. Kirby, M. EASA Bit Ruling Out AD after Koito Falsified Seat Test Results [EB/OL]. www.flightglobal.com, 2010.

17. Louise Knight, et al. Public Procurement: International Cases and Commentary[M]. Routledge, 2007.

18. Moody's default report 2020, https://www.moodys.com/.

19. Nigel Slack and Alistair Brandon-Jones. Operations and Process Management [M]. Pearson Education Limited, 2018.

20. Robert M. Monczka et al. Purchasing and Supply Chain Management[M]. Cengage Learning, 2016.

21. Sasaki, M. Plane Seat Maker Faked Safety Tests[EB/OL]. www.asahi.com, 2010.

22. Schatz, A., Mandel, J., & Hermann, M. Risikomanagement im Einkauf [M]. Fraunhofer, 2010.

23. Shirouzu, N. Engineering Jobs Become Car Makers New Export[N]. The Wall Street Journal, B1, B2. 2008.

24. Ulrich Weigel, Marco Ruecke. The Strategic Procurement Practice Guide Know-how, Tools and Techniques for Global Buyers [M]. Springer International Publishing AG, 2017.

25. Wakabayashi, D. Airplane Seat Maker Faked Data on Safety[N]. The Wall Street Journal, B2. 2010.

26. Yamaguchi, Y. and Wakabayashi. D. Hitachi to Outsource TV Manufacture [N]. The Wall Street Journal. B3. 2009.

27. 40 Day Engine-Turning vision into cash [EB/OL]. http://www.dglr.de/, 2004.

图书在版编目(CIP)数据

采购运营策略/朱昊主编. —上海：复旦大学出版社，2023.6
(复旦卓越. 国际采购与食品进出口系列)
ISBN 978-7-309-16033-8

Ⅰ.①采… Ⅱ.①朱… Ⅲ.①采购管理 Ⅳ.①F253

中国版本图书馆 CIP 数据核字(2021)第 242028 号

采购运营策略
CAIGOU YUNYING CELÜE
朱　昊　主编
责任编辑/岑品杰

复旦大学出版社有限公司出版发行
上海市国权路 579 号　邮编：200433
网址：fupnet@ fudanpress.com　　http://www.fudanpress.com
门市零售：86-21-65102580　　团体订购：86-21-65104505
出版部电话：86-21-65642845
上海华业装璜印刷厂有限公司

开本 787×1092　1/16　印张 20.25　字数 301 千
2023 年 6 月第 1 版第 1 次印刷

ISBN 978-7-309-16033-8/F·2852
定价：68.00 元

如有印装质量问题，请向复旦大学出版社有限公司出版部调换。
版权所有　　侵权必究